AFRICÂNER
VOCABULÁRIO

PORTUGUÊS BRASILEIRO

PORTUGUÊS
AFRICÂNER

Para alargar o seu léxico e apurar
as suas competências linguísticas

9000 palavras

Vocabulário Português Brasileiro-Africâner - 9000 palavras

Por Andrey Taranov

Os vocabulários da T&P Books destinam-se a ajudar a aprender, a memorizar, e a rever palavras estrangeiras. O dicionário é dividido em temas, cobrindo todas as principais esferas de atividades quotidianas, negócios, ciência, cultura, etc.

O processo de aprendizagem, utilizando os dicionários baseados em temáticas da T&P Books dá-lhe as seguintes vantagens:

- Informação de origem corretamente agrupada predetermina o sucesso em fases subsequentes da memorização de palavras
- Disponibilização de palavras derivadas da mesma raiz, o que permite a memorização de unidades de texto (em vez de palavras separadas)
- Pequenas unidades de palavras facilitam o processo de estabelecimento de vínculos associativos necessários para a consolidação do vocabulário
- O nível de conhecimento da língua pode ser estimado pelo número de palavras aprendidas

T&P Books Publishing
www.tpbooks.com

ISBN: 978-1-78767-271-0

Este livro também está disponível em formato E-book.
Por favor visite www.tpbooks.com ou as principais livrarias on-line.

VOCABULÁRIO AFRICÂNER
palavras mais úteis

Os vocabulários da T&P Books destinam-se a ajudar a aprender, a memorizar, e a rever palavras estrangeiras. O vocabulário contém mais de 9000 palavras de uso comum organizadas tematicamente.

O vocabulário contém as palavras mais comummente usadas
Recomendado como adicional para qualquer curso de línguas
Satisfaz as necessidades dos iniciados e dos alunos avançados de línguas estrangeiras
Conveniente para o uso diário, sessões de revisão e atividades de auto-teste
Permite avaliar o seu vocabulário

Características especias do vocabulário

- As palavras estão organizadas de acordo com o seu significado, e não por ordem alfabética
- As palavras são apresentadas em três colunas para facilitar os processos de revisão e auto-teste
- As palavras compostas são divididas em pequenos blocos para facilitar o processo de aprendizagem
- O vocabulário oferece uma transcrição simples e adequada de cada palavra estrangeira

O vocabulário contém 256 tópicos incluindo:

Conceitos básicos, Números, Cores, Meses, Estações do ano, Unidades de medida, Roupas & Acessórios, Alimentos & Nutrição, Restaurante, Membros da Família, Parentes, Caráter, Sentimentos, Emoções, Doenças, Cidade, Passeios, Compras, Dinheiro, Casa, Lar, Escritório, Trabalho no Escritório, Importação & Exportação, Marketing, Pesquisa de Emprego, Esportes, Educação, Computador, Internet, Ferramentas, Natureza, Países, Nacionalidades e muito mais ...

TABELA DE CONTEÚDOS

Guia de pronunciação 11
Abreviaturas 12

CONCEITOS BÁSICOS 13
Conceitos básicos. Parte 1 13

1. Pronomes 13
2. Cumprimentos. Saudações. Despedidas 13
3. Como se dirigir a alguém 14
4. Números cardinais. Parte 1 14
5. Números cardinais. Parte 2 15
6. Números ordinais 16
7. Números. Frações 16
8. Números. Operações básicas 16
9. Números. Diversos 16
10. Os verbos mais importantes. Parte 1 17
11. Os verbos mais importantes. Parte 2 18
12. Os verbos mais importantes. Parte 3 19
13. Os verbos mais importantes. Parte 4 20
14. Cores 21
15. Questões 21
16. Preposições 22
17. Palavras funcionais. Advérbios. Parte 1 22
18. Palavras funcionais. Advérbios. Parte 2 24

Conceitos básicos. Parte 2 26

19. Opostos 26
20. Dias da semana 28
21. Horas. Dia e noite 28
22. Meses. Estações 29
23. Tempo. Diversos 30
24. Linhas e formas 31
25. Unidades de medida 32
26. Recipientes 33
27. Materiais 34
28. Metais 35

O SER HUMANO 36
O ser humano. O corpo 36

29. Humanos. Conceitos básicos 36
30. Anatomia humana 36

31. Cabeça   37
32. Corpo humano   38

Vestuário & Acessórios   39

33. Roupa exterior. Casacos   39
34. Vestuário de homem & mulher   39
35. Vestuário. Roupa interior   40
36. Adereços de cabeça   40
37. Calçado   40
38. Têxtil. Tecidos   41
39. Acessórios pessoais   41
40. Vestuário. Diversos   42
41. Cuidados pessoais. Cosméticos   42
42. Joalheria   43
43. Relógios de pulso. Relógios   44

Alimentação. Nutrição   45

44. Comida   45
45. Bebidas   46
46. Vegetais   47
47. Frutos. Nozes   48
48. Pão. Bolaria   49
49. Pratos cozinhados   49
50. Especiarias   50
51. Refeições   51
52. Por a mesa   52
53. Restaurante   52

Família, parentes e amigos   53

54. Informação pessoal. Formulários   53
55. Membros da família. Parentes   53
56. Amigos. Colegas de trabalho   54
57. Homem. Mulher   55
58. Idade   55
59. Crianças   56
60. Casais. Vida de família   57

Caráter. Sentimentos. Emoções   58

61. Sentimentos. Emoções   58
62. Caráter. Personalidade   59
63. O sono. Sonhos   60
64. Humor. Riso. Alegria   61
65. Discussão, conversação. Parte 1   61
66. Discussão, conversação. Parte 2   62
67. Discussão, conversação. Parte 3   64
68. Acordo. Recusa   64
69. Sucesso. Boa sorte. Insucesso   65
70. Conflitos. Emoções negativas   66

Medicina   68

71. Doenças   68
72. Sintomas. Tratamentos. Parte 1   69
73. Sintomas. Tratamentos. Parte 2   70
74. Sintomas. Tratamentos. Parte 3   71
75. Médicos   72
76. Medicina. Drogas. Acessórios   72
77. Fumar. Produtos tabágicos   73

HABITAT HUMANO   74
Cidade   74

78. Cidade. Vida na cidade   74
79. Instituições urbanas   75
80. Sinais   76
81. Transportes urbanos   77
82. Turismo   78
83. Compras   79
84. Dinheiro   80
85. Correios. Serviço postal   81

Moradia. Casa. Lar   82

86. Casa. Habitação   82
87. Casa. Entrada. Elevador   83
88. Casa. Eletricidade   83
89. Casa. Portas. Fechaduras   83
90. Casa de campo   84
91. Moradia. Mansão   84
92. Castelo. Palácio   85
93. Apartamento   85
94. Apartamento. Limpeza   86
95. Mobiliário. Interior   86
96. Quarto de dormir   87
97. Cozinha   87
98. Casa de banho   88
99. Eletrodomésticos   89
100. Reparações. Renovação   89
101. Canalizações   90
102. Fogo. Deflagração   90

ATIVIDADES HUMANAS   92
Emprego. Negócios. Parte 1   92

103. Escritório. O trabalho no escritório   92
104. Processos negociais. Parte 1   93
105. Processos negociais. Parte 2   94
106. Produção. Trabalhos   95
107. Contrato. Acordo   96
108. Importação & Exportação   97

109. Finanças   97
110. Marketing   98
111. Publicidade   98
112. Banca   99
113. Telefone. Conversação telefônica   100
114. Telefone móvel   100
115. Estacionário   101
116. Vários tipos de documentos   101
117. Tipos de negócios   102

Emprego. Negócios. Parte 2   105

118. Espetáculo. Feira   105
119. Media   106
120. Agricultura   107
121. Construção. Processo de construção   108
122. Ciência. Investigação. Cientistas   109

Profissões e ocupações   110

123. Procura de emprego. Demissão   110
124. Gente de negócios   110
125. Profissões de serviços   111
126. Profissões militares e postos   112
127. Oficiais. Padres   113
128. Profissões agrícolas   113
129. Profissões artísticas   114
130. Várias profissões   114
131. Ocupações. Estatuto social   116

Desportos   117

132. Tipos de desportos. Desportistas   117
133. Tipos de desportos. Diversos   118
134. Ginásio   118
135. Hóquei   119
136. Futebol   119
137. Esqui alpino   121
138. Tênis. Golfe   121
139. Xadrez   121
140. Boxe   122
141. Desportos. Diversos   122

Educação   125

142. Escola   125
143. Colégio. Universidade   126
144. Ciências. Disciplinas   127
145. Sistema de escrita. Ortografia   127
146. Línguas estrangeiras   128

147. Personagens de contos de fadas 129
148. Signos do Zodíaco 130

Artes 131

149. Teatro 131
150. Cinema 132
151. Pintura 133
152. Literatura & Poesia 134
153. Circo 134
154. Música. Música popular 135

Descanso. Entretenimento. Viagens 137

155. Viagens 137
156. Hotel 137
157. Livros. Leitura 138
158. Caça. Pesca 140
159. Jogos. Bilhar 140
160. Jogos. Jogar cartas 141
161. Casino. Roleta 141
162. Descanso. Jogos. Diversos 142
163. Fotografia 142
164. Praia. Natação 143

EQUIPAMENTO TÉCNICO. TRANSPORTES 145
Equipamento técnico. Transportes 145

165. Computador 145
166. Internet. E-mail 146
167. Eletricidade 147
168. Ferramentas 147

Transportes 150

169. Avião 150
170. Comboio 151
171. Barco 152
172. Aeroporto 153
173. Bicicleta. Motocicleta 154

Carros 155

174. Tipos de carros 155
175. Carros. Carroçaria 155
176. Carros. Habitáculo 156
177. Carros. Motor 157
178. Carros. Batidas. Reparação 158
179. Carros. Estrada 159
180. Sinais de trânsito 160

PESSOAS. EVENTOS   161
Eventos   161

181. Férias. Evento   161
182. Funerais. Enterro   162
183. Guerra. Soldados   162
184. Guerra. Ações militares. Parte 1   163
185. Guerra. Ações militares. Parte 2   165
186. Armas   166
187. Povos da antiguidade   168
188. Idade média   168
189. Líder. Chefe. Autoridades   170
190. Estrada. Caminho. Direções   171
191. Violação da lei. Criminosos. Parte 1   172
192. Violação da lei. Criminosos. Parte 2   173
193. Polícia. Lei. Parte 1   174
194. Polícia. Lei. Parte 2   175

NATUREZA   177
A Terra. Parte 1   177

195. Espaço sideral   177
196. A Terra   178
197. Pontos cardeais   179
198. Mar. Oceano   179
199. Nomes de Mares e Oceanos   180
200. Montanhas   181
201. Nomes de montanhas   182
202. Rios   182
203. Nomes de rios   183
204. Floresta   183
205. Recursos naturais   184

A Terra. Parte 2   186

206. Tempo   186
207. Tempo extremo. Catástrofes naturais   187
208. Ruídos. Sons   187
209. Inverno   188

Fauna   190

210. Mamíferos. Predadores   190
211. Animais selvagens   190
212. Animais domésticos   191
213. Cães. Raças de cães   192
214. Sons produzidos pelos animais   193
215. Animais jovens   193
216. Pássaros   194
217. Pássaros. Canto e sons   195
218. Peixes. Animais marinhos   195
219. Anfíbios. Répteis   196

220.	Insetos	197
221.	Animais. Partes do corpo	197
222.	Ações dos animais	198
223.	Animais. Habitats	199
224.	Cuidados com os animais	199
225.	Animais. Diversos	200
226.	Cavalos	200

Flora 202

227.	Árvores	202
228.	Arbustos	202
229.	Cogumelos	203
230.	Frutos. Bagas	203
231.	Flores. Plantas	204
232.	Cereais, grãos	205
233.	Vegetais. Verduras	206

GEOGRAFIA REGIONAL 207
Países. Nacionalidades 207

234.	Europa Ocidental	207
235.	Europa Central e de Leste	209
236.	Países da ex-URSS	210
237.	Asia	211
238.	América do Norte	213
239.	América Central do Sul	213
240.	Africa	214
241.	Austrália. Oceania	215
242.	Cidades	215
243.	Política. Governo. Parte 1	216
244.	Política. Governo. Parte 2	218
245.	Países. Diversos	219
246.	Grupos religiosos mais importantes. Confissões	219
247.	Religiões. Padres	221
248.	Fé. Cristianismo. Islão	221

TEMAS DIVERSOS 224

249.	Várias palavras úteis	224
250.	Modificadores. Adjetivos. Parte 1	225
251.	Modificadores. Adjetivos. Parte 2	227

500 VERBOS PRINCIPAIS 230

252.	Verbos A-B	230
253.	Verbos C-D	231
254.	Verbos E-J	234
255.	Verbos L-P	236
256.	Verbos Q-Z	238

GUIA DE PRONUNCIAÇÃO

Alfabeto fonético T&P   Exemplo africâner   Exemplo Português

[a]	land	chamar
[ã]	straat	rapaz
[æ]	hout	semana
[o], [ɔ]	Australië	noite
[e]	metaal	metal
[ɛ]	aanlê	mesquita
[ə]	filter	milagre
[ɪ]	uur	sinônimo
[i]	billik	sinônimo
[ĩ]	naïef	cair
[o]	koppie	lobo
[ø]	akteur	orgulhoso
[œ]	fluit	orgulhoso
[u]	hulle	bonita
[ʊ]	hout	bonita
[b]	bakker	barril
[d]	donder	dentista
[f]	navraag	safári
[g]	burger	gosto
[h]	driehoek	[h] aspirada
[j]	byvoeg	Vietnã
[k]	kamera	aquilo
[l]	loon	libra
[m]	môre	magnólia
[n]	neef	natureza
[p]	pyp	presente
[r]	rigting	riscar
[s]	oplos	sanita
[t]	lood, tenk	tulipa
[v]	bewaar	fava
[w]	oorwinnaar	página web
[z]	zoem	sésamo
[dʒ]	enjin	adjetivo
[ʃ]	artisjok	mês
[ɲ]	kans	alcançar
[tʃ]	tjek	Tchau!
[ʒ]	beige	talvez
[x]	agent	fricativa uvular surda

11

ABREVIATURAS
usadas no vocabulário

Abreviaturas do Português

adj	-	adjetivo
adv	-	advérbio
anim.	-	animado
conj.	-	conjunção
desp.	-	esporte
etc.	-	Etcetera
ex.	-	por exemplo
f	-	nome feminino
f pl	-	feminino plural
fem.	-	feminino
inanim.	-	inanimado
m	-	nome masculino
m pl	-	masculino plural
m, f	-	masculino, feminino
masc.	-	masculino
mat.	-	matemática
mil.	-	militar
pl	-	plural
prep.	-	preposição
pron.	-	pronome
sb.	-	sobre
sing.	-	singular
v aux	-	verbo auxiliar
vi	-	verbo intransitivo
vi, vt	-	verbo intransitivo, transitivo
vr	-	verbo reflexivo
vt	-	verbo transitivo

CONCEITOS BÁSICOS

Conceitos básicos. Parte 1

1. Pronomes

eu	ek, my	[ɛk], [maj]
você	jy	[jaj]
ele, ela	hy, sy, dit	[haj], [saj], [dit]

nós	ons	[ɔŋs]
vocês	julle	[jullə]
o senhor, -a	u	[u]
senhores, -as	u	[u]

eles	hulle	[hullə]
elas	hulle	[hullə]

2. Cumprimentos. Saudações. Despedidas

Oi!	Hallo!	[hallo!]
Olá!	Hallo!	[hallo!]
Bom dia!	Goeie môre!	[χuje mɔrə!]
Boa tarde!	Goeiemiddag!	[χuje·middaχ!]
Boa noite!	Goeienaand!	[χuje·nãnt!]

cumprimentar (vt)	dagsê	[daχsɛ:]
Oi!	Hallo!	[hallo!]
saudação (f)	groet	[χrut]
saudar (vt)	groet	[χrut]
Como vai?	Hoe gaan dit?	[hu χãn dit?]
E aí, novidades?	Hoe gaan dit?	[hu χãn dit?]

Tchau!	Totsiens!	[totsiŋs!]
Até logo!	Koebaai!	[kubãi!]
Até breve!	Totsiens!	[totsiŋs!]
Adeus! (sing.)	Mooi loop!	[moj loəp!]
Adeus! (pl)	Vaarwel!	[fãrwel!]
despedir-se (dizer adeus)	afskeid neem	[afskæjt neəm]
Até mais!	Koebaai!	[kubãi!]

Obrigado! -a!	Dankie!	[danki!]
Muito obrigado! -a!	Baie dankie!	[baje danki!]
De nada	Plesier	[plesir]
Não tem de quê	Plesier!	[plesir!]
Não foi nada!	Plesier	[plesir]
Desculpa!	Ekskuus!	[ɛkskɪs!]

| Desculpe! | Verskoon my! | [ferskoən maj!] |
| descupar (vt) | verskoon | [ferskoən] |

desculpar-se (vr)	verskoning vra	[ferskoniŋ fra]
Me desculpe	Verskoning	[ferskoniŋ]
Desculpe!	Ek is jammer!	[ɛk is jammər!]
perdoar (vt)	vergewe	[ferχevə]
Não faz mal	Maak nie saak nie!	[māk ni sāk ni!]
por favor	asseblief	[asseblif]

Não se esqueça!	Vergeet dit nie!	[ferχeət dit ni!]
Com certeza!	Beslis!	[beslis!]
Claro que não!	Natuurlik nie!	[natɪrlik ni!]
Está bem! De acordo!	OK!	[okej!]
Chega!	Dis genoeg!	[dis χenuχ!]

3. Como se dirigir a alguém

Desculpe ...	Verskoon my, ...	[ferskoən maj, ...]
senhor	meneer	[meneər]
senhora	mevrou	[mefræʊ]
senhorita	juffrou	[juffræʊ]
jovem	jongman	[joŋman]
menino	boet	[but]
menina	sussie	[sussi]

4. Números cardinais. Parte 1

zero	nul	[nul]
um	een	[eən]
dois	twee	[tweə]
três	drie	[dri]
quatro	vier	[fir]

cinco	vyf	[fajf]
seis	ses	[ses]
sete	sewe	[sevə]
oito	ag	[aχ]
nove	nege	[neχə]

dez	tien	[tin]
onze	elf	[ɛlf]
doze	twaalf	[twālf]
treze	dertien	[dertin]
catorze	veertien	[feərtin]

quinze	vyftien	[fajftin]
dezesseis	sestien	[sestin]
dezessete	sewetien	[sevetin]
dezoito	agtien	[aχtin]
dezenove	negetien	[neχetin]
vinte	twintig	[twintəχ]

vinte e um	een-en-twintig	[eən-en-twintəχ]
vinte e dois	twee-en-twintig	[tweə-en-twintəχ]
vinte e três	drie-en-twintig	[dri-en-twintəχ]
trinta	dertig	[dertəχ]
trinta e um	een-en-dertig	[eən-en-dertəχ]
trinta e dois	twee-en-dertig	[tweə-en-dertəχ]
trinta e três	drie-en-dertig	[dri-en-dertəχ]
quarenta	veertig	[feərtəχ]
quarenta e um	een-en-veertig	[eən-en-feərtəχ]
quarenta e dois	twee-en-veertig	[tweə-en-feərtəχ]
quarenta e três	vier-en-veertig	[fir-en-feərtəχ]
cinquenta	vyftig	[fajftəχ]
cinquenta e um	een-en-vyftig	[eən-en-fajftəχ]
cinquenta e dois	twee-en-vyftig	[tweə-en-fajftəχ]
cinquenta e três	drie-en-vyftig	[dri-en-fajftəχ]
sessenta	sestig	[sestəχ]
sessenta e um	een-en-sestig	[eən-en-sestəχ]
sessenta e dois	twee-en-sestig	[tweə-en-sestəχ]
sessenta e três	drie-en-sestig	[dri-en-sestəχ]
setenta	sewentig	[seventəχ]
setenta e um	een-en-sewentig	[eən-en-seventəχ]
setenta e dois	twee-en-sewentig	[tweə-en-seventəχ]
setenta e três	drie-en-sewentig	[dri-en-seventəχ]
oitenta	tagtig	[taχtəχ]
oitenta e um	een-en-tagtig	[eən-en-taχtəχ]
oitenta e dois	twee-en-tagtig	[tweə-en-taχtəχ]
oitenta e três	drie-en-tagtig	[dri-en-taχtəχ]
noventa	negentig	[neχentəχ]
noventa e um	een-en-negentig	[eən-en-neχentəχ]
noventa e dois	twee-en-negentig	[tweə-en-neχentəχ]
noventa e três	drie-en-negentig	[dri-en-neχentəχ]

5. Números cardinais. Parte 2

cem	honderd	[hondərt]
duzentos	tweehonderd	[tweə·hondərt]
trezentos	driehonderd	[dri·hondərt]
quatrocentos	vierhonderd	[fir·hondərt]
quinhentos	vyfhonderd	[fajf·hondərt]
seiscentos	seshonderd	[ses·hondərt]
setecentos	sewehonderd	[sevə·hondərt]
oitocentos	aghonderd	[aχ·hondərt]
novecentos	negehonderd	[neχə·hondərt]
mil	duisend	[dœisent]
dois mil	tweeduisend	[tweə·dœisent]

três mil	drieduisend	[dri·dœisent]
dez mil	tienduisend	[tin·dœisent]
cem mil	honderdduisend	[hondərt·dajsent]
um milhão	miljoen	[miljun]
um bilhão	miljard	[miljart]

6. Números ordinais

primeiro (adj)	eerste	[eərstə]
segundo (adj)	tweede	[tweedə]
terceiro (adj)	derde	[derdə]
quarto (adj)	vierde	[firdə]
quinto (adj)	vyfde	[fajfdə]

sexto (adj)	sesde	[sesdə]
sétimo (adj)	sewende	[sevendə]
oitavo (adj)	agste	[aχstə]
nono (adj)	negende	[neχendə]
décimo (adj)	tiende	[tində]

7. Números. Frações

fração (f)	breuk	[brøək]
um meio	helfte	[hɛlftə]
um terço	derde	[derdə]
um quarto	kwart	[kwart]

um oitavo	agste	[aχstə]
um décimo	tiende	[tində]
dois terços	twee derde	[tweə derdə]
três quartos	driekwart	[drikwart]

8. Números. Operações básicas

subtração (f)	aftrekking	[aftrɛkkiŋ]
subtrair (vi, vt)	aftrek	[aftrek]
divisão (f)	deling	[deliŋ]
dividir (vt)	deel	[deəl]
adição (f)	optelling	[optɛlliŋ]
somar (vt)	optel	[optəl]
adicionar (vt)	optel	[optəl]
multiplicação (f)	vermenigvuldiging	[fermeniχ·fuldəχiŋ]
multiplicar (vt)	vermenigvuldig	[fermeniχ·fuldəχ]

9. Números. Diversos

| algarismo, dígito (m) | syfer | [sajfər] |
| número (m) | nommer | [nommər] |

numeral (m)	telwoord	[tɛlwoərt]
menos (m)	minusteken	[minus·tekən]
mais (m)	plusteken	[plus·tekən]
fórmula (f)	formule	[formulə]

cálculo (m)	berekening	[berekeniŋ]
contar (vt)	tel	[təl]
calcular (vt)	optel	[optəl]
comparar (vt)	vergelyk	[ferχəlajk]

Quanto, -os, -as?	Hoeveel?	[hufeəl?]
soma (f)	som, totaal	[som], [totãl]
resultado (m)	resultaat	[resultãt]
resto (m)	oorskot	[oərskot]

pouco (~ tempo)	min	[min]
poucos, poucas	min	[min]
resto (m)	die res	[di res]
dúzia (f)	dosyn	[dosajn]

ao meio	middeldeur	[middəldøər]
em partes iguais	gelyk	[χelajk]
metade (f)	helfte	[hɛlftə]
vez (f)	maal	[mãl]

10. Os verbos mais importantes. Parte 1

abrir (vt)	oopmaak	[oəpmãk]
acabar, terminar (vt)	klaarmaak	[klãrmãk]
aconselhar (vt)	aanraai	[ãnrãi]
adivinhar (vt)	raai	[rãi]
advertir (vt)	waarsku	[vãrsku]

ajudar (vt)	help	[hɛlp]
almoçar (vi)	gaan eet	[χãn eət]
alugar (~ um apartamento)	huur	[hɪr]
amar (pessoa)	liefhê	[lifhɛ:]
ameaçar (vt)	dreig	[dræjχ]

anotar (escrever)	opskryf	[opskrajf]
apressar-se (vr)	opskud	[opskut]
arrepender-se (vr)	jammer wees	[jammər veəs]
assinar (vt)	teken	[tekən]
brincar (vi)	grappies maak	[χrappis mãk]

brincar, jogar (vi, vt)	speel	[speəl]
buscar (vt)	soek ...	[suk ...]
caçar (vi)	jag	[jaχ]
cair (vi)	val	[fal]
cavar (vt)	grawe	[χravə]
chamar (~ por socorro)	roep	[rup]

| chegar (vi) | aankom | [ãnkom] |
| chorar (vi) | huil | [hœil] |

começar (vt)	begin	[beχin]
comparar (vt)	vergelyk	[ferχəlajk]
concordar (dizer "sim")	saamstem	[sãmstem]

confiar (vt)	vertrou	[fertræʊ]
confundir (equivocar-se)	verwar	[ferwar]
conhecer (vt)	ken	[ken]
contar (fazer contas)	tel	[təl]
contar com ...	reken op ...	[reken op ...]
continuar (vt)	aangaan	[ãnχãn]

controlar (vt)	kontroleer	[kontroleər]
convidar (vt)	uitnooi	[œitnoj]
correr (vi)	hardloop	[hardloəp]
criar (vt)	skep	[skep]
custar (vt)	kos	[kos]

11. Os verbos mais importantes. Parte 2

dar (vt)	gee	[χeə]
decorar (enfeitar)	versier	[fersir]
defender (vt)	verdedig	[ferdedəχ]
deixar cair (vt)	laat val	[lãt fal]

descer (para baixo)	afkom	[afkom]
desculpar (vt)	verskoon	[ferskoən]
desculpar-se (vr)	verskoning vra	[ferskoniŋ fra]
dirigir (~ uma empresa)	beheer	[beheər]
discutir (notícias, etc.)	bespreek	[bespreək]

disparar, atirar (vi)	skiet	[skit]
dizer (vt)	sê	[sɛ:]
duvidar (vt)	twyfel	[twajfəl]
encontrar (achar)	vind	[fint]
enganar (vt)	bedrieg	[bedrəχ]

entender (vt)	verstaan	[ferstãn]
entrar (na sala, etc.)	binnegaan	[binnəχãn]
enviar (uma carta)	stuur	[stɪr]
escolher (vt)	kies	[kis]

esconder (vt)	wegsteek	[veχsteək]
escrever (vt)	skryf	[skrajf]
esperar (aguardar)	wag	[vaχ]
esperar (ter esperança)	hoop	[hoəp]
esquecer (vt)	vergeet	[ferχeət]

estar (vi)	wees	[veəs]
estudar (vt)	studeer	[studeər]
exigir (vt)	eis	[æjs]
existir (vi)	bestaan	[bestãn]
explicar (vt)	verduidelik	[ferdœidəlik]
falar (vi)	praat	[prãt]
faltar (a la escuela, etc.)	bank	[bank]

fazer (vt)	doen	[dun]
ficar em silêncio	stilbly	[stilblaj]
gabar-se (vr)	spog	[spoχ]

gostar (apreciar)	hou van	[hæʊ fan]
gritar (vi)	skreeu	[skriʊ]
guardar (fotos, etc.)	bewaar	[bevār]
informar (vt)	in kennis stel	[in kɛnnis stəl]
insistir (vi)	aandring	[āndriŋ]

insultar (vt)	beledig	[beledəχ]
interessar-se (vr)	belangstel in ...	[belaŋstəl in ...]
ir (a pé)	gaan	[χān]
ir nadar	gaan swem	[χān swem]
jantar (vi)	aandete gebruik	[āndetə χebrœik]

12. Os verbos mais importantes. Parte 3

ler (vt)	lees	[leəs]
libertar, liberar (vt)	bevry	[befraj]
matar (vt)	doodmaak	[doədmāk]
mencionar (vt)	verwys na	[ferwajs na]
mostrar (vt)	wys	[vajs]

mudar (modificar)	verander	[ferandər]
nadar (vi)	swem	[swem]
negar-se a ... (vr)	weier	[væjer]
objetar (vt)	beswaar maak	[beswār māk]

observar (vt)	waarneem	[vārneəm]
ordenar (mil.)	beveel	[befeəl]
ouvir (vt)	hoor	[hoər]
pagar (vt)	betaal	[betāl]
parar (vi)	stilhou	[stilhæʊ]

parar, cessar (vt)	ophou	[ophæʊ]
participar (vi)	deelneem	[deəlneəm]
pedir (comida, etc.)	bestel	[bestəl]
pedir (um favor, etc.)	vra	[fra]
pegar (tomar)	vat	[fat]

pegar (uma bola)	vang	[faŋ]
pensar (vi, vt)	dink	[dink]
perceber (ver)	raaksien	[rāksin]
perdoar (vt)	vergewe	[ferχevə]
perguntar (vt)	vra	[fra]

permitir (vt)	toestaan	[tustān]
pertencer a ... (vi)	behoort aan ...	[behoərt ān ...]
planejar (vt)	beplan	[beplan]
poder (~ fazer algo)	kan	[kan]
possuir (uma casa, etc.)	besit	[besit]
preferir (vt)	verkies	[ferkis]
preparar (vt)	kook	[koək]

prever (vt)	voorsien	[foərsin]
prometer (vt)	beloof	[beloəf]
pronunciar (vt)	uitspreek	[œitspreək]

propor (vt)	voorstel	[foərstəl]
punir (castigar)	straf	[straf]
quebrar (vt)	breek	[breək]
queixar-se de ...	kla	[kla]
querer (desejar)	wil	[vil]

13. Os verbos mais importantes. Parte 4

ralhar, repreender (vt)	uitvaar teen	[œitfār teən]
recomendar (vt)	aanbeveel	[ānbefeəl]
repetir (dizer outra vez)	herhaal	[herhāl]
reservar (~ um quarto)	bespreek	[bespreək]
responder (vt)	antwoord	[antwoərt]

rezar, orar (vi)	bid	[bit]
rir (vi)	lag	[laχ]
roubar (vt)	steel	[steəl]
saber (vt)	weet	[veət]
sair (~ de casa)	uitgaan	[œitχān]

salvar (resgatar)	red	[ret]
seguir (~ alguém)	volg ...	[folχ ...]
sentar-se (vr)	gaan sit	[χān sit]

| ser (vi) | wees | [veəs] |
| ser necessário | nodig wees | [nodəχ veəs] |

| significar (vt) | beteken | [betekən] |
| sorrir (vi) | glimlag | [χlimlaχ] |

| subestimar (vt) | onderskat | [ondərskat] |
| surpreender-se (vr) | verbaas wees | [ferbās veəs] |

tentar (~ fazer)	probeer	[probeər]
ter (vt)	hê	[hɛ:]
ter fome	honger wees	[hoŋər veəs]

ter medo	bang wees	[baŋ veəs]
ter sede	dors wees	[dors veəs]
tocar (com as mãos)	aanraak	[ānrāk]
tomar café da manhã	ontbyt	[ontbajt]

| trabalhar (vi) | werk | [verk] |
| traduzir (vt) | vertaal | [fertāl] |

unir (vt)	verenig	[ferenəχ]
vender (vt)	verkoop	[ferkoəp]
ver (vt)	sien	[sin]
virar (~ para a direita)	draai	[drāi]
voar (vi)	vlieg	[fliχ]

14. Cores

cor (f)	kleur	[kløər]
tom (m)	skakering	[skakeriŋ]
tonalidade (m)	tint	[tint]
arco-íris (m)	reënboog	[reɛn·boəχ]
branco (adj)	wit	[vit]
preto (adj)	swart	[swart]
cinza (adj)	grys	[χrajs]
verde (adj)	groen	[χrun]
amarelo (adj)	geel	[χeəl]
vermelho (adj)	rooi	[roj]
azul (adj)	blou	[blæʊ]
azul claro (adj)	ligblou	[liχ·blæʊ]
rosa (adj)	pienk	[pink]
laranja (adj)	oranje	[oranjə]
violeta (adj)	pers	[pers]
marrom (adj)	bruin	[brœin]
dourado (adj)	goue	[χæʊə]
prateado (adj)	silweragtig	[silweraχtəχ]
bege (adj)	beige	[bɛːiʒ]
creme (adj)	roomkleurig	[roəm·kløərəχ]
turquesa (adj)	turkoois	[turkojs]
vermelho cereja (adj)	kersierooi	[kersi·roj]
lilás (adj)	lila	[lila]
carmim (adj)	karmosyn	[karmosajn]
claro (adj)	lig	[liχ]
escuro (adj)	donker	[donkər]
vivo (adj)	helder	[hɛldər]
de cor	kleurig	[kløərəχ]
a cores	kleur	[kløər]
preto e branco (adj)	swart-wit	[swart-wit]
unicolor (de uma só cor)	effe	[ɛffə]
multicolor (adj)	veelkleurig	[feəlkløərəχ]

15. Questões

Quem?	Wie?	[vi?]
O que?	Wat?	[vat?]
Onde?	Waar?	[vār?]
Para onde?	Waarheen?	[vārheən?]
De onde?	Waarvandaan?	[vārfandān?]
Quando?	Wanneer?	[vanneər?]
Para quê?	Hoekom?	[hukom?]
Por quê?	Hoekom?	[hukom?]
Para quê?	Vir wat?	[fir vat?]

Como?	Hoe?	[hu?]
Qual (~ é o problema?)	Watter?	[vattər?]
Qual (~ deles?)	Watter een?	[vattər eən?]

A quem?	Vir wie?	[fir vi?]
De quem?	Oor wie?	[oər vi?]
Do quê?	Oor wat?	[oər vat?]
Com quem?	Met wie?	[met vi?]
Quanto, -os, -as?	Hoeveel?	[hufeəl?]

16. Preposições

com (prep.)	met	[met]
sem (prep.)	sonder	[sondər]
a, para (exprime lugar)	na	[na]
sobre (ex. falar ~)	oor	[oər]
antes de ...	voor	[foər]
em frente de ...	voor ...	[foər ...]

debaixo de ...	onder	[ondər]
sobre (em cima de)	oor	[oər]
em ..., sobre ...	op	[op]
de, do (sou ~ Rio de Janeiro)	uit	[œit]
de (feito ~ pedra)	van	[fan]

em (~ 3 dias)	oor	[oər]
por cima de ...	oor	[oər]

17. Palavras funcionais. Advérbios. Parte 1

Onde?	Waar?	[vãr?]
aqui	hier	[hir]
lá, ali	daar	[dãr]

em algum lugar	êrens	[ærɛŋs]
em lugar nenhum	nêrens	[nærɛŋs]

perto de ...	by	[baj]
perto da janela	by	[baj]

Para onde?	Waarheen?	[vãrheən?]
aqui	hier	[hir]
para lá	soontoe	[soentu]
daqui	hiervandaan	[hirfandãn]
de lá, dali	daarvandaan	[dãrfandãn]

perto	naby	[nabaj]
longe	ver	[fer]

perto de ...	naby	[nabaj]
à mão, perto	naby	[nabaj]
não fica longe	nie ver nie	[ni fər ni]

esquerdo (adj)	linker-	[lıŋkər-]
à esquerda	op linkerhand	[op lıŋkərhant]
para a esquerda	na links	[na lıŋks]
direito (adj)	regter	[reχtər]
à direita	op regterhand	[op reχtərhant]
para a direita	na regs	[na reχs]
em frente	voor	[foər]
da frente	voorste	[foərstə]
adiante (para a frente)	vooruit	[foərœit]
atrás de ...	agter	[aχtər]
de trás	van agter	[fan aχtər]
para trás	agtertoe	[aχtərtu]
meio (m), metade (f)	middel	[mıddəl]
no meio	in die middel	[in di mıddəl]
do lado	op die sykant	[op di sajkant]
em todo lugar	orals	[orals]
por todos os lados	orals rond	[orals ront]
de dentro	van binne	[fan bınnə]
para algum lugar	êrens	[ærɛŋs]
diretamente	reguit	[reχœit]
de volta	terug	[teruχ]
de algum lugar	êrens vandaan	[ærɛŋs fandãn]
de algum lugar	êrens vandaan	[ærɛŋs fandãn]
em primeiro lugar	in die eerste plek	[in di eərstə plek]
em segundo lugar	in die tweede plek	[in di tweədə plek]
em terceiro lugar	in die derde plek	[in di derdə plek]
de repente	skielik	[skilik]
no início	aan die begin	[ãn di beχin]
pela primeira vez	vir die eerste keer	[fir di eərstə keər]
muito antes de ...	lank voordat ...	[lank foərdat ...]
de novo	opnuut	[opnɪt]
para sempre	vir goed	[fir χut]
nunca	nooit	[nojt]
de novo	weer	[veər]
agora	nou	[næʊ]
frequentemente	dikwels	[dikwɛls]
então	toe	[tu]
urgentemente	dringend	[drıŋəŋ]
normalmente	gewoonlik	[χevoənlik]
a propósito, ...	terloops, ...	[terloəps], [...]
é possível	moontlik	[moəntlik]
provavelmente	waarskynlik	[vãrskajnlik]
talvez	dalk	[dalk]
além disso, ...	trouens ...	[træʊɛŋs ...]
por isso ...	dis hoekom ...	[dis hukom ...]

apesar de ...	ondanks ...	[ondanks ...]
graças a ...	danksy ...	[danksaj ...]

que (pron.)	wat	[vat]
que (conj.)	dat	[dat]
algo	iets	[its]
alguma coisa	iets	[its]
nada	niks	[niks]

quem	wie	[vi]
alguém (~ que ...)	iemand	[imant]
alguém (com ~)	iemand	[imant]

ninguém	niemand	[nimant]
para lugar nenhum	nêrens	[nærɛŋs]
de ninguém	niemand se	[nimant sə]
de alguém	iemand se	[imant sə]

tão	so	[so]
também (gostaria ~ de ...)	ook	[oək]
também (~ eu)	ook	[oək]

18. Palavras funcionais. Advérbios. Parte 2

Por quê?	Waarom?	[vãrom?]
porque ...	omdat ...	[omdat ...]

e (tu ~ eu)	en	[ɛn]
ou (ser ~ não ser)	of	[of]
mas (porém)	maar	[mãr]
para (~ a minha mãe)	vir	[fir]

muito, demais	te	[te]
só, somente	net	[net]
exatamente	presies	[presis]
cerca de (~ 10 kg)	ongeveer	[onχəfeər]

aproximadamente	ongeveer	[onχəfeər]
aproximado (adj)	geraamde	[χerãmdə]
quase	amper	[ampər]
resto (m)	die res	[di res]

o outro (segundo)	die ander	[di andər]
outro (adj)	ander	[andər]
cada (adj)	elke	[ɛlkə]
qualquer (adj)	enige	[ɛniχə]
muitos, muitas	baie	[baje]
muitas pessoas	baie mense	[baje mɛŋsə]
todos	almal	[almal]

em troca de ...	in ruil vir ...	[in rœil fir ...]
em troca	as vergoeding	[as ferχudiŋ]
à mão	met die hand	[met di hant]
pouco provável	skaars	[skãrs]

provavelmente	waarskynlik	[vārskajnlik]
de propósito	opsetlik	[opsetlik]
por acidente	toevallig	[tufalləx]

muito	baie	[baje]
por exemplo	byvoorbeeld	[bajfoərbeelt]
entre	tussen	[tussən]
entre (no meio de)	tussen	[tussən]
tanto	so baie	[so baje]
especialmente	veral	[feral]

Conceitos básicos. Parte 2

19. Opostos

rico (adj)	ryk	[rajk]
pobre (adj)	arm	[arm]
doente (adj)	siek	[sik]
bem (adj)	gesond	[χesont]
grande (adj)	groot	[χroət]
pequeno (adj)	klein	[klæjn]
rapidamente	vinnig	[finnəχ]
lentamente	stadig	[stadəχ]
rápido (adj)	vinnig	[finnəχ]
lento (adj)	stadig	[stadəχ]
alegre (adj)	bly	[blaj]
triste (adj)	droewig	[druvəχ]
juntos (ir ~)	saam	[sãm]
separadamente	afsonderlik	[afsondərlik]
em voz alta (ler ~)	hardop	[hardop]
para si (em silêncio)	stil	[stil]
alto (adj)	groot	[χroət]
baixo (adj)	laag	[lãχ]
profundo (adj)	diep	[dip]
raso (adj)	vlak	[flak]
sim	ja	[ja]
não	nee	[neə]
distante (adj)	ver	[fer]
próximo (adj)	naby	[nabaj]
longe	ver	[fer]
à mão, perto	naby	[nabaj]
longo (adj)	lang	[laŋ]
curto (adj)	kort	[kort]
bom (bondoso)	vriendelik	[frindəlik]
mal (adj)	boos	[boəs]
casado (adj)	getroud	[χetræʊt]

solteiro (adj)	ongetroud	[onχətræʊt]
proibir (vt)	verbied	[ferbit]
permitir (vt)	toestaan	[tustān]
fim (m)	einde	[æjndə]
início (m)	begin	[beχin]
esquerdo (adj)	linker-	[linkər-]
direito (adj)	regter	[reχtər]
primeiro (adj)	eerste	[eərstə]
último (adj)	laaste	[lāstə]
crime (m)	misdaad	[misdāt]
castigo (m)	straf	[straf]
ordenar (vt)	beveel	[befeəl]
obedecer (vt)	gehoorsaam	[χehoərsām]
reto (adj)	reguit	[reχœit]
curvo (adj)	krom	[krom]
paraíso (m)	paradys	[paradajs]
inferno (m)	hel	[həl]
nascer (vi)	gebore word	[χeborə vort]
morrer (vi)	doodgaan	[doədχān]
forte (adj)	sterk	[sterk]
fraco, débil (adj)	swak	[swak]
velho, idoso (adj)	oud	[æʊt]
jovem (adj)	jong	[joŋ]
velho (adj)	ou	[æʊ]
novo (adj)	nuwe	[nuvə]
duro (adj)	hard	[hart]
macio (adj)	sag	[saχ]
quente (adj)	warm	[varm]
frio (adj)	koud	[kæʊt]
gordo (adj)	vet	[fet]
magro (adj)	dun	[dun]
estreito (adj)	smal	[smal]
largo (adj)	wyd	[vajt]
bom (adj)	goed	[χut]
mau (adj)	sleg	[sleχ]
valente, corajoso (adj)	dapper	[dappər]
covarde (adj)	lafhartig	[lafhartəχ]

20. Dias da semana

segunda-feira (f)	Maandag	[mãndaχ]
terça-feira (f)	Dinsdag	[dinsdaχ]
quarta-feira (f)	Woensdag	[voɛŋsdaχ]
quinta-feira (f)	Donderdag	[donderdaχ]
sexta-feira (f)	Vrydag	[frajdaχ]
sábado (m)	Saterdag	[saterdaχ]
domingo (m)	Sondag	[sondaχ]

hoje	vandag	[fandaχ]
amanhã	môre	[mɔrə]
depois de amanhã	oormôre	[oərmɔrə]
ontem	gister	[χistər]
anteontem	eergister	[eərχistər]

dia (m)	dag	[daχ]
dia (m) de trabalho	werksdag	[verks·daχ]
feriado (m)	openbare vakansiedag	[openbarə fakaŋsi·daχ]
dia (m) de folga	verlofdag	[ferlofdaχ]
fim (m) de semana	naweek	[naveək]

o dia todo	die hele dag	[di helə daχ]
no dia seguinte	die volgende dag	[di folχendə daχ]
há dois dias	twee dae gelede	[tweə daə χeledə]
na véspera	die dag voor	[di daχ foər]
diário (adj)	daeliks	[daəliks]
todos os dias	elke dag	[ɛlkə daχ]

semana (f)	week	[veək]
na semana passada	laas week	[lãs veək]
semana que vem	volgende week	[folχendə veək]
semanal (adj)	weekliks	[veəkliks]
toda semana	weekliks	[veəkliks]
toda terça-feira	elke Dinsdag	[ɛlkə dinsdaχ]

21. Horas. Dia e noite

manhã (f)	oggend	[oχent]
de manhã	soggens	[soχɛŋs]
meio-dia (m)	middag	[middaχ]
à tarde	in die namiddag	[in di namiddaχ]

tardinha (f)	aand	[ãnt]
à tardinha	saans	[sãŋs]
noite (f)	nag	[naχ]
à noite	snags	[snaχs]
meia-noite (f)	middernag	[middərnaχ]

segundo (m)	sekonde	[sekondə]
minuto (m)	minuut	[minɪt]
hora (f)	uur	[ɪr]
meia hora (f)	n halfuur	[n halfɪr]

quinze minutos	vyftien minute	[fajftin minutə]
vinte e quatro horas	24 ure	[fir-en-twintəχ urə]
nascer (m) do sol	sonop	[son·op]
amanhecer (m)	daeraad	[daerāt]
madrugada (f)	elke oggend	[ɛlkə oχent]
pôr-do-sol (m)	sononder	[son·ondər]
de madrugada	vroegdag	[fruχdaχ]
esta manhã	vanmôre	[fanmɔrə]
amanhã de manhã	môreoggend	[mɔrə·oχent]
esta tarde	vanmiddag	[fanmiddaχ]
à tarde	in die namiddag	[in di namiddaχ]
amanhã à tarde	môremiddag	[mɔrə·middaχ]
esta noite, hoje à noite	vanaand	[fanānt]
amanhã à noite	môreaand	[mɔrə·ānt]
às três horas em ponto	klokslag 3 uur	[klokslaχ dri ɪr]
por volta das quatro	omstreeks 4 uur	[omstreeks fir ɪr]
às doze	teen 12 uur	[teən twalf ɪr]
em vinte minutos	oor twintig minute	[oər twintəχ minutə]
a tempo	betyds	[betajds]
... um quarto para	kwart voor ...	[kwart foər ...]
a cada quinze minutos	elke 15 minute	[ɛlkə fajftin minutə]
as vinte e quatro horas	24 uur per dag	[fir-en-twintəχ pər daχ]

22. Meses. Estações

janeiro (m)	Januarie	[januari]
fevereiro (m)	Februarie	[februari]
março (m)	Maart	[mārt]
abril (m)	April	[april]
maio (m)	Mei	[mæj]
junho (m)	Junie	[juni]
julho (m)	Julie	[juli]
agosto (m)	Augustus	[ouχustus]
setembro (m)	September	[septembər]
outubro (m)	Oktober	[oktobər]
novembro (m)	November	[nofembər]
dezembro (m)	Desember	[desembər]
primavera (f)	lente	[lentə]
na primavera	in die lente	[in di lentə]
primaveril (adj)	lente-	[lente-]
verão (m)	somer	[somər]
no verão	in die somer	[in di somər]
de verão	somerse	[somersə]
outono (m)	herfs	[herfs]

| no outono | in die herfs | [in di herfs] |
| outonal (adj) | herfsagtige | [herfsaχtiχə] |

inverno (m)	winter	[vintər]
no inverno	in die winter	[in di vintər]
de inverno	winter-	[vintər-]

mês (m)	maand	[mānt]
este mês	hierdie maand	[hirdi mānt]
mês que vem	volgende maand	[folχendə mānt]
no mês passado	laasmaand	[lāsmānt]

| em dois meses | oor twe maande | [oər twə māndə] |
| todo o mês | die hele maand | [di helə mānt] |

mensal (adj)	maandeliks	[māndəliks]
mensalmente	maandeliks	[māndəliks]
todo mês	elke maand	[ɛlkə mānt]

ano (m)	jaar	[jār]
este ano	hierdie jaar	[hirdi jār]
ano que vem	volgende jaar	[folχendə jār]
no ano passado	laasjaar	[lāʃār]

| dentro de dois anos | binne twee jaar | [binnə tweə jār] |
| todo o ano | die hele jaar | [di helə jār] |

cada ano	elke jaar	[ɛlkə jār]
anual (adj)	jaarliks	[jārliks]
anualmente	jaarliks	[jārliks]
quatro vezes por ano	4 keer per jaar	[fir keər pər jār]

data (~ de hoje)	datum	[datum]
data (ex. ~ de nascimento)	datum	[datum]
calendário (m)	kalender	[kalendər]

seis meses	ses maande	[ses māndə]
estação (f)	seisoen	[sæjsun]
século (m)	eeu	[iʊ]

23. Tempo. Diversos

tempo (m)	tyd	[tajt]
momento (m)	moment	[moment]
instante (m)	oomblik	[oəmblik]
instantâneo (adj)	oombliklik	[oəmbliklik]
lapso (m) de tempo	tydbestek	[tajdbestək]
vida (f)	lewe	[lewə]
eternidade (f)	ewigheid	[ɛviχæjt]

época (f)	tydperk	[tajtperk]
era (f)	tydperk	[tajtperk]
ciclo (m)	siklus	[siklus]
período (m)	periode	[periodə]

prazo (m)	termyn	[termajn]
futuro (m)	die toekoms	[di tukoms]
futuro (adj)	toekomstig	[tukomstəχ]
da próxima vez	die volgende keer	[di folχendə keər]
passado (m)	die verlede	[di ferledə]
passado (adj)	laas-	[lās-]
na última vez	die vorige keer	[di foriχə keər]

mais tarde	later	[latər]
depois de ...	na	[na]
atualmente	deesdae	[deesdaə]
agora	nou	[næʊ]
imediatamente	onmiddellik	[onmiddɛllik]
em breve	gou	[χæʊ]
de antemão	by voorbaat	[baj foərbāt]

há muito tempo	lank gelede	[lank χeledə]
recentemente	onlangs	[onlaŋs]
destino (m)	noodlot	[noədlot]
recordações (f pl)	herinneringe	[herinneriŋə]
arquivo (m)	argiewe	[arχivə]

durante ...	gedurende ...	[χedurendə ...]
durante muito tempo	lank	[lank]
pouco tempo	nie lank nie	[ni lank ni]
cedo (levantar-se ~)	vroeg	[fruχ]
tarde (deitar-se ~)	laat	[lāt]

para sempre	vir altyd	[fir altajt]
começar (vt)	begin	[beχin]
adiar (vt)	uitstel	[œitstəl]

ao mesmo tempo	tegelykertyd	[teχelajkertajt]
permanentemente	permanent	[permanent]
constante (~ ruído, etc.)	voortdurend	[foərtdurent]
temporário (adj)	tydelik	[tajdelik]

às vezes	soms	[soms]
raras vezes, raramente	selde	[sɛldə]
frequentemente	dikwels	[dikwɛls]

24. Linhas e formas

quadrado (m)	vierkant	[firkant]
quadrado (adj)	vierkantig	[firkantəχ]
círculo (m)	sirkel	[sirkəl]
redondo (adj)	rond	[ront]
triângulo (m)	driehoek	[drihuk]
triangular (adj)	driehoekig	[drihukəχ]

oval (f)	ovaal	[ofāl]
oval (adj)	ovaal	[ofāl]
retângulo (m)	reghoek	[reχhuk]
retangular (adj)	reghoekig	[reχhukəχ]

pirâmide (f)	piramide	[piramidə]
losango (m)	ruit	[rœit]
trapézio (m)	trapesoïed	[trapesoïət]
cubo (m)	kubus	[kubus]
prisma (m)	prisma	[prisma]

circunferência (f)	omtrek	[omtrək]
esfera (f)	sfeer	[sfeər]
globo (m)	bal	[bal]
diâmetro (m)	diameter	[diametər]
raio (m)	straal	[strāl]
perímetro (m)	omtrek	[omtrək]
centro (m)	sentrum	[sentrum]

horizontal (adj)	horisontaal	[horisontāl]
vertical (adj)	vertikaal	[fertikāl]
paralela (f)	parallel	[paralləl]
paralelo (adj)	parallel	[paralləl]

linha (f)	lyn	[lajn]
traço (m)	haal	[hāl]
reta (f)	regte lyn	[reχtə lajn]
curva (f)	krom	[krom]
fino (linha ~a)	dun	[dun]
contorno (m)	omtrek	[omtrək]

interseção (f)	snypunt	[snaj·punt]
ângulo (m) reto	regte hoek	[reχtə huk]
segmento (m)	segment	[seχment]
setor (m)	sektor	[sektor]
lado (de um triângulo, etc.)	sy	[saj]
ângulo (m)	hoek	[huk]

25. Unidades de medida

peso (m)	gewig	[χeveχ]
comprimento (m)	lengte	[leŋtə]
largura (f)	breedte	[breedtə]
altura (f)	hoogte	[hoəχtə]
profundidade (f)	diepte	[diptə]
volume (m)	volume	[folumə]
área (f)	area	[area]

grama (m)	gram	[χram]
miligrama (m)	milligram	[milliχram]
quilograma (m)	kilogram	[kiloχram]
tonelada (f)	ton	[ton]
libra (453,6 gramas)	pond	[pont]
onça (f)	ons	[oŋs]

metro (m)	meter	[metər]
milímetro (m)	millimeter	[millimetər]
centímetro (m)	sentimeter	[sentimetər]
quilômetro (m)	kilometer	[kilometər]

milha (f)	myl	[majl]
polegada (f)	duim	[dœim]
pé (304,74 mm)	voet	[fut]
jarda (914,383 mm)	jaart	[jãrt]

| metro (m) quadrado | vierkante meter | [firkantə metər] |
| hectare (m) | hektaar | [hektãr] |

litro (m)	liter	[litər]
grau (m)	graad	[χrãt]
volt (m)	volt	[folt]
ampère (m)	ampère	[ampɛ:r]
cavalo (m) de potência	perdekrag	[perdə·kraχ]

quantidade (f)	hoeveelheid	[hufeəlhæjt]
metade (f)	helfte	[hɛlftə]
dúzia (f)	dosyn	[dosajn]
peça (f)	stuk	[stuk]

| tamanho (m), dimensão (f) | grootte | [χroəttə] |
| escala (f) | skaal | [skãl] |

mínimo (adj)	minimaal	[minimãl]
menor, mais pequeno	die kleinste	[di klæjnstə]
médio (adj)	medium	[medium]
máximo (adj)	maksimaal	[maksimãl]
maior, mais grande	die grootste	[di χroətstə]

26. Recipientes

pote (m) de vidro	glaspot	[χlas·pot]
lata (~ de cerveja)	blikkie	[blikki]
balde (m)	emmer	[ɛmmər]
barril (m)	drom	[drom]

bacia (~ de plástico)	wasbak	[vas·bak]
tanque (m)	tenk	[tɛnk]
cantil (m) de bolso	heupfles	[høəp·fles]
galão (m) de gasolina	petrolblik	[petrol·blik]
cisterna (f)	tenk	[tɛnk]

caneca (f)	beker	[bekər]
xícara (f)	koppie	[koppi]
pires (m)	piering	[piriŋ]
copo (m)	glas	[χlas]
taça (f) de vinho	wynglas	[vajn·χlas]
panela (f)	soppot	[sop·pot]

| garrafa (f) | bottel | [bottəl] |
| gargalo (m) | nek | [nek] |

jarra (f)	kraffie	[kraffi]
jarro (m)	kruik	[krœik]
recipiente (m)	houer	[hæʊər]

| pote (m) | pot | [pot] |
| vaso (m) | vaas | [fãs] |

frasco (~ de perfume)	bottel	[bottəl]
frasquinho (m)	botteltjie	[bottɛlki]
tubo (m)	buisie	[bœisi]

saco (ex. ~ de açúcar)	sak	[sak]
sacola (~ plastica)	sak	[sak]
maço (de cigarros, etc.)	pakkie	[pakki]

caixa (~ de sapatos, etc.)	kartondoos	[karton·doəs]
caixote (~ de madeira)	krat	[krat]
cesto (m)	mandjie	[mandʒi]

27. Materiais

material (m)	boustof	[bæʊstof]
madeira (f)	hout	[hæʊt]
de madeira	hout-	[hæʊt-]

| vidro (m) | glas | [χlas] |
| de vidro | glas- | [χlas-] |

| pedra (f) | klip | [klip] |
| de pedra | klip- | [klip-] |

| plástico (m) | plastiek | [plastik] |
| plástico (adj) | plastiek- | [plastik-] |

| borracha (f) | rubber | [rubbər] |
| de borracha | rubber- | [rubbər-] |

| tecido, pano (m) | materiaal | [materiãl] |
| de tecido | materiaal- | [materiãl-] |

| papel (m) | papier | [papir] |
| de papel | papier- | [papir-] |

| papelão (m) | karton | [karton] |
| de papelão | karton- | [karton-] |

| polietileno (m) | politeen | [politeən] |
| celofane (m) | sellofaan | [sɛllofãn] |

| linóleo (m) | linoleum | [linoløəm] |
| madeira (f) compensada | laaghout | [lãχhæʊt] |

porcelana (f)	porselein	[porselæjn]
de porcelana	porselein-	[porselæjn-]
argila (f), barro (m)	klei	[klæj]
de barro	klei-	[klæj-]
cerâmica (f)	keramiek	[keramik]
de cerâmica	keramiek-	[keramik-]

28. Metais

metal (m)	metaal	[metāl]
metálico (adj)	metaal-	[metāl-]
liga (f)	allooi	[alloj]
ouro (m)	goud	[χæʊt]
de ouro	goue	[χæʊə]
prata (f)	silwer	[silwər]
de prata	silwer-	[silwər-]
ferro (m)	yster	[ajstər]
de ferro	yster-	[ajstər-]
aço (m)	staal	[stāl]
de aço (adj)	staal-	[stāl-]
cobre (m)	koper	[kopər]
de cobre	koper-	[kopər-]
alumínio (m)	aluminium	[aluminium]
de alumínio	aluminium-	[aluminium-]
bronze (m)	brons	[brɔŋs]
de bronze	brons-	[brɔŋs-]
latão (m)	geelkoper	[χeəl·kopər]
níquel (m)	nikkel	[nikkəl]
platina (f)	platinum	[platinum]
mercúrio (m)	kwik	[kwik]
estanho (m)	tin	[tin]
chumbo (m)	lood	[loət]
zinco (m)	sink	[sink]

O SER HUMANO

O ser humano. O corpo

29. Humanos. Conceitos básicos

ser (m) humano	mens	[mɛŋs]
homem (m)	man	[man]
mulher (f)	vrou	[fræʊ]
criança (f)	kind	[kint]
menina (f)	meisie	[mæjsi]
menino (m)	seun	[søən]
adolescente (m)	tiener	[tinər]
velho (m)	ou man	[æʊ man]
velha (f)	ou vrou	[æʊ fræʊ]

30. Anatomia humana

organismo (m)	organisme	[orχanismə]
coração (m)	hart	[hart]
sangue (m)	bloed	[blut]
artéria (f)	slagaar	[slaχãr]
veia (f)	aar	[ãr]
cérebro (m)	brein	[bræjn]
nervo (m)	senuwee	[senuveə]
nervos (m pl)	senuwees	[senuveəs]
vértebra (f)	rugwerwels	[ruχ·werwɛls]
coluna (f) vertebral	ruggraat	[ruχ·χrãt]
estômago (m)	maag	[mãχ]
intestinos (m pl)	ingewande	[inχəwande]
intestino (m)	derm	[derm]
fígado (m)	lewer	[levər]
rim (m)	nier	[nir]
osso (m)	been	[beən]
esqueleto (m)	geraamte	[χerãmtə]
costela (f)	rib	[rip]
crânio (m)	skedel	[skedəl]
músculo (m)	spier	[spir]
bíceps (m)	biseps	[biseps]
tríceps (m)	triseps	[triseps]
tendão (m)	sening	[seniŋ]
articulação (f)	gewrig	[χevrəχ]

pulmões (m pl)	longe	[loŋə]
órgãos (m pl) genitais	geslagsorgane	[χeslaχs·orχanə]
pele (f)	vel	[fəl]

31. Cabeça

cabeça (f)	kop	[kop]
rosto, cara (f)	gesig	[χesəχ]
nariz (m)	neus	[nøəs]
boca (f)	mond	[mont]

olho (m)	oog	[oəχ]
olhos (m pl)	oë	[oɛ]
pupila (f)	pupil	[pupil]
sobrancelha (f)	wenkbrou	[vɛnk·bræʊ]
cílio (f)	ooghaar	[oəχ·hãr]
pálpebra (f)	ooglid	[oəχ·lit]

língua (f)	tong	[toŋ]
dente (m)	tand	[tant]
lábios (m pl)	lippe	[lippə]
maçãs (f pl) do rosto	wangbene	[vaŋ·benə]
gengiva (f)	tandvleis	[tand·flæjs]
palato (m)	verhemelte	[fer·hemɛltə]

narinas (f pl)	neusgate	[nøəsχatə]
queixo (m)	ken	[ken]
mandíbula (f)	kakebeen	[kakebeən]
bochecha (f)	wang	[vaŋ]

testa (f)	voorhoof	[foərhoəf]
têmpora (f)	slaap	[slãp]
orelha (f)	oor	[oər]
costas (f pl) da cabeça	agterkop	[aχtərkop]
pescoço (m)	nek	[nek]
garganta (f)	keel	[keəl]

cabelo (m)	haar	[hãr]
penteado (m)	kapsel	[kapsəl]
corte (m) de cabelo	haarstyl	[hãrstajl]
peruca (f)	pruik	[prœik]

bigode (m)	snor	[snor]
barba (f)	baard	[bãrt]
ter (~ barba, etc.)	dra	[dra]
trança (f)	vlegsel	[fleχsəl]
suíças (f pl)	bakkebaarde	[bakkəbãrdə]

ruivo (adj)	rooiharig	[roj·harəχ]
grisalho (adj)	grys	[χrajs]
careca (adj)	kaal	[kãl]
calva (f)	kaal plek	[kãl plek]
rabo-de-cavalo (m)	poniestert	[poni·stert]
franja (f)	gordyntjiekapsel	[χordajnki·kapsəl]

32. Corpo humano

| mão (f) | hand | [hant] |
| braço (m) | arm | [arm] |

dedo (m)	vinger	[fiŋər]
dedo (m) do pé	toon	[toən]
polegar (m)	duim	[dœim]
dedo (m) mindinho	pinkie	[pinki]
unha (f)	nael	[naəl]

punho (m)	vuis	[fœis]
palma (f)	palm	[palm]
pulso (m)	pols	[pols]
antebraço (m)	voorarm	[foərarm]
cotovelo (m)	elmboog	[ɛlmboəχ]
ombro (m)	skouer	[skæʊər]

perna (f)	been	[beən]
pé (m)	voet	[fut]
joelho (m)	knie	[kni]
panturrilha (f)	kuit	[kœit]
quadril (m)	heup	[høəp]
calcanhar (m)	hakskeen	[hak·skeən]

corpo (m)	liggaam	[liχχãm]
barriga (f), ventre (m)	maag	[mãχ]
peito (m)	bors	[bors]
seio (m)	bors	[bors]
lado (m)	sy	[saj]
costas (dorso)	rug	[ruχ]
região (f) lombar	lae rug	[laə ruχ]
cintura (f)	middel	[middəl]

umbigo (m)	naeltjie	[naɛlki]
nádegas (f pl)	boude	[bæʊdə]
traseiro (m)	sitvlak	[sitflak]

sinal (m), pinta (f)	moesie	[musi]
sinal (m) de nascença	moedervlek	[mudər·flek]
tatuagem (f)	tatoe	[tatu]
cicatriz (f)	litteken	[littekən]

Vestuário & Acessórios

33. Roupa exterior. Casacos

roupa (f)	klere	[klerə]
roupa (f) exterior	oorklere	[oərklerə]
roupa (f) de inverno	winterklere	[vintər·klerə]
sobretudo (m)	jas	[jas]
casaco (m) de pele	pelsjas	[pelʃas]
jaqueta (f) de pele	kort pelsjas	[kort pelʃas]
casaco (m) acolchoado	donsjas	[donʃas]
casaco (m), jaqueta (f)	baadjie	[bãdʒi]
impermeável (m)	reënjas	[rɛnjas]
a prova d'água	waterdig	[vatərdəχ]

34. Vestuário de homem & mulher

camisa (f)	hemp	[hemp]
calça (f)	broek	[bruk]
jeans (m)	denimbroek	[denim·bruk]
paletó, terno (m)	baadjie	[bãdʒi]
terno (m)	pak	[pak]
vestido (ex. ~ de noiva)	rok	[rok]
saia (f)	romp	[romp]
blusa (f)	bloes	[blus]
casaco (m) de malha	gebreide baadjie	[χebræjdə bãdʒi]
casaco, blazer (m)	baadjie	[bãdʒi]
camiseta (f)	T-hemp	[te-hemp]
short (m)	kortbroek	[kort·bruk]
training (m)	sweetpak	[sweət·pak]
roupão (m) de banho	badjas	[batjas]
pijama (m)	pajama	[pajama]
suéter (m)	trui	[trœi]
pulôver (m)	trui	[trœi]
colete (m)	onderbaadjie	[ondər·bãdʒi]
fraque (m)	swaelstertbaadjie	[swaɛlstert·bãdʒi]
smoking (m)	aandpak	[ãntpak]
uniforme (m)	uniform	[uniform]
roupa (f) de trabalho	werksklere	[verks·klerə]
macacão (m)	oorpak	[oərpak]
jaleco (m), bata (f)	jas	[jas]

35. Vestuário. Roupa interior

roupa (f) íntima	onderklere	[ondərklerə]
cueca boxer (f)	onderbroek	[ondərbruk]
calcinha (f)	onderbroek	[ondərbruk]
camiseta (f)	frokkie	[frokki]
meias (f pl)	sokkies	[sokkis]
camisola (f)	nagrok	[naχrok]
sutiã (m)	bra	[bra]
meias longas (f pl)	kniekouse	[kni·kæusə]
meias-calças (f pl)	kousbroek	[kæusbruk]
meias (~ de nylon)	kouse	[kæusə]
maiô (m)	baaikostuum	[bāj·kostɪm]

36. Adereços de cabeça

chapéu (m), touca (f)	hoed	[hut]
chapéu (m) de feltro	hoed	[hut]
boné (m) de beisebol	bofbalpet	[bofbal·pet]
boina (~ italiana)	pet	[pet]
boina (ex. ~ basca)	mus	[mus]
capuz (m)	kap	[kap]
chapéu panamá (m)	panamahoed	[panama·hut]
touca (f)	gebreide mus	[χebræjdə mus]
lenço (m)	kopdoek	[kopduk]
chapéu (m) feminino	dameshoed	[dames·hut]
capacete (m) de proteção	veiligheidshelm	[fæjliχæjts·hɛlm]
bibico (m)	mus	[mus]
capacete (m)	helmet	[hɛlmet]
chapéu-coco (m)	bolhoed	[bolhut]
cartola (f)	hoëhoed	[hoɛhut]

37. Calçado

calçado (m)	skoeisel	[skuisəl]
botinas (f pl), sapatos (m pl)	mansskoene	[maŋs·skunə]
sapatos (de salto alto, etc.)	damesskoene	[dames·skunə]
botas (f pl)	laarse	[lārsə]
pantufas (f pl)	pantoffels	[pantoffəls]
tênis (~ Nike, etc.)	tennisskoene	[tɛnnis·skunə]
tênis (~ Converse)	tekkies	[tɛkkis]
sandálias (f pl)	sandale	[sandalə]
sapateiro (m)	skoenmaker	[skun·makər]
salto (m)	hak	[hak]

par (m)	paar	[pãr]
cadarço (m)	skoenveter	[skun·fetər]
amarrar os cadarços	ryg	[rajχ]
calçadeira (f)	skoenlepel	[skun·lepəl]
graxa (f) para calçado	skoenpolitoer	[skun·politur]

38. Têxtil. Tecidos

algodão (m)	katoen	[katun]
de algodão	katoen-	[katun-]
linho (m)	vlas	[flas]
de linho	vlas-	[flas-]

seda (f)	sy	[saj]
de seda	sy-	[saj-]
lã (f)	wol	[vol]
de lã	wol-	[vol-]

veludo (m)	fluweel	[fluveəl]
camurça (f)	suède	[suɛdə]
veludo (m) cotelê	ferweel	[ferweəl]

nylon (m)	nylon	[najlon]
de nylon	nylon-	[najlon-]
poliéster (m)	poliëster	[poliɛstər]
de poliéster	poliëster-	[poliɛstər-]

couro (m)	leer	[leər]
de couro	leer-	[leər-]
pele (f)	bont	[bont]
de pele	bont-	[bont-]

39. Acessórios pessoais

luva (f)	handskoene	[handskunə]
mitenes (f pl)	duimhandskoene	[dœim·handskunə]
cachecol (m)	serp	[serp]

óculos (m pl)	bril	[bril]
armação (f)	raam	[rãm]
guarda-chuva (m)	sambreel	[sambreəl]
bengala (f)	wandelstok	[vandəl·stok]
escova (f) para o cabelo	haarborsel	[hãr·borsəl]
leque (m)	waaier	[vãjer]

gravata (f)	das	[das]
gravata-borboleta (f)	strikkie	[strikki]
suspensórios (m pl)	kruisbande	[krœis·bandə]
lenço (m)	sakdoek	[sakduk]

pente (m)	kam	[kam]
fivela (f) para cabelo	haarspeld	[hãrs·pɛlt]

| grampo (m) | haarpen | [hãr·pen] |
| fivela (f) | gespe | [χespə] |

| cinto (m) | belt | [bɛlt] |
| alça (f) de ombro | skouerband | [skæʋer·bant] |

bolsa (f)	handsak	[hand·sak]
bolsa (feminina)	beursie	[bøərsi]
mochila (f)	rugsak	[ruχsak]

40. Vestuário. Diversos

moda (f)	mode	[modə]
na moda (adj)	in die mode	[in di modə]
estilista (m)	modeontwerper	[modə·ontwerpər]

colarinho (m)	kraag	[krãχ]
bolso (m)	sak	[sak]
de bolso	sak-	[sak-]
manga (f)	mou	[mæʋ]
ganchinho (m)	lussie	[lussi]
bragueta (f)	gulp	[χulp]

zíper (m)	ritssluiter	[rits·slœitər]
colchete (m)	vasmaker	[fasmakər]
botão (m)	knoop	[knoəp]
botoeira (casa de botão)	knoopsgat	[knoəps·χat]
soltar-se (vr)	loskom	[loskom]

costurar (vi)	naai	[nãi]
bordar (vt)	borduur	[bordɪr]
bordado (m)	borduurwerk	[bordɪr·werk]
agulha (f)	naald	[nãlt]
fio, linha (f)	garing	[χariŋ]
costura (f)	soom	[soəm]

sujar-se (vr)	vuil word	[fœil vort]
mancha (f)	vlek	[flek]
amarrotar-se (vr)	kreukel	[krøəkəl]
rasgar (vt)	skeur	[skøər]
traça (f)	mot	[mot]

41. Cuidados pessoais. Cosméticos

pasta (f) de dente	tandepasta	[tandə·pasta]
escova (f) de dente	tandeborsel	[tandə·borsəl]
escovar os dentes	tande borsel	[tandə borsəl]

gilete (f)	skeermes	[skeər·mes]
creme (m) de barbear	skeerroom	[skeər·roəm]
barbear-se (vr)	skeer	[skeər]
sabonete (m)	seep	[seəp]

xampu (m)	sjampoe	[ʃampu]
tesoura (f)	skêr	[skær]
lixa (f) de unhas	naelvyl	[naɛl·fajl]
corta-unhas (m)	naelknipper	[naɛl·knippər]
pinça (f)	haartangetjie	[hãrtaŋəki]
cosméticos (m pl)	kosmetika	[kosmetika]
máscara (f)	gesigmasker	[xesix·maskər]
manicure (f)	manikuur	[manikɪr]
fazer as unhas	laat manikuur	[lãt manikɪr]
pedicure (f)	voetbehandeling	[fut·behandeliŋ]
bolsa (f) de maquiagem	kosmetika tassie	[kosmetika tassi]
pó (de arroz)	gesigpoeier	[xesix·pujer]
pó (m) compacto	poeierdosie	[pujer·dosi]
blush (m)	blosser	[blossər]
perfume (m)	parfuum	[parfɪm]
água-de-colônia (f)	reukwater	[røek·vatər]
loção (f)	vloeiroom	[flui·roəm]
colônia (f)	reukwater	[røek·vatər]
sombra (f) de olhos	oogskadu	[oəx·skadu]
delineador (m)	oogomlyner	[oəx·omlajnər]
máscara (f), rímel (m)	maskara	[maskara]
batom (m)	lipstiffie	[lip·stiffi]
esmalte (m)	naellak	[naɛl·lak]
laquê (m), spray fixador (m)	haarsproei	[hãrs·prui]
desodorante (m)	reukweermiddel	[røek·veərmiddəl]
creme (m)	room	[roəm]
creme (m) de rosto	gesigroom	[xesix·roəm]
creme (m) de mãos	handroom	[hand·roəm]
creme (m) antirrugas	antirimpelroom	[antirimpəl·roəm]
creme (m) de dia	dagroom	[dax·roəm]
creme (m) de noite	nagroom	[nax·roəm]
de dia	dag-	[dax-]
da noite	nag-	[nax-]
absorvente (m) interno	tampon	[tampon]
papel (m) higiênico	toiletpapier	[tojlet·papir]
secador (m) de cabelo	haardroër	[hãr·droɛr]

42. Joalheria

joias (f pl)	juweliersware	[juvelirs·warə]
precioso (adj)	edel-	[ɛdəl-]
marca (f) de contraste	waarmerk	[vãrmerk]
anel (m)	ring	[riŋ]
aliança (f)	trouring	[træʊriŋ]
pulseira (f)	armband	[armbant]
brincos (m pl)	oorbelle	[oər·bɛllə]

colar (m)	halssnoer	[hals·snur]
coroa (f)	kroon	[kroən]
colar (m) de contas	kraalsnoer	[krāl·snur]

diamante (m)	diamant	[diamant]
esmeralda (f)	smarag	[smaraχ]
rubi (m)	robyn	[robajn]
safira (f)	saffier	[saffir]
pérola (f)	pêrel	[pæərəl]
âmbar (m)	amber	[ambər]

43. Relógios de pulso. Relógios

relógio (m) de pulso	polshorlosie	[pols·horlosi]
mostrador (m)	wyserplaat	[vajsər·plāt]
ponteiro (m)	wyster	[vajstər]
bracelete (em aço)	metaal horlosiebandjie	[metāl horlosi·bandʒi]
bracelete (em couro)	horlosiebandjie	[horlosi·bandʒi]

pilha (f)	battery	[battəraj]
acabar (vi)	pap wees	[pap veəs]
estar adiantado	voorloop	[foərloəp]
estar atrasado	agterloop	[aχtərloəp]

relógio (m) de parede	muurhorlosie	[mɪr·horlosi]
ampulheta (f)	uurglas	[ɪr·χlas]
relógio (m) de sol	sonwyser	[son·wajsər]
despertador (m)	wekker	[vɛkkər]
relojoeiro (m)	horlosiemaker	[horlosi·makər]
reparar (vt)	herstel	[herstəl]

Alimentação. Nutrição

44. Comida

carne (f)	vleis	[flæjs]
galinha (f)	hoender	[hundər]
frango (m)	braaikuiken	[brãj·kœiken]
pato (m)	eend	[eent]
ganso (m)	gans	[χaŋs]
caça (f)	wild	[vilt]
peru (m)	kalkoen	[kalkun]
carne (f) de porco	varkvleis	[fark·flæjs]
carne (f) de vitela	kalfsvleis	[kalfs·flæjs]
carne (f) de carneiro	lamsvleis	[lams·flæjs]
carne (f) de vaca	beesvleis	[beəs·flæjs]
carne (f) de coelho	konynvleis	[konajn·flæjs]
linguiça (f), salsichão (m)	wors	[vors]
salsicha (f)	Weense worsie	[veɛŋsə vorsi]
bacon (m)	spek	[spek]
presunto (m)	ham	[ham]
pernil (m) de porco	gerookte ham	[χeroəktə ham]
patê (m)	patee	[pateə]
fígado (m)	lewer	[levər]
guisado (m)	maalvleis	[mãl·flæjs]
língua (f)	tong	[toŋ]
ovo (m)	eier	[æjer]
ovos (m pl)	eiers	[æjers]
clara (f) de ovo	eierwit	[æjer·wit]
gema (f) de ovo	dooier	[dojer]
peixe (m)	vis	[fis]
mariscos (m pl)	seekos	[seə·kos]
crustáceos (m pl)	skaaldiere	[skãldirə]
caviar (m)	kaviaar	[kafiãr]
caranguejo (m)	krab	[krap]
camarão (m)	garnaal	[χarnãl]
ostra (f)	oester	[ustər]
lagosta (f)	seekreef	[seə·kreəf]
polvo (m)	seekat	[seə·kat]
lula (f)	pylinkvis	[pajl·inkfis]
esturjão (m)	steur	[støər]
salmão (m)	salm	[salm]
halibute (m)	heilbot	[hæjlbot]
bacalhau (m)	kabeljou	[kabeljæʊ]

cavala, sarda (f)	makriel	[makril]
atum (m)	tuna	[tuna]
enguia (f)	paling	[paliŋ]
truta (f)	forel	[forəl]
sardinha (f)	sardyn	[sardajn]
lúcio (m)	varswatersnoek	[farswatər·snuk]
arenque (m)	haring	[hariŋ]
pão (m)	brood	[broət]
queijo (m)	kaas	[kãs]
açúcar (m)	suiker	[sœikər]
sal (m)	sout	[sæʊt]
arroz (m)	rys	[rajs]
massas (f pl)	pasta	[pasta]
talharim, miojo (m)	noedels	[nudɛls]
manteiga (f)	botter	[bottər]
óleo (m) vegetal	plantaardige olie	[plantãrdiχə oli]
óleo (m) de girassol	sonblomolie	[sonblom·oli]
margarina (f)	margarien	[marχarin]
azeitonas (f pl)	olywe	[olajvə]
azeite (m)	olyfolie	[olajf·oli]
leite (m)	melk	[melk]
leite (m) condensado	kondensmelk	[kondɛŋs·melk]
iogurte (m)	jogurt	[joχurt]
creme (m) azedo	suurroom	[sɪr·roəm]
creme (m) de leite	room	[roəm]
maionese (f)	mayonnaise	[majonɛs]
creme (m)	crème	[krɛm]
grãos (m pl) de cereais	ontbytgraan	[ontbajt·χrãn]
farinha (f)	meelblom	[meəl·blom]
enlatados (m pl)	blikkieskos	[blikkis·kos]
flocos (m pl) de milho	mielievlokkies	[mili·flokkis]
mel (m)	heuning	[høəniŋ]
geleia (m)	konfyt	[konfajt]
chiclete (m)	kougom	[kæʊχom]

45. Bebidas

água (f)	water	[vatər]
água (f) potável	drinkwater	[drink·vatər]
água (f) mineral	mineraalwater	[minerãl·vatər]
sem gás (adj)	sonder gas	[sondər χas]
gaseificada (adj)	soda-	[soda-]
com gás	bruis-	[brœis-]
gelo (m)	ys	[ajs]

com gelo	met ys	[met ajs]
não alcoólico (adj)	nie-alkoholies	[ni-alkoholis]
refrigerante (m)	koeldrank	[kul·drank]
refresco (m)	verfrissende drank	[ferfrissendə drank]
limonada (f)	limonade	[limonadə]
bebidas (f pl) alcoólicas	likeure	[likøərə]
vinho (m)	wyn	[vajn]
vinho (m) branco	witwyn	[vit·vajn]
vinho (m) tinto	rooiwyn	[roj·vajn]
licor (m)	likeur	[likøər]
champanhe (m)	sjampanje	[ʃampanje]
vermute (m)	vermoet	[fermut]
uísque (m)	whisky	[vhiskaj]
vodca (f)	vodka	[fodka]
gim (m)	jenever	[jenefər]
conhaque (m)	brandewyn	[brandə·vajn]
rum (m)	rum	[rum]
café (m)	koffie	[koffi]
café (m) preto	swart koffie	[swart koffi]
café (m) com leite	koffie met melk	[koffi met melk]
cappuccino (m)	capuccino	[kaputʃino]
café (m) solúvel	poeierkoffie	[pujer·koffi]
leite (m)	melk	[melk]
coquetel (m)	mengeldrankie	[menχəl·dranki]
batida (f), milkshake (m)	melkskommel	[melk·skomməl]
suco (m)	sap	[sap]
suco (m) de tomate	tamatiesap	[tamati·sap]
suco (m) de laranja	lemoensap	[lemoən·sap]
suco (m) fresco	vars geparste sap	[fars χeparstə sap]
cerveja (f)	bier	[bir]
cerveja (f) clara	ligte bier	[liχtə bir]
cerveja (f) preta	donker bier	[donkər bir]
chá (m)	tee	[teə]
chá (m) preto	swart tee	[swart teə]
chá (m) verde	groen tee	[χrun teə]

46. Vegetais

vegetais (m pl)	groente	[χruntə]
verdura (f)	groente	[χruntə]
tomate (m)	tamatie	[tamati]
pepino (m)	komkommer	[komkommər]
cenoura (f)	wortel	[vortəl]
batata (f)	aartappel	[ārtappəl]
cebola (f)	ui	[œi]

alho (m)	knoffel	[knoffəl]
couve (f)	kool	[koəl]
couve-flor (f)	blomkool	[blom·koəl]
couve-de-bruxelas (f)	Brusselspruite	[brussɛl·sprœitə]
brócolis (m pl)	broccoli	[brokoli]

beterraba (f)	beet	[beət]
berinjela (f)	eiervrug	[æjerfruχ]
abobrinha (f)	vingerskorsie	[fiŋər·skorsi]
abóbora (f)	pampoen	[pampun]
nabo (m)	raap	[rãp]

salsa (f)	pietersielie	[pitərsili]
endro, aneto (m)	dille	[dillə]
alface (f)	slaai	[slãi]
aipo (m)	seldery	[selderaj]
aspargo (m)	aspersie	[aspersi]
espinafre (m)	spinasie	[spinasi]

ervilha (f)	ertjie	[ɛrki]
feijão (~ soja, etc.)	boontjies	[boənkis]
milho (m)	mielie	[mili]
feijão (m) roxo	nierboontjie	[nir·boənki]

pimentão (m)	paprika	[paprika]
rabanete (m)	radys	[radajs]
alcachofra (f)	artisjok	[artiʃok]

47. Frutos. Nozes

fruta (f)	vrugte	[fruχtə]
maçã (f)	appel	[appəl]
pera (f)	peer	[peər]
limão (m)	suurlemoen	[sɪr·lemun]
laranja (f)	lemoen	[lemun]
morango (m)	aarbei	[ãrbæj]

tangerina (f)	nartjie	[narki]
ameixa (f)	pruim	[prœim]
pêssego (m)	perske	[perskə]
damasco (m)	appelkoos	[appɛlkoəs]
framboesa (f)	framboos	[framboəs]
abacaxi (m)	pynappel	[pajnappəl]

banana (f)	piesang	[pisaŋ]
melancia (f)	waatlemoen	[vãtlemun]
uva (f)	druif	[drœif]
ginja (f)	suurkersie	[sɪr·kersi]
cereja (f)	soetkersie	[sut·kersi]
melão (m)	spanspek	[spaŋspek]

toranja (f)	pomelo	[pomelo]
abacate (m)	avokado	[afokado]
mamão (m)	papaja	[papaja]

| manga (f) | mango | [manχo] |
| romã (f) | granaat | [χranãt] |

groselha (f) vermelha	rooi aalbessie	[roj ãlbɛssi]
groselha (f) negra	swartbessie	[swartbɛssi]
groselha (f) espinhosa	appelliefie	[appɛllifi]
mirtilo (m)	bosbessie	[bosbɛssi]
amora (f) silvestre	braambessie	[brãmbɛssi]

passa (f)	rosyntjie	[rosajnki]
figo (m)	vy	[faj]
tâmara (f)	dadel	[dadəl]

amendoim (m)	grondboontjie	[χront·boənki]
amêndoa (f)	amandel	[amandəl]
noz (f)	okkerneut	[okkər·nøət]
avelã (f)	haselneut	[hasɛl·nøət]
coco (m)	klapper	[klappər]
pistaches (m pl)	pistachio	[pistatʃio]

48. Pão. Bolaria

pastelaria (f)	soet gebak	[sut χebak]
pão (m)	brood	[broət]
biscoito (m), bolacha (f)	koekies	[kukis]

chocolate (m)	sjokolade	[ʃokoladə]
de chocolate	sjokolade	[ʃokoladə]
bala (f)	lekkers	[lɛkkərs]
doce (bolo pequeno)	koek	[kuk]
bolo (m) de aniversário	koek	[kuk]

| torta (f) | pastei | [pastæj] |
| recheio (m) | vulsel | [fulsəl] |

geleia (m)	konfyt	[konfajt]
marmelada (f)	marmelade	[marmeladə]
wafers (m pl)	wafels	[vafɛls]
sorvete (m)	roomys	[roəm·ajs]
pudim (m)	poeding	[pudiŋ]

49. Pratos cozinhados

prato (m)	gereg	[χerəχ]
cozinha (~ portuguesa)	kookkuns	[koək·kuns]
receita (f)	resep	[resep]
porção (f)	porsie	[porsi]

salada (f)	slaai	[slãi]
sopa (f)	sop	[sop]
caldo (m)	helder sop	[hɛldər sop]
sanduíche (m)	toebroodjie	[tubroədʒi]

ovos (m pl) fritos	gabakte eiers	[χabaktə æjers]
hambúrguer (m)	hamburger	[hamburχər]
bife (m)	biefstuk	[bifstuk]

acompanhamento (m)	sygereg	[saj·χerəχ]
espaguete (m)	spaghetti	[spaχɛtti]
purê (m) de batata	kapokaartappels	[kapok·ārtappəls]
pizza (f)	pizza	[pizza]
mingau (m)	pap	[pap]
omelete (f)	omelet	[oməlet]

fervido (adj)	gekook	[χekoək]
defumado (adj)	gerook	[χeroək]
frito (adj)	gebak	[χebak]
seco (adj)	gedroog	[χedroəχ]
congelado (adj)	gevries	[χefris]
em conserva (adj)	gepiekel	[χepikəl]

doce (adj)	soet	[sut]
salgado (adj)	sout	[sæʊt]
frio (adj)	koud	[kæʊt]
quente (adj)	warm	[varm]
amargo (adj)	bitter	[bittər]
gostoso (adj)	smaaklik	[smāklik]

cozinhar em água fervente	kook in water	[koək in vatər]
preparar (vt)	kook	[koək]
fritar (vt)	braai	[braj]
aquecer (vt)	opwarm	[opwarm]

salgar (vt)	sout	[sæʊt]
apimentar (vt)	peper	[pepər]
ralar (vt)	rasp	[rasp]
casca (f)	skil	[skil]
descascar (vt)	skil	[skil]

50. Especiarias

sal (m)	sout	[sæʊt]
salgado (adj)	sout	[sæʊt]
salgar (vt)	sout	[sæʊt]

pimenta-do-reino (f)	swart peper	[swart pepər]
pimenta (f) vermelha	rooi peper	[roj pepər]
mostarda (f)	mosterd	[mostert]
raiz-forte (f)	peperwortel	[peper·wortəl]

condimento (m)	smaakmiddel	[smāk·middəl]
especiaria (f)	spesery	[spesəraj]
molho (~ inglês)	sous	[sæʊs]
vinagre (m)	asyn	[asajn]

anis estrelado (m)	anys	[anajs]
manjericão (m)	basilikum	[basilikum]

cravo (m)	naeltjies	[naɛlkis]
gengibre (m)	gemmer	[χɛmmər]
coentro (m)	koljander	[koljandər]
canela (f)	kaneel	[kaneəl]

gergelim (m)	sesamsaad	[sesam·sāt]
folha (f) de louro	lourierblaar	[læʊrir·blār]
páprica (f)	paprika	[paprika]
cominho (m)	komynsaad	[komajnsāt]
açafrão (m)	saffraan	[saffrān]

51. Refeições

comida (f)	kos	[kos]
comer (vt)	eet	[eət]

café (m) da manhã	ontbyt	[ontbajt]
tomar café da manhã	ontbyt	[ontbajt]
almoço (m)	middagete	[middaχ·etə]
almoçar (vi)	gaan eet	[χān eət]
jantar (m)	aandete	[āndetə]
jantar (vi)	aandete gebruik	[āndetə χebrœik]

apetite (m)	aptyt	[aptajt]
Bom apetite!	Smaaklike ete!	[smāklikə etə!]

abrir (~ uma lata, etc.)	oopmaak	[oəpmāk]
derramar (~ líquido)	mors	[mors]
derramar-se (vr)	mors	[mors]

ferver (vi)	kook	[koək]
ferver (vt)	kook	[koək]
fervido (adj)	gekook	[χekoək]
esfriar (vt)	laat afkoel	[lāt afkul]
esfriar-se (vr)	afkoel	[afkul]

sabor, gosto (m)	smaak	[smāk]
fim (m) de boca	nasmaak	[nasmāk]

emagrecer (vi)	vermaer	[fermaər]
dieta (f)	dieet	[diət]
vitamina (f)	vitamien	[fitamin]
caloria (f)	kalorie	[kalori]

vegetariano (m)	vegetariër	[feχetariɛr]
vegetariano (adj)	vegetaries	[feχetaris]

gorduras (f pl)	vette	[fɛttə]
proteínas (f pl)	proteïen	[proteïen]
carboidratos (m pl)	koolhidrate	[koəlhidratə]

fatia (~ de limão, etc.)	snytjie	[snajki]
pedaço (~ de bolo)	stuk	[stuk]
migalha (f), farelo (m)	krummel	[krumməl]

52. Por a mesa

colher (f)	lepel	[lepəl]
faca (f)	mes	[mes]
garfo (m)	vurk	[furk]

xícara (f)	koppie	[koppi]
prato (m)	bord	[bort]
pires (m)	piering	[piriŋ]
guardanapo (m)	servet	[serfət]
palito (m)	tandestokkie	[tandə·stokki]

53. Restaurante

restaurante (m)	restaurant	[restɔurant]
cafeteria (f)	koffiekroeg	[koffi·kruχ]
bar (m), cervejaria (f)	kroeg	[kruχ]
salão (m) de chá	teekamer	[teə·kamər]

garçom (m)	kelner	[kɛlnər]
garçonete (f)	kelnerin	[kɛlnərin]
barman (m)	kroegman	[kruχman]

cardápio (m)	spyskaart	[spajs·kãrt]
lista (f) de vinhos	wyn	[vajn]
reservar uma mesa	wynkaart	[vajn·kãrt]

prato (m)	gereg	[χerəχ]
pedir (vt)	bestel	[bestəl]
fazer o pedido	bestel	[bestəl]

aperitivo (m)	drankie	[dranki]
entrada (f)	voorgereg	[foərχerəχ]
sobremesa (f)	nagereg	[naχerəχ]

conta (f)	rekening	[rekəniŋ]
pagar a conta	die rekening betaal	[di rekəniŋ betãl]
dar o troco	kleingeld gee	[klæjn·χɛlt χeə]
gorjeta (f)	fooitjie	[fojki]

Família, parentes e amigos

54. Informação pessoal. Formulários

nome (m)	voornaam	[foərnãm]
sobrenome (m)	van	[fan]
data (f) de nascimento	geboortedatum	[χeboərtə·datum]
local (m) de nascimento	geboorteplek	[χeboərtə·plek]
nacionalidade (f)	nasionaliteit	[naʃionalitæjt]
lugar (m) de residência	woonplek	[voən·plek]
país (m)	land	[lant]
profissão (f)	beroep	[berup]
sexo (m)	geslag	[χeslaχ]
estatura (f)	lengte	[leŋtə]
peso (m)	gewig	[χeveχ]

55. Membros da família. Parentes

mãe (f)	moeder	[mudər]
pai (m)	vader	[fadər]
filho (m)	seun	[søən]
filha (f)	dogter	[doχtər]
caçula (f)	jonger dogter	[joŋər doχtər]
caçula (m)	jonger seun	[joŋər søən]
filha (f) mais velha	oudste dogter	[æʊdstə doχtər]
filho (m) mais velho	oudste seun	[æʊdstə søən]
irmão (m)	broer	[brur]
irmão (m) mais velho	ouer broer	[æʊer brur]
irmão (m) mais novo	jonger broer	[joŋər brur]
irmã (f)	suster	[sustər]
irmã (f) mais velha	ouer suster	[æʊer sustər]
irmã (f) mais nova	jonger suster	[joŋər sustər]
primo (m)	neef	[neəf]
prima (f)	neef	[neəf]
mamãe (f)	ma	[ma]
papai (m)	pa	[pa]
pais (pl)	ouers	[æʊers]
criança (f)	kind	[kint]
crianças (f pl)	kinders	[kindərs]
avó (f)	ouma	[æʊma]
avô (m)	oupa	[æʊpa]

neto (m)	kleinseun	[klæjn·søən]
neta (f)	kleindogter	[klæjn·doχtər]
netos (pl)	kleinkinders	[klæjn·kindərs]

tio (m)	oom	[oəm]
tia (f)	tante	[tantə]
sobrinho (m)	neef	[neəf]
sobrinha (f)	nig	[niχ]

sogra (f)	skoonma	[skoən·ma]
sogro (m)	skoonpa	[skoən·pa]
genro (m)	skoonseun	[skoən·søən]
madrasta (f)	stiefma	[stifma]
padrasto (m)	stiefpa	[stifpa]

criança (f) de colo	baba	[baba]
bebê (m)	baba	[baba]
menino (m)	seuntjie	[søənki]

mulher (f)	vrou	[fræʊ]
marido (m)	man	[man]
esposo (m)	eggenoot	[εχχenoət]
esposa (f)	eggenote	[εχχenotə]

casado (adj)	getroud	[χetræʊt]
casada (adj)	getroud	[χetræʊt]
solteiro (adj)	ongetroud	[onχetræʊt]
solteirão (m)	vrygesel	[frajχesəl]
divorciado (adj)	geskei	[χeskæj]
viúva (f)	weduwee	[veduveə]
viúvo (m)	wedunaar	[vedunãr]

parente (m)	familielid	[famililit]
parente (m) próximo	na familie	[na famili]
parente (m) distante	ver familie	[fer famili]
parentes (m pl)	familielede	[famililedə]

órfão (m)	weeskind	[veəskint]
órfã (f)	weeskind	[veəskint]
tutor (m)	voog	[foəχ]
adotar (um filho)	aanneem	[ãnneəm]
adotar (uma filha)	aanneem	[ãnneəm]

56. Amigos. Colegas de trabalho

amigo (m)	vriend	[frint]
amiga (f)	vriendin	[frindin]
amizade (f)	vriendskap	[frindskap]
ser amigos	bevriend wees	[befrint veəs]
parceiro (m)	maat	[mãt]

chefe (m)	baas	[bãs]
superior (m)	baas	[bãs]
proprietário (m)	eienaar	[æjenãr]

subordinado (m)	**ondergeskikte**	[ondərχeskiktə]
colega (m, f)	**kollega**	[kolleχa]
conhecido (m)	**kennis**	[kɛnnis]
companheiro (m) de viagem	**medereisiger**	[medə·ræjsiχər]
colega (m) de classe	**klasmaat**	[klas·māt]
vizinho (m)	**buurman**	[bɪrman]
vizinha (f)	**buurvrou**	[bɪrfræʊ]
vizinhos (pl)	**bure**	[burə]

57. Homem. Mulher

mulher (f)	**vrou**	[fræʊ]
menina (f)	**meisie**	[mæjsi]
noiva (f)	**bruid**	[brœit]
bonita, bela (adj)	**mooi**	[moj]
alta (adj)	**groot**	[χroət]
esbelta (adj)	**slank**	[slank]
baixa (adj)	**kort**	[kort]
loira (f)	**blondine**	[blondinə]
morena (f)	**brunet**	[brunet]
de senhora	**dames-**	[dames-]
virgem (f)	**maagd**	[māχt]
grávida (adj)	**swanger**	[swaŋər]
homem (m)	**man**	[man]
loiro (m)	**blond**	[blont]
moreno (m)	**brunet**	[brunet]
alto (adj)	**groot**	[χroət]
baixo (adj)	**kort**	[kort]
rude (adj)	**onbeskof**	[onbeskof]
atarracado (adj)	**frisgebou**	[frisχebæʊ]
robusto (adj)	**frisgebou**	[frisχebæʊ]
forte (adj)	**sterk**	[sterk]
força (f)	**sterkte**	[sterktə]
gordo (adj)	**vet**	[fet]
moreno (adj)	**blas**	[blas]
esbelto (adj)	**slank**	[slank]
elegante (adj)	**elegant**	[ɛleχant]

58. Idade

idade (f)	**ouderdom**	[æʊderdom]
juventude (f)	**jeug**	[jøəχ]
jovem (adj)	**jong**	[joŋ]
mais novo (adj)	**jonger**	[joŋər]

mais velho (adj)	ouer	[æʋer]
jovem (m)	jongman	[joŋman]
adolescente (m)	tiener	[tinər]
rapaz (m)	ou	[æʋ]

| velho (m) | ou man | [æʋ man] |
| velha (f) | ou vrou | [æʋ fræʋ] |

adulto	volwasse	[folwassə]
de meia-idade	middeljarig	[middəl·jarəx]
idoso, de idade (adj)	bejaard	[bejãrt]
velho (adj)	oud	[æʋt]

aposentadoria (f)	pensioen	[pɛnsiun]
aposentar-se (vr)	met pensioen gaan	[met pɛnsiun xãn]
aposentado (m)	pensioenaris	[pɛnsiunaris]

59. Crianças

criança (f)	kind	[kint]
crianças (f pl)	kinders	[kindərs]
gêmeos (m pl), gêmeas (f pl)	tweeling	[tweəliŋ]

berço (m)	wiegie	[viχi]
chocalho (m)	rammelaar	[rammelãr]
fralda (f)	luier	[lœiər]

chupeta (f), bico (m)	fopspeen	[fopspeən]
carrinho (m) de bebê	kinderwaentjie	[kindər·waenki]
jardim (m) de infância	kindertuin	[kindər·tœin]
babysitter, babá (f)	babasitter	[babasittər]

| infância (f) | kinderdae | [kindərdaə] |
| boneca (f) | pop | [pop] |

| brinquedo (m) | speelgoed | [speəl·χut] |
| jogo (m) de montar | boudoos | [bæʋ·doəs] |

bem-educado (adj)	goed opgevoed	[χut opχəfut]
malcriado (adj)	sleg opgevoed	[sleχ opχəfut]
mimado (adj)	bederf	[bederf]

| ser travesso | stout wees | [stæʋt veəs] |
| travesso, traquinas (adj) | ondeuend | [ondøent] |

| travessura (f) | ondeuendheid | [ondøenthæjt] |
| criança (f) travessa | rakker | [rakkər] |

| obediente (adj) | gehoorsaam | [χehoərsãm] |
| desobediente (adj) | ongehoorsaam | [onχəhoərsãm] |

dócil (adj)	soet	[sut]
inteligente (adj)	slim	[slim]
prodígio (m)	wonderkind	[vondərkint]

60. Casais. Vida de família

beijar (vt)	soen	[sun]
beijar-se (vr)	mekaar soen	[mekãr sun]
família (f)	familie	[famili]
familiar (vida ~)	gesins-	[χesins-]
casal (m)	paartjie	[pãrki]
matrimônio (m)	huwelik	[huvelik]
lar (m)	tuiste	[tœistə]
dinastia (f)	dinastie	[dinasti]

encontro (m)	datum	[datum]
beijo (m)	soen	[sun]

amor (m)	liefde	[lifdə]
amar (pessoa)	liefhê	[lifhɛ:]
amado, querido (adj)	geliefde	[χelifdə]

ternura (f)	teerheid	[teərhæjt]
afetuoso (adj)	teer	[teər]
fidelidade (f)	trou	[træʊ]
fiel (adj)	trou	[træʊ]
cuidado (m)	sorg	[sorχ]
carinhoso (adj)	sorgsaam	[sorχsãm]

recém-casados (pl)	pasgetroudes	[pas·χetræʊdes]
lua (f) de mel	wittebroodsdae	[vittebroəds·daə]
casar-se (com um homem)	trou	[træʊ]
casar-se (com uma mulher)	trou	[træʊ]

casamento (m)	bruilof	[brœilof]
bodas (f pl) de ouro	goue bruilof	[χæʊə brœilof]
aniversário (m)	verjaardag	[ferjãr·daχ]

amante (m)	minnaar	[minnãr]
amante (f)	minnares	[minnares]

adultério (m), traição (f)	owerspel	[overspəl]
cometer adultério	owerspel pleeg	[overspəl pleəχ]
ciumento (adj)	jaloers	[jalurs]
ser ciumento, -a	jaloers wees	[jalurs veəs]
divórcio (m)	egskeiding	[ɛχskæjdiŋ]
divorciar-se (vr)	skei	[skæj]

brigar (discutir)	baklei	[baklæj]
fazer as pazes	versoen	[fersun]
juntos (ir ~)	saam	[sãm]
sexo (m)	seks	[seks]

felicidade (f)	geluk	[χeluk]
feliz (adj)	gelukkig	[χelukkəχ]
infelicidade (f)	ongeluk	[onχeluk]
infeliz (adj)	ongelukkig	[onχəlukkəχ]

Caráter. Sentimentos. Emoções

61. Sentimentos. Emoções

sentimento (m)	gevoel	[χeful]
sentimentos (m pl)	gevoelens	[χefulɛŋs]
sentir (vt)	voel	[ful]
fome (f)	honger	[hoŋər]
ter fome	honger wees	[hoŋər veəs]
sede (f)	dors	[dors]
ter sede	dors wees	[dors veəs]
sonolência (f)	slaperigheid	[slaperiχæjt]
estar sonolento	vaak voel	[fāk ful]
cansaço (m)	moegheid	[muχæjt]
cansado (adj)	moeg	[muχ]
ficar cansado	moeg word	[muχ vort]
humor (m)	stemming	[stɛmmiŋ]
tédio (m)	verveling	[ferfeliŋ]
entediar-se (vr)	verveeld wees	[ferveəlt veəs]
reclusão (isolamento)	afsondering	[afsondəriŋ]
isolar-se (vr)	jou afsonder	[jæʋ afsondər]
preocupar (vt)	bekommerd maak	[bekommərt māk]
estar preocupado	bekommerd wees	[bekommərt veəs]
preocupação (f)	kommerwekkend	[kommər·vɛkkent]
ansiedade (f)	vrees	[freəs]
preocupado (adj)	behep	[behep]
estar nervoso	senuweeagtig wees	[senuveə·aχtəχ veəs]
entrar em pânico	paniekerig raak	[panikerəχ rāk]
esperança (f)	hoop	[hoəp]
esperar (vt)	hoop	[hoəp]
certeza (f)	sekerheid	[sekərhæjt]
certo, seguro de ...	seker	[sekər]
indecisão (f)	onsekerheid	[ɔŋsekərhæjt]
indeciso (adj)	onseker	[ɔŋsekər]
bêbado (adj)	dronk	[dronk]
sóbrio (adj)	nugter	[nuχtər]
fraco (adj)	swak	[swak]
feliz (adj)	gelukkig	[χelukkəχ]
assustar (vt)	bang maak	[baŋ māk]
fúria (f)	kwaadheid	[kwādhæjt]
ira, raiva (f)	woede	[vudə]
depressão (f)	depressie	[deprɛssi]
desconforto (m)	ongemak	[onχəmak]

conforto (m)	gemak	[xemak]
arrepender-se (vr)	jammer wees	[jammər veəs]
arrependimento (m)	spyt	[spajt]
azar (m), má sorte (f)	teëspoed	[tɛɛsput]
tristeza (f)	droefheid	[drufhæjt]

vergonha (f)	skaamte	[skãmtə]
alegria (f)	vreugde	[frøəҳdə]
entusiasmo (m)	entoesiasme	[ɛntusiasmə]
entusiasta (m)	entoesiasties	[ɛntusiastis]
mostrar entusiasmo	begeestering toon	[beҳeəsteriŋ toən]

62. Caráter. Personalidade

caráter (m)	karakter	[karaktər]
falha (f) de caráter	karakterfout	[karaktər·fæʊt]
mente (f)	verstand	[ferstant]
razão (f)	verstand	[ferstant]

consciência (f)	gewete	[xevetə]
hábito, costume (m)	gewoonte	[xevoentə]
habilidade (f)	talent	[talent]
saber (~ nadar, etc.)	kan	[kan]

paciente (adj)	geduldig	[xeduldəҳ]
impaciente (adj)	ongeduldig	[onҳəduldəҳ]
curioso (adj)	nuuskierig	[nɪskirəҳ]
curiosidade (f)	nuuskierigheid	[nɪskiriҳæjt]

modéstia (f)	beskeidenheid	[beskæjdenhæjt]
modesto (adj)	beskeie	[beskæje]
imodesto (adj)	onbeskeie	[onbeskæje]

preguiça (f)	luiheid	[lœihæjt]
preguiçoso (adj)	lui	[lœi]
preguiçoso (m)	luiaard	[lœiãrt]

astúcia (f)	sluheid	[sluhæjt]
astuto (adj)	slu	[slu]
desconfiança (f)	wantroue	[vantræʊə]
desconfiado (adj)	agterdogtig	[aҳtərdoҳtəҳ]

generosidade (f)	gulheid	[ҳulhæjt]
generoso (adj)	gulhartig	[ҳulhartəҳ]
talentoso (adj)	talentvol	[talentfol]
talento (m)	talent	[talent]

corajoso (adj)	moedig	[mudəҳ]
coragem (f)	moed	[mut]
honesto (adj)	eerlik	[eərlik]
honestidade (f)	eerlikheid	[eərlikhæjt]

| prudente, cuidadoso (adj) | versigtig | [fersiҳtəҳ] |
| valoroso (adj) | dapper | [dappər] |

| sério (adj) | ernstig | [ɛrnstəχ] |
| severo (adj) | streng | [strɛŋ] |

decidido (adj)	vasberade	[fasberadə]
indeciso (adj)	besluiteloos	[beslœiteloəs]
tímido (adj)	skaam	[skām]
timidez (f)	skaamheid	[skāmhæjt]

confiança (f)	vertroue	[fertræʊə]
confiar (vt)	vertrou	[fertræʊ]
crédulo (adj)	goedgelowig	[χudχəlovəχ]

sinceramente	opreg	[opreχ]
sincero (adj)	opregte	[opreχtə]
sinceridade (f)	opregtheid	[opreχthæjt]
aberto (adj)	oop	[oəp]

calmo (adj)	kalm	[kalm]
franco (adj)	openhartig	[openhartəχ]
ingênuo (adj)	naïef	[naïef]
distraído (adj)	verstrooid	[ferstrojt]
engraçado (adj)	snaaks	[snāks]

ganância (f)	hebsug	[hebsuχ]
ganancioso (adj)	hebsugtig	[hebsuχtəχ]
avarento, sovina (adj)	gierig	[χirəχ]
mal (adj)	boos	[boəs]
teimoso (adj)	hardnekkig	[hardnɛkkəχ]
desagradável (adj)	onaangenaam	[onānχənām]

egoísta (m)	selfsugtig	[sɛlfsuχtəχ]
egoísta (adj)	selfsugtig	[sɛlfsuχtəχ]
covarde (m)	laffaard	[laffārt]
covarde (adj)	lafhartig	[lafhartəχ]

63. O sono. Sonhos

dormir (vi)	slaap	[slāp]
sono (m)	slaap	[slāp]
sonho (m)	droom	[droəm]
sonhar (ver sonhos)	droom	[droəm]
sonolento (adj)	vaak	[fāk]

cama (f)	bed	[bet]
colchão (m)	matras	[matras]
cobertor (m)	kombers	[kombers]
travesseiro (m)	kussing	[kussiŋ]
lençol (m)	laken	[laken]

insônia (f)	slaaploosheid	[slāploəshæjt]
sem sono (adj)	slaaploos	[slāploəs]
sonífero (m)	slaappil	[slāp·pil]
estar sonolento	vaak voel	[fāk ful]
bocejar (vi)	gaap	[χāp]

ir para a cama	gaan slaap	[ȳān slāp]
fazer a cama	die bed opmaak	[di bet opmāk]
adormecer (vi)	aan die slaap raak	[ān di slāp rāk]

pesadelo (m)	nagmerrie	[naȳmerri]
ronco (m)	gesnork	[ȳesnork]
roncar (vi)	snork	[snork]

despertador (m)	wekker	[vɛkkər]
acordar, despertar (vt)	wakker maak	[vakkər māk]
acordar (vi)	wakker word	[vakkər vort]
levantar-se (vr)	opstaan	[opstān]
lavar-se (vr)	jou was	[jæʊ vas]

64. Humor. Riso. Alegria

humor (m)	humor	[humor]
senso (m) de humor	humorsin	[humorsin]
divertir-se (vr)	jouself geniet	[jæʊsɛlf ȳenit]
alegre (adj)	vrolik	[frolik]
diversão (f)	pret	[pret]

sorriso (m)	glimlag	[ȳlimlaȳ]
sorrir (vi)	glimlag	[ȳlimlaȳ]
começar a rir	begin lag	[beȳin laȳ]
rir (vi)	lag	[laȳ]
riso (m)	lag	[laȳ]

anedota (f)	anekdote	[anekdotə]
engraçado (adj)	snaaks	[snāks]
ridículo, cômico (adj)	snaaks	[snāks]

brincar (vi)	grappies maak	[ȳrappis māk]
piada (f)	grappie	[ȳrappi]
alegria (f)	vreugde	[frøəȳdə]
regozijar-se (vr)	bly wees	[blaj veəs]
alegre (adj)	bly	[blaj]

65. Discussão, conversação. Parte 1

| comunicação (f) | kommunikasie | [kommunikasi] |
| comunicar-se (vr) | kommunikeer | [kommunikeər] |

conversa (f)	gesprek	[ȳesprek]
diálogo (m)	dialoog	[dialoəȳ]
discussão (f)	diskussie	[diskussi]
debate (m)	dispuut	[dispɪt]
debater (vt)	debatteer	[debatteər]

interlocutor (m)	gespreksgenoot	[ȳespreks·ȳenoət]
tema (m)	onderwerp	[ondərwerp]
ponto (m) de vista	standpunt	[stand·punt]

| opinião (f) | opinie | [opini] |
| discurso (m) | toespraak | [tusprāk] |

discussão (f)	bespreking	[besprekiŋ]
discutir (vt)	bespreek	[bespreək]
conversa (f)	gesprek	[χesprek]
conversar (vi)	gesels	[χesɛls]
reunião (f)	ontmoeting	[ontmutiŋ]
encontrar-se (vr)	ontmoet	[ontmut]

provérbio (m)	spreekwoord	[spreək·woərt]
ditado, provérbio (m)	gesegde	[χeseχdə]
adivinha (f)	raaisel	[rājsəl]
senha (f)	wagwoord	[vaχ·woərt]
segredo (m)	geheim	[χəhæjm]

juramento (m)	eed	[eət]
jurar (vi)	sweer	[sweər]
promessa (f)	belofte	[beloftə]
prometer (vt)	beloof	[beloəf]

conselho (m)	raad	[rāt]
aconselhar (vt)	aanraai	[ānrāi]
seguir o conselho	raad volg	[rāt folχ]
escutar (~ os conselhos)	luister na	[lœistər na]

novidade, notícia (f)	nuus	[nɪs]
sensação (f)	sensasie	[sɛŋsasi]
informação (f)	inligting	[inliχtiŋ]
conclusão (f)	slotsom	[slotsom]
voz (f)	stem	[stem]
elogio (m)	kompliment	[kompliment]
amável, querido (adj)	gaaf	[χāf]

palavra (f)	woord	[voərt]
frase (f)	frase	[frasə]
resposta (f)	antwoord	[antwoərt]
verdade (f)	waarheid	[vārhæjt]
mentira (f)	leuen	[løəen]

pensamento (m)	gedagte	[χedaχtə]
ideia (f)	idee	[ideə]
fantasia (f)	verbeelding	[ferbeəldiŋ]

66. Discussão, conversação. Parte 2

estimado, respeitado (adj)	gerespekteer	[χerespekteər]
respeitar (vt)	respekteer	[respekteər]
respeito (m)	respek	[respek]
Estimado ..., Caro ...	Geagte ...	[χeaχtə ...]

| apresentar (alguém a alguém) | voorstel | [foərstəl] |
| conhecer (vt) | kennismaak | [kɛnnismāk] |

62

intenção (f)	voorneme	[foərnemə]
tencionar (~ fazer algo)	voornemens wees	[foərnemɛŋs veəs]
desejo (de boa sorte)	wens	[vɛŋs]
desejar (ex. ~ boa sorte)	wens	[vɛŋs]
surpresa (f)	verrassing	[ferrassiŋ]
surpreender (vt)	verras	[ferras]
surpreender-se (vr)	verbaas wees	[ferbãs veəs]
dar (vt)	gee	[χeə]
pegar (tomar)	vat	[fat]
devolver (vt)	teruggee	[teruχeə]
retornar (vt)	terugvat	[teruχfat]
desculpar-se (vr)	verskoning vra	[ferskoniŋ fra]
desculpa (f)	verskoning	[ferskoniŋ]
perdoar (vt)	vergewe	[ferχevə]
falar (vi)	praat	[prãt]
escutar (vt)	luister	[lœistər]
ouvir até o fim	aanhoor	[ãnhoər]
entender (compreender)	verstaan	[ferstãn]
mostrar (vt)	wys	[vajs]
olhar para ...	kyk na ...	[kajk na ...]
chamar (alguém para ...)	roep	[rup]
perturbar, distrair (vt)	aflei	[aflæj]
perturbar (vt)	steur	[støər]
entregar (~ em mãos)	deurgee	[døərχeə]
pedido (m)	versoek	[fersuk]
pedir (ex. ~ ajuda)	versoek	[fersuk]
exigência (f)	eis	[æjs]
exigir (vt)	eis	[æjs]
insultar (chamar nomes)	terg	[terχ]
zombar (vt)	terg	[terχ]
zombaria (f)	spot	[spot]
alcunha (f), apelido (m)	bynaam	[bajnãm]
insinuação (f)	sinspeling	[sinspeliŋ]
insinuar (vt)	sinspeel	[sinspeəl]
querer dizer	impliseer	[impliseər]
descrição (f)	beskrywing	[beskrajviŋ]
descrever (vt)	beskryf	[beskrajf]
elogio (m)	lof	[lof]
elogiar (vt)	loof	[loəf]
desapontamento (m)	teleurstelling	[teløərstɛlliŋ]
desapontar (vt)	teleurstel	[teløərstəl]
desapontar-se (vr)	teleurgestel	[teløərχestəl]
suposição (f)	veronderstelling	[feronderstɛlliŋ]
supor (vt)	veronderstel	[feronderstəl]

63

advertência (f)	waarskuwing	[vārskuviŋ]
advertir (vt)	waarsku	[vārsku]

67. Discussão, conversação. Parte 3

convencer (vt)	ompraat	[omprāt]
acalmar (vt)	kalmeer	[kalmeər]

silêncio (o ~ é de ouro)	stilte	[stiltə]
ficar em silêncio	stilbly	[stilblaj]
sussurrar (vt)	fluister	[flœistər]
sussurro (m)	gefluister	[χeflœistər]

francamente	openlik	[openlik]
na minha opinião ...	volgens my ...	[folχεŋs maj ...]

detalhe (~ da história)	besonderhede	[besondərhedə]
detalhado (adj)	gedetailleerd	[χedetajlleərt]
detalhadamente	in detail	[in detajl]
dica (f)	wenk	[vεnk]

olhar (m)	kykie	[kajki]
dar uma olhada	kyk	[kajk]
fixo (olhada ~a)	strak	[strak]
piscar (vi)	knipper	[knippər]
piscar (vt)	knipoog	[knipoəχ]
acenar com a cabeça	knik	[knik]

suspiro (m)	sug	[suχ]
suspirar (vi)	sug	[suχ]
estremecer (vi)	huiwer	[hœivər]
gesto (m)	gebaar	[χebār]
tocar (com as mãos)	aanraak	[ānrāk]
agarrar (~ pelo braço)	vat	[fat]
bater de leve	op die skouer tik	[op di skæuər tik]

Cuidado!	Oppas!	[oppas!]
Sério?	Regtig?	[reχtəχ?]
Tem certeza?	Is jy seker?	[is jaj sekər?]
Boa sorte!	Voorspoed!	[foərspud!]
Entendi!	Ek sien!	[εk sin!]
Que pena!	Jammer!	[jammər!]

68. Acordo. Recusa

consentimento (~ mútuo)	toelating	[tulatiŋ]
consentir (vi)	toelaat	[tulāt]
aprovação (f)	goedkeuring	[χudkøəriŋ]
aprovar (vt)	goedkeur	[χudkøər]
recusa (f)	weiering	[væjeriŋ]
negar-se a ...	weier	[væjer]
Ótimo!	Wonderlik!	[vondərlik!]

| Tudo bem! | Goed! | [χud!] |
| Está bem! De acordo! | OK! | [okej!] |

proibido (adj)	verbode	[ferbodə]
é proibido	dit is verbode	[dit is ferbodə]
é impossível	dis onmoontlik	[dis onmoentlik]
incorreto (adj)	onjuis	[onjœis]

rejeitar (~ um pedido)	verwerp	[ferwerp]
apoiar (vt)	steun	[støən]
aceitar (desculpas, etc.)	aanvaar	[ānfār]

confirmar (vt)	bevestig	[befestəχ]
confirmação (f)	bevestiging	[befestəχiŋ]
permissão (f)	toelating	[tulatiŋ]
permitir (vt)	toelaat	[tulāt]
decisão (f)	besluit	[beslœit]
não dizer nada	stilbly	[stilblaj]

condição (com uma ~)	voorwaarde	[foərwārdə]
pretexto (m)	verskoning	[ferskoniŋ]
elogio (m)	lof	[lof]
elogiar (vt)	loof	[loəf]

69. Sucesso. Boa sorte. Insucesso

êxito, sucesso (m)	sukses	[suksɛs]
com êxito	suksesvol	[suksɛsfol]
bem sucedido (adj)	suksesvol	[suksɛsfol]

| sorte (fortuna) | geluk | [χeluk] |
| Boa sorte! | Voorspoed! | [foərspud!] |

| de sorte | geluks- | [χeluks-] |
| sortudo, felizardo (adj) | gelukkig | [χelukkəχ] |

fracasso (m)	mislukking	[mislukkiŋ]
pouca sorte (f)	teëspoed	[teɛsput]
azar (m), má sorte (f)	teëspoed	[teɛsput]

| mal sucedido (adj) | onsuksesvol | [ɔŋsuksɛsfol] |
| catástrofe (f) | katastrofe | [katastrofə] |

orgulho (m)	trots	[trots]
orgulhoso (adj)	trots	[trots]
estar orgulhoso, -a	trots wees	[trots veəs]

| vencedor (m) | wenner | [vɛnnər] |
| vencer (vi, vt) | wen | [ven] |

perder (vt)	verloor	[ferloər]
tentativa (f)	probeerslag	[probeərslaχ]
tentar (vt)	probeer	[probeər]
chance (m)	kans	[kaŋs]

65

70. Conflitos. Emoções negativas

grito (m)	skreeu	[skriʋ]
gritar (vi)	skreeu	[skriʋ]
começar a gritar	begin skreeu	[beχin skriʋ]
discussão (f)	rusie	[rusi]
brigar (discutir)	baklei	[baklæj]
escândalo (m)	stryery	[strajeraj]
criar escândalo	spektakel maak	[spektakəl māk]
conflito (m)	konflik	[konflik]
mal-entendido (m)	misverstand	[misferstant]
insulto (m)	belediging	[beledəχiŋ]
insultar (vt)	beledig	[beledəχ]
insultado (adj)	beledig	[beledəχ]
ofensa (f)	gekrenktheid	[χekrɛnkthæjt]
ofender (vt)	beledig	[beledəχ]
ofender-se (vr)	gekrenk voel	[χekrɛnk ful]
indignação (f)	verontwaardiging	[ferontwārdəχiŋ]
indignar-se (vr)	verontwaardig wees	[ferontwārdəχ veəs]
queixa (f)	klag	[klaχ]
queixar-se (vr)	kla	[kla]
desculpa (f)	verskoning	[ferskoniŋ]
desculpar-se (vr)	verskoning vra	[ferskoniŋ fra]
pedir perdão	om verskoning vra	[om ferskoniŋ fra]
crítica (f)	kritiek	[kritik]
criticar (vt)	kritiseer	[kritiseər]
acusação (f)	beskuldiging	[beskuldəχiŋ]
acusar (vt)	beskuldig	[beskuldəχ]
vingança (f)	wraak	[vrāk]
vingar (vt)	wreek	[vreək]
vingar-se de	wraak neem	[vrāk neəm]
desprezo (m)	minagting	[minaχtiŋ]
desprezar (vt)	minag	[minaχ]
ódio (m)	haat	[hāt]
odiar (vt)	haat	[hāt]
nervoso (adj)	senuweeagtig	[senuveə·aχtəχ]
estar nervoso	senuweeagtig wees	[senuveə·aχtəχ veəs]
zangado (adj)	kwaad	[kwāt]
zangar (vt)	kwaad maak	[kwāt māk]
humilhação (f)	vernedering	[fernedəriŋ]
humilhar (vt)	verneder	[fernedər]
humilhar-se (vr)	jouself verneder	[jæusɛlf fernedər]
choque (m)	skok	[skok]
chocar (vt)	skok	[skok]
aborrecimento (m)	probleme	[probleme]

desagradável (adj)	onaangenaam	[onãnχənãm]
medo (m)	vrees	[freəs]
terrível (tempestade, etc.)	verskriklik	[ferskriklik]
assustador (ex. história ~a)	vreesaanjaend	[freəsãnjaent]
horror (m)	afgryse	[afχrajsə]
horrível (crime, etc.)	vreeslik	[freəslik]
começar a tremer	begin beef	[beχin beəf]
chorar (vi)	huil	[hœil]
começar a chorar	begin huil	[beχin hœil]
lágrima (f)	traan	[trãn]
falta (f)	skuld	[skult]
culpa (f)	skuldgevoel	[skultχəful]
desonra (f)	skande	[skandə]
protesto (m)	protes	[protes]
estresse (m)	stres	[stres]
perturbar (vt)	steur	[støər]
zangar-se com ...	woedend wees	[vudent veəs]
zangado (irritado)	kwaad	[kwãt]
terminar (vt)	beëindig	[beɛindəχ]
praguejar	sweer	[sweər]
assustar-se	skrik	[skrik]
golpear (vt)	slaan	[slãn]
brigar (na rua, etc.)	baklei	[baklæj]
resolver (o conflito)	besleg	[besleχ]
descontente (adj)	ontevrede	[ontefredə]
furioso (adj)	woedend	[vudent]
Não está bem!	Dis nie goed nie!	[dis ni χut ni!]
É ruim!	Dis sleg!	[dis sleχ!]

Medicina

71. Doenças

doença (f)	siekte	[siktə]
estar doente	siek wees	[sik veəs]
saúde (f)	gesondheid	[χesonthæjt]
nariz (m) escorrendo	loopneus	[loəpnøəs]
amigdalite (f)	keelontsteking	[keəl·ontstekiŋ]
resfriado (m)	verkoue	[ferkæuə]
bronquite (f)	bronchitis	[bronχitis]
pneumonia (f)	longontsteking	[loŋ·ontstekiŋ]
gripe (f)	griep	[χrip]
míope (adj)	bysiende	[bajsində]
presbita (adj)	versiende	[fersində]
estrabismo (m)	skeelheid	[skeəlhæjt]
estrábico, vesgo (adj)	skeel	[skeəl]
catarata (f)	katarak	[katarak]
glaucoma (m)	gloukoom	[χlæukoəm]
AVC (m), apoplexia (f)	beroerte	[berurtə]
ataque (m) cardíaco	hartaanval	[hart·ānfal]
enfarte (m) do miocárdio	hartinfark	[hart·infark]
paralisia (f)	verlamming	[ferlammiŋ]
paralisar (vt)	verlam	[ferlam]
alergia (f)	allergie	[allerχi]
asma (f)	asma	[asma]
diabetes (f)	suikersiekte	[sœikər·siktə]
dor (f) de dente	tandpyn	[tand·pajn]
cárie (f)	tandbederf	[tand·bederf]
diarreia (f)	diarree	[diarreə]
prisão (f) de ventre	hardlywigheid	[hardlajviχæjt]
desarranjo (m) intestinal	maagongesteldheid	[māχ·oŋəstɛldhæjt]
intoxicação (f) alimentar	voedselvergiftiging	[fudsəl·ferχiftəχiŋ]
intoxicar-se	voedselvergiftiging kry	[fudsəl·ferχiftəχiŋ kraj]
artrite (f)	artritis	[artritis]
raquitismo (m)	Engelse siekte	[ɛŋəlsə siktə]
reumatismo (m)	reumatiek	[røəmatik]
arteriosclerose (f)	artrosklerose	[artrosklerosə]
gastrite (f)	maagontsteking	[māχ·ontstekiŋ]
apendicite (f)	blindedermontsteking	[blindederm·ontstekiŋ]
colecistite (f)	galblaasontsteking	[χalblās·ontstekiŋ]

úlcera (f)	maagsweer	[mãχsweər]
sarampo (m)	masels	[masɛls]
rubéola (f)	Duitse masels	[dœitsə masɛls]
icterícia (f)	geelsug	[χeəlsuχ]
hepatite (f)	hepatitis	[hepatitis]

esquizofrenia (f)	skisofrenie	[skisofreni]
raiva (f)	hondsdolheid	[hondsdolhæjt]
neurose (f)	neurose	[nøərosə]
contusão (f) cerebral	harsingskudding	[harsiŋ·skuddiŋ]

câncer (m)	kanker	[kankər]
esclerose (f)	sklerose	[sklerosə]
esclerose (f) múltipla	veelvuldige sklerose	[feəlfuldiχə sklerosə]

alcoolismo (m)	alkoholisme	[alkoholismə]
alcoólico (m)	alkoholikus	[alkoholikus]
sífilis (f)	sifilis	[sifilis]
AIDS (f)	VIGS	[vigs]

tumor (m)	tumor	[tumor]
maligno (adj)	kwaadaardig	[kwãdãrdəχ]
benigno (adj)	goedaardig	[χudãrdəχ]

febre (f)	koors	[koərs]
malária (f)	malaria	[malaria]
gangrena (f)	gangreen	[χanχreən]
enjoo (m)	seesiekte	[seə·siktə]
epilepsia (f)	epilepsie	[ɛpilepsi]

epidemia (f)	epidemie	[ɛpidemi]
tifo (m)	tifus	[tifus]
tuberculose (f)	tuberkulose	[tuberkulosə]
cólera (f)	cholera	[χolera]
peste (f) bubônica	pes	[pes]

72. Sintomas. Tratamentos. Parte 1

sintoma (m)	simptoom	[simptoəm]
temperatura (f)	temperatuur	[temperatɪr]
febre (f)	koors	[koərs]
pulso (m)	polsslag	[pols·slaχ]

vertigem (f)	duiseligheid	[dœiseliχæjt]
quente (testa, etc.)	warm	[varm]
calafrio (m)	koue rillings	[kæʊə rilliŋs]
pálido (adj)	bleek	[bleək]

tosse (f)	hoes	[hus]
tossir (vi)	hoes	[hus]
espirrar (vi)	nies	[nis]
desmaio (m)	floute	[flæʊtə]
desmaiar (vi)	flou word	[flæʊ vort]
mancha (f) preta	blou kol	[blæʊ kol]

galo (m)	knop	[knop]
machucar-se (vr)	stamp	[stamp]
contusão (f)	besering	[beseriŋ]

mancar (vi)	hink	[hink]
deslocamento (f)	ontwrigting	[ontwriχtiŋ]
deslocar (vt)	ontwrig	[ontwrəχ]
fratura (f)	breuk	[brøək]
fraturar (vt)	n breuk hê	[n brøək hɛ:]

corte (m)	sny	[snaj]
cortar-se (vr)	jouself sny	[jæusɛlf snaj]
hemorragia (f)	bloeding	[bludiŋ]

| queimadura (f) | brandwond | [brant·vont] |
| queimar-se (vr) | jouself brand | [jæusɛlf brant] |

picar (vt)	prik	[prik]
picar-se (vr)	jouself prik	[jæusɛlf prik]
lesionar (vt)	seermaak	[seərmāk]
lesão (m)	besering	[beseriŋ]
ferida (f), ferimento (m)	wond	[vont]
trauma (m)	trauma	[trɔuma]

delirar (vi)	yl	[ajl]
gaguejar (vi)	stotter	[stottər]
insolação (f)	sonsteek	[sɔŋ·steək]

73. Sintomas. Tratamentos. Parte 2

| dor (f) | pyn | [pajn] |
| farpa (no dedo, etc.) | splinter | [splintər] |

suor (m)	sweet	[sweət]
suar (vi)	sweet	[sweət]
vômito (m)	braak	[brāk]
convulsões (f pl)	stuiptrekkings	[stœip·trɛkkiŋs]

grávida (adj)	swanger	[swaŋər]
nascer (vi)	gebore word	[χeborə vort]
parto (m)	geboorte	[χeboərtə]
dar à luz	baar	[bār]
aborto (m)	aborsie	[aborsi]

respiração (f)	asemhaling	[asemhaliŋ]
inspiração (f)	inaseming	[inasemiŋ]
expiração (f)	uitaseming	[œitasemiŋ]
expirar (vi)	uitasem	[œitasem]
inspirar (vi)	inasem	[inasem]

inválido (m)	invalide	[infalidə]
aleijado (m)	kreupel	[krøəpəl]
drogado (m)	dwelmslaaf	[dwɛlm·slāf]
surdo (adj)	doof	[doəf]

mudo (adj)	stom	[stom]
surdo-mudo (adj)	doofstom	[doəf·stom]
louco, insano (adj)	swaksinnig	[swaksinnəχ]
louco (m)	kranksinnige	[kranksinniχə]
louca (f)	kranksinnige	[kranksinniχə]
ficar louco	kranksinnig word	[kranksinnəχ vort]
gene (m)	geen	[χeən]
imunidade (f)	immuniteit	[immunitæjt]
hereditário (adj)	erflik	[ɛrflik]
congênito (adj)	aangebore	[ānχəborə]
vírus (m)	virus	[firus]
micróbio (m)	mikrobe	[mikrobə]
bactéria (f)	bakterie	[bakteri]
infecção (f)	infeksie	[infeksi]

74. Sintomas. Tratamentos. Parte 3

hospital (m)	hospitaal	[hospitāl]
paciente (m)	pasiënt	[pasiɛnt]
diagnóstico (m)	diagnose	[diaχnosə]
cura (f)	genesing	[χenesiŋ]
tratamento (m) médico	mediese behandeling	[medisə behandəliŋ]
curar-se (vr)	behandeling kry	[behandəliŋ kraj]
tratar (vt)	behandel	[behandəl]
cuidar (pessoa)	versorg	[fersorχ]
cuidado (m)	versorging	[fersorχiŋ]
operação (f)	operasie	[operasi]
enfaixar (vt)	verbind	[ferbint]
enfaixamento (m)	verband	[ferbant]
vacinação (f)	inenting	[inɛntiŋ]
vacinar (vt)	inent	[inɛnt]
injeção (f)	inspuiting	[inspœitiŋ]
ataque (~ de asma, etc.)	aanval	[ānfal]
amputação (f)	amputasie	[amputasi]
amputar (vt)	amputeer	[amputeər]
coma (f)	koma	[koma]
reanimação (f)	intensiewe sorg	[intɛnsivə sorχ]
recuperar-se (vr)	herstel	[herstəl]
estado (~ de saúde)	kondisie	[kondisi]
consciência (perder a ~)	bewussyn	[bevussajn]
memória (f)	geheue	[χəhøə]
tirar (vt)	trek	[trek]
obturação (f)	vulsel	[fulsəl]
obturar (vt)	vul	[ful]
hipnose (f)	hipnose	[hipnosə]
hipnotizar (vt)	hipnotiseer	[hipnotiseər]

75. Médicos

médico (m)	dokter	[doktər]
enfermeira (f)	verpleegster	[ferpleəχ·stər]
médico (m) pessoal	lyfarts	[lajf·arts]
dentista (m)	tandarts	[tand·arts]
oculista (m)	oogarts	[oəχ·arts]
terapeuta (m)	internis	[internis]
cirurgião (m)	chirurg	[ʃirurχ]
psiquiatra (m)	psigiater	[psiχiatər]
pediatra (m)	kinderdokter	[kindər·doktər]
psicólogo (m)	sielkundige	[silkundiχə]
ginecologista (m)	ginekoloog	[χinekoloəχ]
cardiologista (m)	kardioloog	[kardioloəχ]

76. Medicina. Drogas. Acessórios

medicamento (m)	medisyn	[medisajn]
remédio (m)	geneesmiddel	[χeneəs·middəl]
receitar (vt)	voorskryf	[foərskrajf]
receita (f)	voorskrif	[foərskrif]
comprimido (m)	pil	[pil]
unguento (m)	salf	[salf]
ampola (f)	ampul	[ampul]
solução, preparado (m)	mengsel	[meŋsəl]
xarope (m)	stroop	[stroəp]
cápsula (f)	pil	[pil]
pó (m)	poeier	[pujer]
atadura (f)	verband	[ferbant]
algodão (m)	watte	[vattə]
iodo (m)	iodium	[iodium]
curativo (m) adesivo	pleister	[plæjstər]
conta-gotas (m)	oogdrupper	[oəχ·druppər]
termômetro (m)	termometer	[termometər]
seringa (f)	spuitnaald	[spœit·nãlt]
cadeira (f) de rodas	rolstoel	[rol·stul]
muletas (f pl)	krukke	[krukkə]
analgésico (m)	pynstiller	[pajn·stillər]
laxante (m)	lakseermiddel	[lakseər·middəl]
álcool (m)	spiritus	[spiritus]
ervas (f pl) medicinais	geneeskragtige kruie	[χeneəs·kraχtiχə krœiə]
de ervas (chá ~)	kruie-	[krœie-]

72

77. Fumar. Produtos tabágicos

tabaco (m)	**tabak**	[tabak]
cigarro (m)	**sigaret**	[siχaret]
charuto (m)	**sigaar**	[siχār]
cachimbo (m)	**pyp**	[pajp]
maço (~ de cigarros)	**pakkie**	[pakki]
fósforos (m pl)	**vuurhoutjies**	[fɪrhæʊkis]
caixa (f) de fósforos	**vuurhoutjiedosie**	[fɪrhæʊki·dosi]
isqueiro (m)	**aansteker**	[āŋstekər]
cinzeiro (m)	**asbak**	[asbak]
cigarreira (f)	**sigarethouer**	[siχaret·hæʊər]
piteira (f)	**sigaretpypie**	[siχaret·pajpi]
filtro (m)	**filter**	[filtər]
fumar (vi, vt)	**rook**	[roək]
acender um cigarro	**aansteek**	[āŋsteək]
tabagismo (m)	**rook**	[roək]
fumante (m)	**roker**	[rokər]
bituca (f)	**stompie**	[stompi]
fumaça (f)	**rook**	[roək]
cinza (f)	**as**	[as]

HABITAT HUMANO

Cidade

78. Cidade. Vida na cidade

cidade (f)	stad	[stat]
capital (f)	hoofstad	[hoəf·stat]
aldeia (f)	dorp	[dorp]
mapa (m) da cidade	stadskaart	[stats·kārt]
centro (m) da cidade	sentrum	[sentrum]
subúrbio (m)	voorstad	[foərstat]
suburbano (adj)	voorstedelik	[foərstedelik]
periferia (f)	buitewyke	[bœitəvajkə]
arredores (m pl)	omgewing	[omχeviŋ]
quarteirão (m)	stadswyk	[stats·wajk]
quarteirão (m) residencial	woonbuurt	[voənbɪrt]
tráfego (m)	verkeer	[ferkeər]
semáforo (m)	robot	[robot]
transporte (m) público	openbare vervoer	[openbarə ferfur]
cruzamento (m)	kruispunt	[krœis·punt]
faixa (f)	sebraoorgang	[sebra·oərχaŋ]
túnel (m) subterrâneo	voetgangertonnel	[futχaŋər·tonnəl]
cruzar, atravessar (vt)	oorsteek	[oərsteək]
pedestre (m)	voetganger	[futχaŋər]
calçada (f)	sypaadjie	[saj·pādʒi]
ponte (f)	brug	[bruχ]
margem (f) do rio	wal	[val]
fonte (f)	fontein	[fontæjn]
alameda (f)	laning	[laniŋ]
parque (m)	park	[park]
bulevar (m)	boulevard	[bulefar]
praça (f)	plein	[plæjn]
avenida (f)	laan	[lān]
rua (f)	straat	[strāt]
travessa (f)	systraat	[saj·strāt]
beco (m) sem saída	doodloopstraat	[doədloəp·strāt]
casa (f)	huis	[hœis]
edifício, prédio (m)	gebou	[χebæʊ]
arranha-céu (m)	wolkekrabber	[volkə·krabbər]
fachada (f)	gewel	[χevəl]
telhado (m)	dak	[dak]

janela (f)	**venster**	[fɛŋstər]
arco (m)	**arkade**	[arkadə]
coluna (f)	**kolom**	[kolom]
esquina (f)	**hoek**	[huk]

vitrine (f)	**uitstalraam**	[œitstalrãm]
letreiro (m)	**reklamebord**	[reklamə·bort]
cartaz (do filme, etc.)	**plakkaat**	[plakkãt]
cartaz (m) publicitário	**reklameplakkaat**	[reklamə·plakkãt]
painel (m) publicitário	**aanplakbord**	[ãnplakbort]

lixo (m)	**vullis**	[fullis]
lata (f) de lixo	**vullisbak**	[fullis·bak]
jogar lixo na rua	**rommel strooi**	[romməl stroj]
aterro (m) sanitário	**vullishoop**	[fullis·hoəp]

orelhão (m)	**telefoonhokkie**	[telefoən·hokki]
poste (m) de luz	**lamppaal**	[lamp·pãl]
banco (m)	**bank**	[bank]

polícia (m)	**polisieman**	[polisi·man]
polícia (instituição)	**polisie**	[polisi]
mendigo, pedinte (m)	**bedelaar**	[bedelãr]
desabrigado (m)	**daklose**	[daklosə]

79. Instituições urbanas

loja (f)	**winkel**	[vinkəl]
drogaria (f)	**apteek**	[apteək]
ótica (f)	**optisiën**	[optisiɛn]
centro (m) comercial	**winkelsentrum**	[vinkəl·sentrum]
supermercado (m)	**supermark**	[supermark]

padaria (f)	**bakkery**	[bakkeraj]
padeiro (m)	**bakker**	[bakkər]
pastelaria (f)	**banketbakkery**	[banket·bakkeraj]
mercearia (f)	**kruidenierswinkel**	[krœidenirs·vinkəl]
açougue (m)	**slagter**	[slaχtər]

fruteira (f)	**groentewinkel**	[χruntə·vinkəl]
mercado (m)	**mark**	[mark]

cafeteria (f)	**koffiekroeg**	[koffi·kruχ]
restaurante (m)	**restaurant**	[restourant]
bar (m)	**kroeg**	[kruχ]
pizzaria (f)	**pizzeria**	[pizzeria]

salão (m) de cabeleireiro	**haarsalon**	[hãr·salon]
agência (f) dos correios	**poskantoor**	[pos·kantoər]
lavanderia (f)	**droogskoonmakers**	[droəχ·skoən·makers]
estúdio (m) fotográfico	**fotostudio**	[foto·studio]

sapataria (f)	**skoenwinkel**	[skun·vinkəl]
livraria (f)	**boekhandel**	[buk·handəl]

loja (f) de artigos esportivos	sportwinkel	[sport·vinkəl]
costureira (m)	klereherstelwinkel	[klerə·herstəl·vinkəl]
aluguel (m) de roupa	klereverhuurwinkel	[klerə·ferhɪr·vinkəl]
videolocadora (f)	videowinkel	[video·vinkəl]

circo (m)	sirkus	[sirkus]
jardim (m) zoológico	dieretuin	[dirə·tœin]
cinema (m)	bioskoop	[bioskoəp]
museu (m)	museum	[musøəm]
biblioteca (f)	biblioteek	[biblioteek]

teatro (m)	teater	[teatər]
ópera (f)	opera	[opera]
boate (casa noturna)	nagklub	[naχ·klup]
cassino (m)	kasino	[kasino]

mesquita (f)	moskee	[moskeə]
sinagoga (f)	sinagoge	[sinaχoχə]
catedral (f)	katedraal	[katedrãl]
templo (m)	tempel	[tempəl]
igreja (f)	kerk	[kerk]

faculdade (f)	kollege	[kolledʒ]
universidade (f)	universiteit	[unifersitæjt]
escola (f)	skool	[skoəl]

prefeitura (f)	stadhuis	[stat·hœis]
câmara (f) municipal	stadhuis	[stat·hœis]
hotel (m)	hotel	[hotəl]
banco (m)	bank	[bank]

embaixada (f)	ambassade	[ambassadə]
agência (f) de viagens	reisagentskap	[ræjs·aχentskap]
agência (f) de informações	inligtingskantoor	[inliχtiŋs·kantoər]
casa (f) de câmbio	wisselkantoor	[vissəl·kantoər]

| metrô (m) | metro | [metro] |
| hospital (m) | hospitaal | [hospitãl] |

| posto (m) de gasolina | petrolstasie | [petrol·stasi] |
| parque (m) de estacionamento | parkeerterrein | [parkeər·terræjn] |

80. Sinais

letreiro (m)	reklamebord	[reklamə·bort]
aviso (m)	kennisgewing	[kɛnnis·χeviŋ]
cartaz, pôster (m)	plakkaat	[plakkãt]
placa (f) de direção	rigtingwyser	[riχtiŋ·wajsər]
seta (f)	pyl	[pajl]

aviso (advertência)	waarskuwing	[vãrskuviŋ]
sinal (m) de aviso	waarskuwingsbord	[vãrskuviŋs·bort]
avisar, advertir (vt)	waarsku	[vãrsku]
dia (m) de folga	rusdag	[rusdaχ]

| horário (~ dos trens, etc.) | diensrooster | [diŋs·roəstər] |
| horário (m) | besigheidsure | [besiχæjts·urə] |

BEM-VINDOS!	WELKOM!	[vɛlkom!]
ENTRADA	INGANG	[inχaŋ]
SAÍDA	UITGANG	[œitχaŋ]

EMPURRE	STOOT	[stoət]
PUXE	TREK	[trek]
ABERTO	OOP	[oəp]
FECHADO	GESLUIT	[χeslœit]

| MULHER | DAMES | [dames] |
| HOMEM | MANS | [maŋs] |

DESCONTOS	AFSLAG	[afslaχ]
SALDOS, PROMOÇÃO	UITVERKOPING	[œitferkopiŋ]
NOVIDADE!	NUUT!	[nɪt!]
GRÁTIS	GRATIS	[χratis]

ATENÇÃO!	PAS OP!	[pas op!]
NÃO HÁ VAGAS	VOLBESPREEK	[folbespreək]
RESERVADO	BESPREEK	[bespreək]

ADMINISTRAÇÃO	ADMINISTRASIE	[administrasi]
SOMENTE PESSOAL	SLEGS PERSONEEL	[sleχs personeəl]
AUTORIZADO		

CUIDADO CÃO FEROZ	PAS OP VIR DIE HOND!	[pas op fir di hont!]
PROIBIDO FUMAR!	ROOK VERBODE	[roək ferbodə]
NÃO TOCAR	NIE AANRAAK NIE!	[ni ānrāk ni!]

PERIGOSO	GEVAARLIK	[χefārlik]
PERIGO	GEVAAR	[χefār]
ALTA TENSÃO	HOOGSPANNING	[hoəχ·spanniŋ]
PROIBIDO NADAR	NIE SWEM NIE	[ni swem ni]
COM DEFEITO	BUITE WERKING	[bœitə verkiŋ]

INFLAMÁVEL	ONTVLAMBAAR	[ontflambār]
PROIBIDO	VERBODE	[ferbodə]
ENTRADA PROIBIDA	TOEGANG VERBODE!	[tuχaŋ ferbode!]
CUIDADO TINTA FRESCA	NAT VERF	[nat ferf]

81. Transportes urbanos

ônibus (m)	bus	[bus]
bonde (m) elétrico	trem	[trem]
trólebus (m)	trembus	[trembus]
rota (f), itinerário (m)	busroete	[bus·rutə]
número (m)	nommer	[nommər]

ir de ... (carro, etc.)	ry per ...	[raj pər ...]
entrar no ...	inklim	[inklim]
descer do ...	uitklim ...	[œitklim ...]

parada (f)	halte	[haltə]
próxima parada (f)	volgende halte	[folχendə haltə]
terminal (m)	eindpunt	[æjnd·punt]
horário (m)	diensrooster	[diŋs·roəstər]
esperar (vt)	wag	[vaχ]

| passagem (f) | kaartjie | [kãrki] |
| tarifa (f) | reistarief | [ræjs·tarif] |

bilheteiro (m)	kaartjieverkoper	[kãrki·ferkopər]
controle (m) de passagens	kaartjiekontrole	[kãrki·kontrolə]
revisor (m)	kontroleur	[kontroløər]

atrasar-se (vr)	laat wees	[lãt veəs]
perder (o autocarro, etc.)	mis	[mis]
estar com pressa	haastig wees	[hãstəχ veəs]

táxi (m)	taxi	[taksi]
taxista (m)	taxibestuurder	[taksi·bestɪrdər]
de táxi (ir ~)	per taxi	[pər taksi]
ponto (m) de táxis	taxistaanplek	[taksi·stãnplek]

tráfego (m)	verkeer	[ferkeər]
engarrafamento (m)	verkeersknoop	[ferkeərs·knoəp]
horas (f pl) de pico	spitsuur	[spits·ɪr]
estacionar (vi)	parkeer	[parkeər]
estacionar (vt)	parkeer	[parkeər]
parque (m) de estacionamento	parkeerterrein	[parkeər·terræjn]

metrô (m)	metro	[metro]
estação (f)	stasie	[stasi]
ir de metrô	die metro vat	[di metro fat]
trem (m)	trein	[træjn]
estação (f) de trem	treinstasie	[træjn·stasi]

82. Turismo

monumento (m)	monument	[monument]
fortaleza (f)	fort	[fort]
palácio (m)	paleis	[palæjs]
castelo (m)	kasteel	[kasteəl]
torre (f)	toring	[toriŋ]
mausoléu (m)	mausoleum	[mɔusoløəm]

arquitetura (f)	argitektuur	[arχitektɪr]
medieval (adj)	Middeleeus	[middeliʊs]
antigo (adj)	oud	[æʊt]
nacional (adj)	nasionaal	[naʃionãl]
famoso, conhecido (adj)	bekend	[bekent]

turista (m)	toeris	[turis]
guia (pessoa)	gids	[χids]
excursão (f)	uitstappie	[œitstappi]
mostrar (vt)	wys	[vajs]

contar (vt)	vertel	[fertəl]
encontrar (vt)	vind	[fint]
perder-se (vr)	verdwaal	[ferdwāl]
mapa (~ do metrô)	kaart	[kārt]
mapa (~ da cidade)	kaart	[kārt]

lembrança (f), presente (m)	aandenking	[āndenkiŋ]
loja (f) de presentes	geskenkwinkel	[xɛskɛnk·vinkəl]
tirar fotos, fotografar	fotografeer	[fotoχrafeər]
fotografar-se (vr)	jou portret laat maak	[jæʊ portret lāt māk]

83. Compras

comprar (vt)	koop	[koəp]
compra (f)	aankoop	[ānkoəp]
fazer compras	inkopies doen	[inkopis dun]
compras (f pl)	inkoop	[inkoəp]

| estar aberta (loja) | oop wees | [oəp veəs] |
| estar fechada | toe wees | [tu veəs] |

calçado (m)	skoeisel	[skuisəl]
roupa (f)	klere	[klerə]
cosméticos (m pl)	kosmetika	[kosmetika]
alimentos (m pl)	voedingsware	[fudiŋs·warə]
presente (m)	present	[present]

| vendedor (m) | verkoper | [ferkopər] |
| vendedora (f) | verkoopsdame | [ferkoəps·damə] |

caixa (f)	kassier	[kassir]
espelho (m)	spieël	[spiɛl]
balcão (m)	toonbank	[toən·bank]
provador (m)	paskamer	[pas·kamər]

provar (vt)	aanpas	[ānpas]
servir (roupa, caber)	pas	[pas]
gostar (apreciar)	hou van	[hæʊ fan]

preço (m)	prys	[prajs]
etiqueta (f) de preço	pryskaartjie	[prajs·kārki]
custar (vt)	kos	[kos]
Quanto?	Hoeveel?	[hufeəl?]
desconto (m)	afslag	[afslaχ]

não caro (adj)	billik	[billik]
barato (adj)	goedkoop	[χudkoəp]
caro (adj)	duur	[dɪr]
É caro	dis duur	[dis dɪr]

aluguel (m)	verhuur	[ferhɪr]
alugar (roupas, etc.)	verhuur	[ferhɪr]
crédito (m)	krediet	[kredit]
a crédito	op krediet	[op kredit]

84. Dinheiro

dinheiro (m)	geld	[χɛlt]
câmbio (m)	valutaruil	[faluta·rœil]
taxa (f) de câmbio	wisselkoers	[vissəl·kurs]
caixa (m) eletrônico	OTM	[o·te·em]
moeda (f)	muntstuk	[muntstuk]

dólar (m)	dollar	[dollar]
euro (m)	euro	[øəro]

lira (f)	lira	[lira]
marco (m)	Duitse mark	[dœitsə mark]
franco (m)	frank	[frank]
libra (f) esterlina	pond sterling	[pont sterliŋ]
iene (m)	yen	[jɛn]

dívida (f)	skuld	[skult]
devedor (m)	skuldenaar	[skuldenãr]
emprestar (vt)	uitleen	[œitleən]
pedir emprestado	leen	[leən]

banco (m)	bank	[bank]
conta (f)	rekening	[rekəniŋ]
depositar (vt)	deponeer	[deponeər]
sacar (vt)	trek	[trek]

cartão (m) de crédito	kredietkaart	[kredit·kãrt]
dinheiro (m) vivo	kontant	[kontant]
cheque (m)	tjek	[ʧek]
talão (m) de cheques	tjekboek	[ʧek·buk]

carteira (f)	beursie	[bøərsi]
niqueleira (f)	muntstukbeursie	[muntstuk·bøərsi]
cofre (m)	brandkas	[brant·kas]

herdeiro (m)	erfgenaam	[ɛrfχənãm]
herança (f)	erfenis	[ɛrfenis]
fortuna (riqueza)	fortuin	[fortœin]

arrendamento (m)	huur	[hɪr]
aluguel (pagar o ~)	huur	[hɪr]
alugar (vt)	huur	[hɪr]

preço (m)	prys	[prajs]
custo (m)	prys	[prajs]
soma (f)	som	[som]

gastar (vt)	spandeer	[spandeər]
gastos (m pl)	onkoste	[onkostə]
economizar (vi)	besuinig	[besœinəχ]
econômico (adj)	ekonomies	[ɛkonomis]

pagar (vt)	betaal	[betãl]
pagamento (m)	betaling	[betaliŋ]

troco (m)	wisselgeld	[vissəl·χɛlt]
imposto (m)	belasting	[belastiŋ]
multa (f)	boete	[butə]
multar (vt)	beboet	[bebut]

85. Correios. Serviço postal

agência (f) dos correios	poskantoor	[pos·kantoər]
correio (m)	pos	[pos]
carteiro (m)	posbode	[pos·bodə]
horário (m)	besigheidsure	[besiχæjts·urə]

carta (f)	brief	[brif]
carta (f) registada	geregistreerde brief	[χereχistreərdə brif]
cartão (m) postal	poskaart	[pos·kãrt]
telegrama (m)	telegram	[teleχram]
encomenda (f)	pakkie	[pakki]
transferência (f) de dinheiro	geldoorplasing	[χɛld·oərplasiŋ]

receber (vt)	ontvang	[ontfaŋ]
enviar (vt)	stuur	[stɪr]
envio (m)	versending	[fersendiŋ]

endereço (m)	adres	[adres]
código (m) postal	poskode	[pos·kodə]
remetente (m)	sender	[sendər]
destinatário (m)	ontvanger	[ontfaŋər]

| nome (m) | voornaam | [foərnãm] |
| sobrenome (m) | van | [fan] |

tarifa (f)	postarief	[pos·tarif]
ordinário (adj)	standaard	[standãrt]
econômico (adj)	ekonomies	[ɛkonomis]

peso (m)	gewig	[χevəχ]
pesar (estabelecer o peso)	weeg	[veəχ]
envelope (m)	koevert	[kufert]
selo (m) postal	posseël	[pos·seɛl]

Moradia. Casa. Lar

86. Casa. Habitação

casa (f)	huis	[hœis]
em casa	tuis	[tœis]
pátio (m), quintal (f)	werf	[verf]
cerca, grade (f)	omheining	[omhæjniŋ]
tijolo (m)	baksteen	[baksteən]
de tijolos	baksteen-	[baksteən-]
pedra (f)	klip	[klip]
de pedra	klip-	[klip-]
concreto (m)	beton	[beton]
concreto (adj)	beton-	[beton-]
novo (adj)	nuut	[nɪt]
velho (adj)	ou	[æʊ]
decrépito (adj)	vervalle	[ferfallə]
moderno (adj)	moderne	[modernə]
de vários andares	multiverdieping-	[multi·ferdipiŋ-]
alto (adj)	hoë	[hoɛ]
andar (m)	verdieping	[ferdipiŋ]
de um andar	enkelverdieping	[ɛnkəl·ferdipiŋ]
térreo (m)	eerste verdieping	[eərstə ferdipiŋ]
andar (m) de cima	boonste verdieping	[boəŋstə verdipiŋ]
telhado (m)	dak	[dak]
chaminé (f)	skoorsteen	[skoərsteən]
telha (f)	dakteëls	[dakteɛls]
de telha	geteël	[χeteɛl]
sótão (m)	solder	[soldər]
janela (f)	venster	[fɛŋstər]
vidro (m)	glas	[χlas]
parapeito (m)	vensterbank	[fɛŋstər·bank]
persianas (f pl)	luik	[lœik]
parede (f)	muur	[mɪr]
varanda (f)	balkon	[balkon]
calha (f)	reënpyp	[reɛn·pajp]
em cima	bo	[bo]
subir (vi)	boontoe gaan	[boentu χãn]
descer (vi)	afkom	[afkom]
mudar-se (vr)	verhuis	[ferhœis]

87. Casa. Entrada. Elevador

entrada (f)	ingang	[inχaŋ]
escada (f)	trap	[trap]
degraus (m pl)	treetjies	[treəkis]
corrimão (m)	leuning	[løəniŋ]
hall (m) de entrada	voorportaal	[foər·portāl]
caixa (f) de correio	posbus	[pos·bus]
lata (f) do lixo	vullisblik	[fullis·blik]
calha (f) de lixo	vullisgeut	[fullis·χøət]
elevador (m)	hysbak	[hajsbak]
elevador (m) de carga	vraghysbak	[fraχ·hajsbak]
cabine (f)	hysbak	[hajsbak]
pegar o elevador	hysbak neem	[hajsbak neəm]
apartamento (m)	woonstel	[voəŋstəl]
residentes (pl)	bewoners	[bevoners]
vizinho (m)	buurman	[bɪrman]
vizinha (f)	buurvrou	[bɪrfræʊ]
vizinhos (pl)	bure	[burə]

88. Casa. Eletricidade

eletricidade (f)	krag, elektrisiteit	[kraχ], [elektrisitæjt]
lâmpada (f)	gloeilamp	[χlui·lamp]
interruptor (m)	skakelaar	[skakəlār]
fusível, disjuntor (m)	sekering	[sekəriŋ]
fio, cabo (m)	kabel	[kabəl]
instalação (f) elétrica	bedrading	[bedradiŋ]
medidor (m) de eletricidade	kragmeter	[kraχ·metər]
indicação (f), registro (m)	lesings	[lesiŋs]

89. Casa. Portas. Fechaduras

porta (f)	deur	[døər]
portão (m)	hek	[hek]
maçaneta (f)	deurknop	[døər·knop]
destrancar (vt)	oopsluit	[oəpslœit]
abrir (vt)	oopmaak	[oəpmāk]
fechar (vt)	sluit	[slœit]
chave (f)	sleutel	[sløətəl]
molho (m)	bos	[bos]
ranger (vi)	kraak	[krāk]
rangido (m)	gekraak	[χekrāk]
dobradiça (f)	skarnier	[skarnir]
capacho (m)	deurmat	[døər·mat]
fechadura (f)	deurslot	[døər·slot]

buraco (m) da fechadura	sleutelgat	[sløətəl·χat]
barra (f)	grendel	[χrendəl]
fecho (ferrolho pequeno)	deurknip	[døər·knip]
cadeado (m)	hangslot	[haŋslot]

tocar (vt)	lui	[lœi]
toque (m)	gelui	[χelœi]
campainha (f)	deurklokkie	[døər·klokki]
botão (m)	belknoppie	[bɛl·knoppi]
batida (f)	klop	[klop]
bater (vi)	klop	[klop]

código (m)	kode	[kodə]
fechadura (f) de código	kombinasieslot	[kombinasi·slot]
interfone (m)	interkom	[interkom]
número (m)	nommer	[nommər]
placa (f) de porta	naambordjie	[nãm·bordʒi]
olho (m) mágico	loergaatjie	[lurχãki]

90. Casa de campo

aldeia (f)	dorp	[dorp]
horta (f)	groentetuin	[χruntə·tœin]
cerca (f)	heining	[hæjniŋ]
cerca (f) de piquete	spitspaalheining	[spitspãl·hæjniŋ]
portão (f) do jardim	tuinhekkie	[tœin·hɛkki]

celeiro (m)	graanstoorplek	[χrãŋ·stoərplek]
adega (f)	wortelkelder	[vortəl·keldər]
galpão, barracão (m)	tuinhuisie	[tœin·hœisi]
poço (m)	waterput	[vatər·put]

fogão (m)	houtkaggel	[hæʊt·kaχχəl]
atiçar o fogo	die houtkaggel stook	[di hæʊt·kaχχəl stoək]
lenha (carvão ou ~)	brandhout	[brant·hæʊt]
acha, lenha (f)	stomp	[stomp]

varanda (f)	stoep	[stup]
alpendre (m)	dek	[dek]
degraus (m pl) de entrada	ingangstrappie	[inχaŋs·trappi]
balanço (m)	swaai	[swãi]

91. Moradia. Mansão

casa (f) de campo	buitewoning	[bœitə·voniŋ]
vila (f)	landhuis	[land·hœis]
ala (~ do edifício)	vleuel	[fløəəl]

jardim (m)	tuin	[tœin]
parque (m)	park	[park]
estufa (f)	tropiese kweekhuis	[tropisə kweək·hœis]
cuidar de ...	versorg	[fersorχ]

piscina (f)	swembad	[swem·bat]
academia (f) de ginástica	gim	[χim]
quadra (f) de tênis	tennisbaan	[tɛnnis·bān]
cinema (m)	huisteater	[hœis·teatər]
garagem (f)	garage	[χaraʒə]

propriedade (f) privada	privaat besit	[prifāt besit]
terreno (m) privado	privaateiendom	[prifāt·æjendom]

advertência (f)	waarskuwing	[vārskuviŋ]
sinal (m) de aviso	waarskuwingsbord	[vārskuviŋs·bort]

guarda (f)	sekuriteit	[sekuritæjt]
guarda (m)	veiligheidswag	[fæjliχæjts·waχ]
alarme (m)	diefalarm	[dif·alarm]

92. Castelo. Palácio

castelo (m)	kasteel	[kasteel]
palácio (m)	paleis	[palæjs]
fortaleza (f)	fort	[fort]
muralha (f)	ringmuur	[riŋ·mɪr]
torre (f)	toring	[toriŋ]
calabouço (m)	toring	[toriŋ]

grade (f) levadiça	valhek	[falhek]
passagem (f) subterrânea	tonnel	[tonnəl]
fosso (m)	grag	[χraχ]
corrente, cadeia (f)	ketting	[kɛttiŋ]
seteira (f)	skietgat	[skitχat]

magnífico (adj)	pragtig	[praχtəχ]
majestoso (adj)	majestueus	[majestuøes]
inexpugnável (adj)	onneembaar	[onneəmbār]
medieval (adj)	Middeleeus	[middeliʊs]

93. Apartamento

apartamento (m)	woonstel	[voeŋstəl]
quarto, cômodo (m)	kamer	[kamər]
quarto (m) de dormir	slaapkamer	[slāp·kamər]
sala (f) de jantar	eetkamer	[eet·kamər]
sala (f) de estar	sitkamer	[sit·kamər]
escritório (m)	studeerkamer	[studeər·kamər]

sala (f) de entrada	ingangsportaal	[inχaŋs·portāl]
banheiro (m)	badkamer	[bad·kamər]
lavabo (m)	toilet	[tojlet]

teto (m)	plafon	[plafon]
chão, piso (m)	vloer	[flur]
canto (m)	hoek	[huk]

94. Apartamento. Limpeza

arrumar, limpar (vt)	skoonmaak	[skoənmāk]
guardar (no armário, etc.)	bêre	[bærə]
pó (m)	stof	[stof]
empoeirado (adj)	stoffig	[stoffəχ]
tirar o pó	afstof	[afstof]
aspirador (m)	stofsuier	[stof·sœiər]
aspirar (vt)	stofsuig	[stofsœiχ]
varrer (vt)	vee	[feə]
sujeira (f)	veegsel	[feəχsəl]
arrumação, ordem (f)	orde	[ordə]
desordem (f)	wanorde	[vanordə]
esfregão (m)	mop	[mop]
pano (m), trapo (m)	stoflap	[stoflap]
vassoura (f)	kort besem	[kort besem]
pá (f) de lixo	skoppie	[skoppi]

95. Mobiliário. Interior

mobiliário (m)	meubels	[møəbɛls]
mesa (f)	tafel	[tafel]
cadeira (f)	stoel	[stul]
cama (f)	bed	[bet]
sofá, divã (m)	rusbank	[rusbank]
poltrona (f)	gemakstoel	[χemak·stul]
estante (f)	boekkas	[buk·kas]
prateleira (f)	rak	[rak]
guarda-roupas (m)	klerekas	[klerə·kas]
cabide (m) de parede	kapstok	[kapstok]
cabideiro (m) de pé	kapstok	[kapstok]
cômoda (f)	laaikas	[lājkas]
mesinha (f) de centro	koffietafel	[koffi·tafəl]
espelho (m)	spieël	[spiɛl]
tapete (m)	mat	[mat]
tapete (m) pequeno	matjie	[maki]
lareira (f)	vuurherd	[fɪr·hert]
vela (f)	kers	[kers]
castiçal (m)	kandelaar	[kandelār]
cortinas (f pl)	gordyne	[χordajnə]
papel (m) de parede	muurpapier	[mɪr·papir]
persianas (f pl)	blindings	[blindiŋs]
luminária (f) de mesa	tafellamp	[tafel·lamp]
luminária (f) de parede	muurlamp	[mɪr·lamp]

| abajur (m) de pé | staanlamp | [stān·lamp] |
| lustre (m) | kroonlugter | [kroən·luχtər] |

pé (de mesa, etc.)	poot	[poət]
braço, descanso (m)	armleuning	[arm·løəniŋ]
costas (f pl)	rugleuning	[ruχ·løəniŋ]
gaveta (f)	laai	[lāi]

96. Quarto de dormir

roupa (f) de cama	beddegoed	[beddə·χut]
travesseiro (m)	kussing	[kussiŋ]
fronha (f)	kussingsloop	[kussiŋ·sloəp]
cobertor (m)	duvet	[dufet]
lençol (m)	laken	[laken]
colcha (f)	bedsprei	[bed·spræj]

97. Cozinha

cozinha (f)	kombuis	[kombœis]
gás (m)	gas	[χas]
fogão (m) a gás	gasstoof	[χas·stoəf]
fogão (m) elétrico	elektriese stoof	[elektrisə stoəf]
forno (m)	oond	[oent]
forno (m) de micro-ondas	mikrogolfoond	[mikroχolf·oent]

geladeira (f)	yskas	[ajs·kas]
congelador (m)	vrieskas	[friskas]
máquina (f) de lavar louça	skottelgoedwasser	[skottɛlχud·wassər]

moedor (m) de carne	vleismeul	[flæjs·møəl]
espremedor (m)	versapper	[fersappər]
torradeira (f)	broodrooster	[broəd·roəstər]
batedeira (f)	menger	[meŋər]

máquina (f) de café	koffiemasjien	[koffi·maʃin]
cafeteira (f)	koffiepot	[koffi·pot]
moedor (m) de café	koffiemeul	[koffi·møəl]

chaleira (f)	fluitketel	[flœit·ketəl]
bule (m)	teepot	[teə·pot]
tampa (f)	deksel	[deksəl]
coador (m) de chá	teesiffie	[teə·siffi]

colher (f)	lepel	[lepəl]
colher (f) de chá	teelepeltjie	[teə·lepəlki]
colher (f) de sopa	soplepel	[sop·lepəl]
garfo (m)	vurk	[furk]
faca (f)	mes	[mes]

| louça (f) | tafelgerei | [tafel·χeræj] |
| prato (m) | bord | [bort] |

pires (m)	piering	[piriŋ]
cálice (m)	likeurglas	[likøər·χlas]
copo (m)	glas	[χlas]
xícara (f)	koppie	[koppi]

açucareiro (m)	suikerpot	[sœikər·pot]
saleiro (m)	soutvaatjie	[sæʊt·fāki]
pimenteiro (m)	pepervaatjie	[pepər·fāki]
manteigueira (f)	botterbakkie	[bottər·bakki]

panela (f)	soppot	[sop·pot]
frigideira (f)	braaipan	[brāj·pan]
concha (f)	opskeplepel	[opskep·lepəl]
coador (m)	vergiet	[ferχit]
bandeja (f)	skinkbord	[skink·bort]

garrafa (f)	bottel	[bottəl]
pote (m) de vidro	fles	[fles]
lata (~ de cerveja)	blikkie	[blikki]

abridor (m) de garrafa	botteloopmaker	[bottəl·oəpmakər]
abridor (m) de latas	blikoopmaker	[blik·oəpmakər]
saca-rolhas (m)	kurktrekker	[kurk·trɛkkər]
filtro (m)	filter	[filtər]
filtrar (vt)	filter	[filtər]

| lixo (m) | vullis | [fullis] |
| lixeira (f) | vullisbak | [fullis·bak] |

98. Casa de banho

banheiro (m)	badkamer	[bad·kamər]
água (f)	water	[vatər]
torneira (f)	kraan	[krān]
água (f) quente	warme water	[varmə vatər]
água (f) fria	koue water	[kæʊə vatər]

pasta (f) de dente	tandepasta	[tandə·pasta]
escovar os dentes	tande borsel	[tandə borsəl]
escova (f) de dente	tandeborsel	[tandə·borsəl]

barbear-se (vr)	skeer	[skeər]
espuma (f) de barbear	skeerroom	[skeər·roəm]
gilete (f)	skeermes	[skeər·mes]

lavar (vt)	was	[vas]
tomar banho	bad	[bat]
chuveiro (m), ducha (f)	stort	[stort]
tomar uma ducha	stort	[stort]

banheira (f)	bad	[bat]
vaso (m) sanitário	toilet	[tojlet]
pia (f)	wasbak	[vas·bak]
sabonete (m)	seep	[seəp]

saboneteira (f)	seepbakkie	[seəp·bakki]
esponja (f)	spons	[spɔŋs]
xampu (m)	sjampoe	[ʃampu]
toalha (f)	handdoek	[handduk]
roupão (m) de banho	badjas	[batjas]

lavagem (f)	was	[vas]
lavadora (f) de roupas	wasmasjien	[vas·maʃin]
lavar a roupa	die wasgoed was	[di vasχut vas]
detergente (m)	waspoeier	[vas·pujer]

99. Eletrodomésticos

televisor (m)	TV-stel	[te·fe-stəl]
gravador (m)	bandspeler	[band·spelər]
videogravador (m)	videomasjien	[video·maʃin]
rádio (m)	radio	[radio]
leitor (m)	speler	[spelər]

projetor (m)	videoprojektor	[video·projektor]
cinema (m) em casa	tuisfliekteater	[tœis·flik·teatər]
DVD Player (m)	DVD-speler	[de·fe·de-spelər]
amplificador (m)	versterker	[fersterkər]
console (f) de jogos	videokonsole	[video·kɔŋsolə]

câmera (f) de vídeo	videokamera	[video·kamera]
máquina (f) fotográfica	kamera	[kamera]
câmera (f) digital	digitale kamera	[diχitalə kamera]

aspirador (m)	stofsuier	[stof·sœiər]
ferro (m) de passar	strykyster	[strajk·ajstər]
tábua (f) de passar	strykplank	[strajk·plank]

telefone (m)	telefoon	[telefoən]
celular (m)	selfoon	[sɛlfoən]
máquina (f) de escrever	tikmasjien	[tik·maʃin]
máquina (f) de costura	naaimasjien	[naj·maʃin]

microfone (m)	mikrofoon	[mikrofoən]
fone (m) de ouvido	koptelefoon	[kop·telefoən]
controle remoto (m)	afstandsbeheer	[afstands·beheər]

CD (m)	CD	[se·de]
fita (f) cassete	kasset	[kasset]
disco (m) de vinil	plaat	[plãt]

100. Reparações. Renovação

renovação (f)	opknapwerk	[opknap·werk]
renovar (vt), fazer obras	opknap	[opknap]
reparar (vt)	herstel	[herstəl]
consertar (vt)	aan kant maak	[ãn kant mãk]

refazer (vt)	oordoen	[oərdun]
tinta (f)	verf	[ferf]
pintar (vt)	verf	[ferf]
pintor (m)	skilder	[skildər]
pincel (m)	verfborsel	[ferf·borsəl]

cal (f)	witkalk	[vitkalk]
caiar (vt)	wit	[vit]

papel (m) de parede	muurpapier	[mɪr·papir]
colocar papel de parede	behang	[behaŋ]
verniz (m)	vernis	[fernis]
envernizar (vt)	vernis	[fernis]

101. Canalizações

água (f)	water	[vatər]
água (f) quente	warme water	[varmə vatər]
água (f) fria	koue water	[kæʊə vatər]
torneira (f)	kraan	[krãn]

gota (f)	druppel	[druppəl]
gotejar (vi)	drup	[drup]
vazar (vt)	lek	[lek]
vazamento (m)	lekkasie	[lɛkkasi]
poça (f)	poeletjie	[puləki]

tubo (m)	pyp	[pajp]
válvula (f)	kraan	[krãn]
entupir-se (vr)	verstop raak	[ferstop rãk]

ferramentas (f pl)	gereedskap	[χereədskap]
chave (f) inglesa	skroefsleutel	[skruf·sløətəl]
desenroscar (vt)	losskroef	[losskruf]
enroscar (vt)	vasskroef	[fasskruf]

desentupir (vt)	oopmaak	[oəpmãk]
encanador (m)	loodgieter	[loədχitər]
porão (m)	kelder	[kɛldər]
rede (f) de esgotos	riolering	[rioleriŋ]

102. Fogo. Deflagração

incêndio (m)	brand	[brant]
chama (f)	vlam	[flam]
faísca (f)	vonk	[fonk]
fumaça (f)	rook	[roək]
tocha (f)	fakkel	[fakkel]
fogueira (f)	kampvuur	[kampfɪr]

gasolina (f)	petrol	[petrol]
querosene (m)	kerosien	[kerosin]

inflamável (adj)	ontvambaar	[ontfambãr]
explosivo (adj)	ontplofbaar	[ontplofbãr]
PROIBIDO FUMAR!	ROOK VERBODE	[roək ferbodə]
segurança (f)	veiligheid	[fæjliχæjt]
perigo (m)	gevaar	[χefãr]
perigoso (adj)	gevaarlik	[χefãrlik]
incendiar-se (vr)	vlam vat	[flam fat]
explosão (f)	ontploffing	[ontploffiŋ]
incendiar (vt)	aan die brand steek	[ãn di brant steək]
incendiário (m)	brandstigter	[brant·stiχtər]
incêndio (m) criminoso	brandstigting	[brant·stiχtiŋ]
flamejar (vi)	brand	[brant]
queimar (vi)	brand	[brant]
queimar tudo (vi)	afbrand	[afbrant]
chamar os bombeiros	die brandweer roep	[di brantveər rup]
bombeiro (m)	brandweerman	[brantveər·man]
caminhão (m) de bombeiros	brandweerwa	[brantveər·wa]
corpo (m) de bombeiros	brandweer	[brantveər]
escada (f) extensível	brandweerwaleer	[brantveər·wa·leər]
mangueira (f)	brandslang	[brant·slaŋ]
extintor (m)	brandblusser	[brant·blussər]
capacete (m)	helmet	[hɛlmet]
sirene (f)	sirene	[sirenə]
gritar (vi)	skreeu	[skriʊ]
chamar por socorro	hulp roep	[hulp rup]
socorrista (m)	redder	[rɛddər]
salvar, resgatar (vt)	red	[ret]
chegar (vi)	aankom	[ãnkom]
apagar (vt)	blus	[blus]
água (f)	water	[vatər]
areia (f)	sand	[sant]
ruínas (f pl)	ruïnes	[ruïnes]
ruir (vi)	instort	[instort]
desmoronar (vi)	val	[fal]
desabar (vi)	instort	[instort]
fragmento (m)	brokstukke	[brokstukkə]
cinza (f)	as	[as]
sufocar (vi)	verstik	[ferstik]
perecer (vi)	omkom	[omkom]

ATIVIDADES HUMANAS

Emprego. Negócios. Parte 1

103. Escritório. O trabalho no escritório

escritório (~ de advogados)	kantoor	[kantoər]
escritório (do diretor, etc.)	kantoor	[kantoər]
recepção (f)	ontvangs	[ontfaŋs]
secretário (m)	sekretaris	[sekretaris]
secretária (f)	sekretaresse	[sekretarɛssə]
diretor (m)	direkteur	[direktøər]
gerente (m)	bestuurder	[bestɪrdər]
contador (m)	boekhouer	[bukhæʊər]
empregado (m)	werknemer	[verknemər]
mobiliário (m)	meubels	[møəbɛls]
mesa (f)	lessenaar	[lɛssenār]
cadeira (f)	draaistoel	[drāj·stul]
gaveteiro (m)	laaikas	[lājkas]
cabideiro (m) de pé	kapstok	[kapstok]
computador (m)	rekenaar	[rekənār]
impressora (f)	drukker	[drukkər]
fax (m)	faksmasjien	[faks·maʃin]
fotocopiadora (f)	fotostaatmasjien	[fotostāt·maʃin]
papel (m)	papier	[papir]
artigos (m pl) de escritório	kantoorbenodigdhede	[kantoər·benodiχdhedə]
tapete (m) para mouse	muismatjie	[mœis·maki]
folha (f)	blaai	[blāi]
pasta (f)	binder	[bindər]
catálogo (m)	katalogus	[kataloχus]
lista (f) telefônica	telefoongids	[telefoən·χids]
documentação (f)	dokumentasie	[dokumentasi]
brochura (f)	brosjure	[broʃurə]
panfleto (m)	strooibiljet	[stroj·biljet]
amostra (f)	monsterkaart	[mɔŋstər·kārt]
formação (f)	opleidingsvergadering	[oplæjdiŋs·ferχaderiŋ]
reunião (f)	vergadering	[ferχaderiŋ]
hora (f) de almoço	middagpouse	[middaχ·pæʊsə]
tirar cópias	aantal kopieë maak	[āntal kopiɛ māk]
fazer uma chamada	bel	[bəl]
responder (vt)	antwoord	[antwoərt]
passar (vt)	deursit	[døərsit]

marcar (vt)	reël	[reɛl]
demonstrar (vt)	demonstreer	[demɔŋstreǝr]
estar ausente	afwesig wees	[afwesǝχ veǝs]
ausência (f)	afwesigheid	[afwesiχæjt]

104. Processos negociais. Parte 1

negócio (m)	besigheid	[besiχæjt]
ocupação (f)	beroep	[berup]

firma, empresa (f)	firma	[firma]
companhia (f)	maatskappy	[mātskappaj]
corporação (f)	korporasie	[korporasi]
empresa (f)	onderneming	[ondǝrnemiŋ]
agência (f)	agentskap	[aχentskap]

acordo (documento)	ooreenkoms	[oǝreǝnkoms]
contrato (m)	kontrak	[kontrak]
acordo (transação)	transaksie	[traŋsaksi]
pedido (m)	bestelling	[bestɛlliŋ]
termos (m pl)	voorwaarde	[foǝrwārdǝ]

por atacado	groothandels-	[χroǝt·handǝls-]
por atacado (adj)	groothandels-	[χroǝt·handǝls-]
venda (f) por atacado	groothandel	[χroǝt·handǝl]
a varejo	kleinhandels-	[klæjn·handǝls-]
venda (f) a varejo	kleinhandel	[klæjn·handǝl]

concorrente (m)	konkurrent	[konkurrent]
concorrência (f)	konkurrensie	[konkurreŋsi]
competir (vi)	kompeteer	[kompeteǝr]

sócio (m)	vennoot	[fɛnnoǝt]
parceria (f)	vennootskap	[fɛnnoǝtskap]

crise (f)	krisis	[krisis]
falência (f)	bankrotskap	[bankrotskap]
entrar em falência	bankrot speel	[bankrot speǝl]
dificuldade (f)	moeilikheid	[muilikhæjt]
problema (m)	probleem	[probleǝm]
catástrofe (f)	katastrofe	[katastrofǝ]

economia (f)	ekonomie	[ɛkonomi]
econômico (adj)	ekonomiese	[ɛkonomisǝ]
recessão (f) econômica	ekonomiese agteruitgang	[ɛkonomisǝ aχtǝr·œitχaŋ]

objetivo (m)	doel	[dul]
tarefa (f)	opdrag	[opdraχ]

comerciar (vi, vt)	handel	[handǝl]
rede (de distribuição)	netwerk	[netwerk]
estoque (m)	voorraad	[foǝrrāt]
sortimento (m)	reeks	[reǝks]
líder (m)	leier	[læjer]

grande (~ empresa)	groot	[xroət]
monopólio (m)	monopolie	[monopoli]

teoria (f)	teorie	[teori]
prática (f)	praktyk	[praktajk]
experiência (f)	ervaring	[ɛrfariŋ]
tendência (f)	tendens	[tendɛŋs]
desenvolvimento (m)	ontwikkeling	[ontwikkeliŋ]

105. Processos negociais. Parte 2

rentabilidade (f)	wins	[vins]
rentável (adj)	voordelig	[foərdeləx]

delegação (f)	delegasie	[deleχasi]
salário, ordenado (m)	salaris	[salaris]
corrigir (~ um erro)	korrigeer	[korriχeər]
viagem (f) de negócios	sakereis	[sakeræjs]
comissão (f)	kommissie	[kommissi]

controlar (vt)	kontroleer	[kontroleər]
conferência (f)	konferensie	[konferɛŋsi]
licença (f)	lisensie	[lisɛŋsi]
confiável (adj)	betroubaar	[betræubãr]

empreendimento (m)	inisiatief	[inisiatif]
norma (f)	norm	[norm]
circunstância (f)	omstandigheid	[omstandiχæjt]
dever (do empregado)	taak	[tãk]

empresa (f)	organisasie	[orχanisasi]
organização (f)	organisasie	[orχanisasi]
organizado (adj)	georganiseer	[χeorχaniseər]
anulação (f)	kansellering	[kaŋsɛlleriŋ]
anular, cancelar (vt)	kanselleer	[kaŋsɛlleər]
relatório (m)	verslag	[ferslaχ]

patente (f)	patent	[patent]
patentear (vt)	patenteer	[patenteər]
planejar (vt)	beplan	[beplan]

bônus (m)	bonus	[bonus]
profissional (adj)	professioneel	[profɛssioneəl]
procedimento (m)	prosedure	[prosedurə]

examinar (~ a questão)	ondersoek	[ondərsuk]
cálculo (m)	berekening	[berekeniŋ]
reputação (f)	reputasie	[reputasi]
risco (m)	risiko	[risiko]

dirigir (~ uma empresa)	beheer	[beheər]
informação (f)	informasie	[informasi]
propriedade (f)	eiendom	[æjendom]
união (f)	unie	[uni]

seguro (m) de vida	lewensversekering	[levɛŋs·fersekeriŋ]
fazer um seguro	verseker	[fersekər]
seguro (m)	versekering	[fersekeriŋ]

leilão (m)	veiling	[fæjliŋ]
notificar (vt)	laat weet	[lãt veət]
gestão (f)	beheer	[beheər]
serviço (indústria de ~s)	diens	[diŋs]

fórum (m)	forum	[forum]
funcionar (vi)	funksioneer	[funksioneər]
estágio (m)	stadium	[stadium]
jurídico, legal (adj)	regs-	[reχs-]
advogado (m)	regsgeleerde	[reχs·χeleərdə]

106. Produção. Trabalhos

usina (f)	fabriek	[fabrik]
fábrica (f)	fabriek	[fabrik]
oficina (f)	werkplek	[verkplek]
local (m) de produção	bedryf	[bedrajf]

indústria (f)	industrie	[industri]
industrial (adj)	industrieel	[industriəl]
indústria (f) pesada	swaar industrie	[swãr industri]
indústria (f) ligeira	ligte industrie	[liχtə industri]

produção (f)	produkte	[produktə]
produzir (vt)	produseer	[produseər]
matérias-primas (f pl)	grondstowwe	[χront·stowə]

chefe (m) de obras	voorman	[foərman]
equipe (f)	werkspan	[verks·pan]
operário (m)	werker	[verkər]

dia (m) de trabalho	werksdag	[verks·daχ]
intervalo (m)	pouse	[pæʊsə]
reunião (f)	vergadering	[ferχaderiŋ]
discutir (vt)	bespreek	[bespreək]

plano (m)	plan	[plan]
cumprir o plano	die plan uitvoer	[di plan œitfur]
taxa (f) de produção	produksienorm	[produksi·norm]
qualidade (f)	kwaliteit	[kwalitæjt]
controle (m)	kontrole	[kontrolə]
controle (m) da qualidade	kwaliteitskontrole	[kwalitæjts·kontrolə]

segurança (f) no trabalho	werkplekveiligheid	[verkplek·fæjliχæjt]
disciplina (f)	dissipline	[dissiplinə]
infração (f)	oortreding	[oərtrediŋ]
violar (as regras)	oortree	[oərtreə]

| greve (f) | staking | [stakiŋ] |
| grevista (m) | staker | [stakər] |

estar em greve	**staak**	[stāk]
sindicato (m)	**vakbond**	[fakbont]
inventar (vt)	**uitvind**	[œitfint]
invenção (f)	**uitvinding**	[œitfindiŋ]
pesquisa (f)	**navorsing**	[naforsiŋ]
melhorar (vt)	**verbeter**	[ferbetər]
tecnologia (f)	**tegnologie**	[teχnoloχi]
desenho (m) técnico	**tegniese tekening**	[teχnisə tekəniŋ]
carga (f)	**vrag**	[fraχ]
carregador (m)	**laaier**	[lājer]
carregar (o caminhão, etc.)	**laai**	[lāi]
carregamento (m)	**laai**	[lāi]
descarregar (vt)	**uitlaai**	[œitlāi]
descarga (f)	**uitlaai**	[œitlāi]
transporte (m)	**vervoer**	[ferfur]
companhia (f) de transporte	**vervoermaatskappy**	[ferfur·mātskappaj]
transportar (vt)	**vervoer**	[ferfur]
vagão (m) de carga	**trok**	[trok]
tanque (m)	**tenk**	[tɛnk]
caminhão (m)	**vragmotor**	[fraχ·motor]
máquina (f) operatriz	**werktuigmasjien**	[verktœiχ·maʃin]
mecanismo (m)	**meganisme**	[meχanismə]
resíduos (m pl) industriais	**industriële afval**	[industriɛlə affal]
embalagem (f)	**verpakking**	[ferpakkiŋ]
embalar (vt)	**verpak**	[ferpak]

107. Contrato. Acordo

contrato (m)	**kontrak**	[kontrak]
acordo (m)	**ooreenkoms**	[oəreənkoms]
adendo, anexo (m)	**addendum**	[addendum]
assinatura (f)	**handtekening**	[hand·tekəniŋ]
assinar (vt)	**onderteken**	[ondərtekən]
carimbo (m)	**stempel**	[stempəl]
objeto (m) do contrato	**onderwerp van ooreenkoms**	[ondərwerp fan oəreənkoms]
cláusula (f)	**klousule**	[klæʊsulə]
partes (f pl)	**partye**	[partaje]
domicílio (m) legal	**wetlike adres**	[vetlikə adres]
violar o contrato	**die kontrak verbreek**	[di kontrak ferbreək]
obrigação (f)	**verpligting**	[ferpliχtiŋ]
responsabilidade (f)	**verantwoordelikheid**	[ferant·voərdelikhæjt]
força (f) maior	**oormag**	[oərmaχ]
litígio (m), disputa (f)	**geskil**	[χeskil]
multas (f pl)	**boete**	[butə]

108. Importação & Exportação

importação (f)	invoer	[infur]
importador (m)	invoerder	[infurdər]
importar (vt)	invoer	[infur]
de importação	invoer-	[infur-]
exportação (f)	uitvoer	[œitfur]
exportador (m)	uitvoerder	[œitfurdər]
exportar (vt)	uitvoer	[œitfur]
de exportação	uitvoer-	[œitfur-]
mercadoria (f)	goedere	[χudərə]
lote (de mercadorias)	besending	[besendiŋ]
peso (m)	gewig	[χevəχ]
volume (m)	volume	[folumə]
metro (m) cúbico	kubieke meter	[kubikə metər]
produtor (m)	produsent	[produsent]
companhia (f) de transporte	vervoermaatskappy	[ferfur·mãtskappaj]
contêiner (m)	houer	[hæʋər]
fronteira (f)	grens	[χrɛŋs]
alfândega (f)	doeane	[duanə]
taxa (f) alfandegária	doeanereg	[duanə·reχ]
funcionário (m) da alfândega	doeanebeampte	[duanə·beamptə]
contrabando (atividade)	smokkel	[smokkəl]
contrabando (produtos)	smokkelgoed	[smokkəl·χut]

109. Finanças

ação (f)	aandeel	[ãndeəl]
obrigação (f)	obligasie	[obliχasi]
nota (f) promissória	promesse	[promɛssə]
bolsa (f) de valores	beurs	[bøørs]
cotação (m) das ações	aandeelkoers	[ãndeəl·kurs]
tornar-se mais barato	daal	[dãl]
tornar-se mais caro	styg	[stajχ]
parte (f)	aandeel	[ãndeəl]
participação (f) majoritária	meerderheidsbelang	[meərderhæjts·belaŋ]
investimento (m)	belegging	[beleχχiŋ]
investir (vt)	belê	[belɛ:]
porcentagem (f)	persent	[persent]
juros (m pl)	rente	[rentə]
lucro (m)	wins	[vins]
lucrativo (adj)	voordelig	[foərdeləχ]
imposto (m)	belasting	[belastiŋ]

divisa (f)	valuta	[faluta]
nacional (adj)	nasionaal	[naʃionãl]
câmbio (m)	wissel	[vissəl]

contador (m)	boekhouer	[bukhæʊər]
contabilidade (f)	boekhouding	[bukhæʊdiŋ]

falência (f)	bankrotskap	[bankrotskap]
falência, quebra (f)	ineenstorting	[ineɛŋstortiŋ]
ruína (f)	bankrotskap	[bankrotskap]
estar quebrado	geruïneer wees	[χeruïneer vees]
inflação (f)	inflasie	[inflasi]
desvalorização (f)	devaluasie	[defaluasi]

capital (m)	kapitaal	[kapitãl]
rendimento (m)	inkomste	[inkomstə]
volume (m) de negócios	omset	[omset]
recursos (m pl)	hulpbronne	[hulpbronnə]
recursos (m pl) financeiros	monetêre hulpbronne	[monetærə hulpbronnə]

despesas (f pl) gerais	oorhoofse koste	[oərhoəfsə kostə]
reduzir (vt)	verminder	[fermindər]

110. Marketing

marketing (m)	bemarking	[bemarkiŋ]
mercado (m)	mark	[mark]
segmento (m) do mercado	marksegment	[mark·seχment]
produto (m)	produk	[produk]
mercadoria (f)	goedere	[χuderə]

marca (f)	merk	[merk]
marca (f) registrada	handelsmerk	[handəls·merk]
logotipo (m)	logo	[loχo]
logo (m)	logo	[loχo]
demanda (f)	vraag	[frãχ]
oferta (f)	aanbod	[ãnbot]
necessidade (f)	behoefte	[behuftə]
consumidor (m)	verbruiker	[ferbrœikər]

análise (f)	analise	[analisə]
analisar (vt)	analiseer	[analiseər]
posicionamento (m)	plasing	[plasiŋ]
posicionar (vt)	plaas	[plãs]
preço (m)	prys	[prajs]
política (f) de preços	prysbeleid	[prajs·belæjt]
formação (f) de preços	prysvorming	[prajs·formiŋ]

111. Publicidade

publicidade (f)	reklame	[reklamə]
fazer publicidade	adverteer	[adferteər]

orçamento (m)	begroting	[beχrotiŋ]
anúncio (m)	advertensie	[adfertɛŋsi]
publicidade (f) na TV	TV-advertensie	[te·fe-adfertɛŋsi]
publicidade (f) na rádio	radioreklame	[radio·reklamə]
publicidade (f) exterior	buitereklame	[bœitə·reklamə]

comunicação (f) de massa	massamedia	[massa·media]
periódico (m)	tydskrif	[tajdskrif]
imagem (f)	imago	[imaχo]

slogan (m)	slagspreuk	[slaχ·sprøək]
mote (m), lema (f)	motto	[motto]

campanha (f)	veldtog	[fɛldtoχ]
campanha (f) publicitária	reklameveldtog	[reklamə·fɛldtoχ]
grupo (m) alvo	doelgroep	[dul·χrup]

cartão (m) de visita	besigheidskaartjie	[besiχæjts·kãrki]
panfleto (m)	strooibiljet	[stroj·biljet]
brochura (f)	brosjure	[broʃurə]
folheto (m)	pamflet	[pamflet]
boletim (~ informativo)	nuusbrief	[nɪsbrif]

letreiro (m)	reklamebord	[reklamə·bort]
cartaz, pôster (m)	plakkaat	[plakkãt]
painel (m) publicitário	aanplakbord	[ãnplakbort]

112. Banca

banco (m)	bank	[bank]
balcão (f)	tak	[tak]

consultor (m) bancário	bankklerk	[bank·klerk]
gerente (m)	bestuurder	[bestɪrdər]

conta (f)	bankrekening	[bank·rekəniŋ]
número (m) da conta	rekeningnommer	[rekəniŋ·nommər]
conta (f) corrente	tjekrekening	[ʧek·rekəniŋ]
conta (f) poupança	spaarrekening	[spãr·rekəniŋ]

fechar uma conta	die rekening sluit	[di rekəniŋ slœit]
sacar (vt)	trek	[trek]

depósito (m)	deposito	[deposito]
transferência (f) bancária	telegrafiese oorplasing	[teleχrafisə oərplasiŋ]
transferir (vt)	oorplaas	[oərplãs]

soma (f)	som	[som]
Quanto?	Hoeveel?	[hufeəl?]

assinatura (f)	handtekening	[hand·tekəniŋ]
assinar (vt)	onderteken	[ondərtekən]
cartão (m) de crédito	kredietkaart	[kredit·kãrt]
senha (f)	kode	[kodə]

| número (m) do cartão de crédito | kredietkaartnommer | [kredit·kārt·nommər] |
| caixa (m) eletrônico | OTM | [o·te·em] |

| cheque (m) | tjek | [tʃek] |
| talão (m) de cheques | tjekboek | [tʃek·buk] |

| empréstimo (m) | lening | [leniŋ] |
| garantia (f) | waarborg | [vārborχ] |

113. Telefone. Conversação telefônica

telefone (m)	telefoon	[telefoən]
celular (m)	selfoon	[sɛlfoən]
secretária (f) eletrônica	antwoordmasjien	[antwoərt·maʃin]

| fazer uma chamada | bel | [bəl] |
| chamada (f) | oproep | [oprup] |

Alô!	Hallo!	[hallo!]
perguntar (vt)	vra	[fra]
responder (vt)	antwoord	[antwoərt]

ouvir (vt)	hoor	[hoər]
bem	goed	[χut]
mal	nie goed nie	[ni χut ni]
ruído (m)	steurings	[støəriŋs]

fone (m)	gehoorstuk	[χehoərstuk]
pegar o telefone	optel	[optəl]
desligar (vi)	afskakel	[afskakəl]

ocupado (adj)	besig	[besəχ]
tocar (vi)	lui	[lœi]
lista (f) telefônica	telefoongids	[telefoən·χids]

local (adj)	lokale	[lokalə]
chamada (f) local	lokale oproep	[lokalə oprup]
de longa distância	langafstand	[lanχ·afstant]
chamada (f) de longa distância	langafstand oproep	[lanχ·afstant oprup]
internacional (adj)	internasionale	[internaʃionalə]
chamada (f) internacional	internasionale oproep	[internaʃionalə oprup]

114. Telefone móvel

celular (m)	selfoon	[sɛlfoən]
tela (f)	skerm	[skerm]
botão (m)	knoppie	[knoppi]
cartão SIM (m)	SIMkaart	[sim·kārt]
bateria (f)	battery	[battəraj]
descarregar-se (vr)	pap wees	[pɑp veəs]

carregador (m)	batterylaaier	[battəraj·lajer]
menu (m)	spyskaart	[spajs·kãrt]
configurações (f pl)	instellings	[instɛlliŋs]
melodia (f)	wysie	[vajsi]
escolher (vt)	kies	[kis]

calculadora (f)	sakrekenaar	[sakrekənãr]
correio (m) de voz	stempos	[stem·pos]
despertador (m)	wekker	[vɛkkər]
contatos (m pl)	kontakte	[kontaktə]

| mensagem (f) de texto | SMS | [es·em·es] |
| assinante (m) | intekenaar | [intekənãr] |

115. Estacionário

| caneta (f) | bolpen | [bol·pen] |
| caneta (f) tinteiro | vulpen | [ful·pen] |

lápis (m)	potlood	[potloət]
marcador (m) de texto	merkpen	[merk·pen]
caneta (f) hidrográfica	viltpen	[filt·pen]

| bloco (m) de notas | notaboekie | [nota·buki] |
| agenda (f) | dagboek | [daχ·buk] |

régua (f)	liniaal	[liniãl]
calculadora (f)	sakrekenaar	[sakrekənãr]
borracha (f)	uitveër	[œitfeɛr]
alfinete (m)	duimspyker	[dœim·spajkər]
clipe (m)	skuifspeld	[skœif·spɛlt]

cola (f)	gom	[χom]
grampeador (m)	krammasjien	[kram·maʃin]
furador (m) de papel	ponsmasjien	[pɔŋs·maʃin]
apontador (m)	skerpmaker	[skerp·makər]

116. Vários tipos de documentos

relatório (m)	verslag	[ferslaχ]
acordo (m)	ooreenkoms	[oəreənkoms]
ficha (f) de inscrição	aansoekvorm	[ãŋsuk·form]
autêntico (adj)	outentiek	[æʊtentik]
crachá (m)	lapelkaart	[lapəl·kãrt]
cartão (m) de visita	besigheidskaartjie	[besiχæjts·kãrki]

certificado (m)	sertifikaat	[sertifikãt]
cheque (m)	tjek	[tʃek]
conta (f)	rekening	[rekəniŋ]
constituição (f)	grondwet	[χront·wet]
contrato (m)	kontrak	[kontrak]
cópia (f)	kopie	[kopi]

exemplar (~ assinado)	kopie	[kopi]
declaração (f) alfandegária	doeaneverklaring	[duanə·ferklariŋ]
documento (m)	dokument	[dokument]
carteira (f) de motorista	bestuurslisensie	[bestɪrs·lisɛŋsi]
adendo, anexo (m)	addendum	[addendum]
questionário (m)	vorm	[form]

carteira (f) de identidade	identiteitskaart	[identitæjts·kārt]
inquérito (m)	navraag	[nafrāχ]
convite (m)	uitnodiging	[œitnodəχiŋ]
fatura (f)	rekening	[rekəniŋ]

lei (f)	wet	[vet]
carta (correio)	brief	[brif]
papel (m) timbrado	briefhoof	[brifhoəf]
lista (f)	lys	[lajs]
manuscrito (m)	manuskrip	[manuskrip]
boletim (~ informativo)	nuusbrief	[nɪsbrif]
bilhete (mensagem breve)	briefie	[brifi]

passe (m)	lapelkaart	[lapəl·kārt]
passaporte (m)	paspoort	[paspoərt]
permissão (f)	permit	[permit]
currículo (m)	curriculum vitae	[kurrikulum fitaə]
nota (f) promissória	skuldbekentenis	[skuld·bekentənis]
recibo (m)	kwitansie	[kwitaŋsi]
talão (f)	strokie	[stroki]
relatório (m)	verslag	[ferslaχ]

mostrar (vt)	wys	[vajs]
assinar (vt)	onderteken	[ondərtekən]
assinatura (f)	handtekening	[hand·tekəniŋ]
carimbo (m)	stempel	[stempəl]
texto (m)	teks	[teks]
ingresso (m)	kaartjie	[kārki]

riscar (vt)	doodtrek	[doədtrek]
preencher (vt)	invul	[inful]

carta (f) de porte	vragbrief	[fraχ·brif]
testamento (m)	testament	[testament]

117. Tipos de negócios

serviços (m pl) de contabilidade	boekhoudienste	[bukhæʊ·diŋstə]
publicidade (f)	reklame	[reklamə]
agência (f) de publicidade	reklameburo	[reklamə·buro]
ar (m) condicionado	lugversorger	[luχfersorχər]
companhia (f) aérea	lugredery	[luχrederaj]

bebidas (f pl) alcoólicas	alkoholiese dranke	[alkoholisə drankə]
comércio (m) de antiguidades	antiek	[antik]
galeria (f) de arte	kunsgalery	[kuns·χaleraj]

serviços (m pl) de auditoria	ouditeursdienste	[æʊditøərs·diŋstə]
negócios (m pl) bancários	bankwese	[bankwesə]
bar (m)	kroeg	[kruχ]
salão (m) de beleza	skoonheidssalon	[skoənhæjts·salon]
livraria (f)	boekhandel	[buk·handəl]
cervejaria (f)	brouery	[bræʊeraj]
centro (m) de escritórios	sakesentrum	[sakə·sentrum]
escola (f) de negócios	besigheidsskool	[besiχæjts·skoəl]

cassino (m)	kasino	[kasino]
construção (f)	boubedryf	[bæʊbedrajf]
consultoria (f)	advieskantoor	[adfis·kantoər]

clínica (f) dentária	tandekliniek	[tandə·klinik]
design (m)	ontwerp	[ontwerp]
drogaria (f)	apteek	[apteək]
lavanderia (f)	droogskoonmakers	[droəχ·skoən·makers]
agência (f) de emprego	arbeidsburo	[arbæjds·buro]

serviços (m pl) financeiros	finansiële dienste	[finaŋsiɛlə diŋstə]
alimentos (m pl)	voedingsware	[fudiŋs·warə]
funerária (f)	begrafnisonderneming	[beχrafnis·ondərnemiŋ]
mobiliário (m)	meubels	[møəbɛls]
roupa (f)	klerasie	[klerasi]
hotel (m)	hotel	[hotəl]

sorvete (m)	roomys	[roəm·ajs]
indústria (f)	industrie	[industri]
seguro (~ de vida, etc.)	versekering	[fersekeriŋ]
internet (f)	internet	[internet]
investimento (m)	investerings	[infesteriŋs]

joalheiro (m)	juwelier	[juvelir]
joias (f pl)	juweliersware	[juvelirs·warə]
lavanderia (f)	wassery	[vasseraj]
assessorias (f pl) jurídicas	regsadviseur	[reχs·adfisøər]
indústria (f) ligeira	ligte industrie	[liχtə industri]

revista (f)	tydskrif	[tajdskrif]
vendas (f pl) por catálogo	posorderbedryf	[pos·ordər·bedrajf]
medicina (f)	geneesmiddels	[χeneəs·middəls]
cinema (m)	bioskoop	[bioskoəp]
museu (m)	museum	[musøəm]

agência (f) de notícias	nuusagentskap	[nɪs·aχentskap]
jornal (m)	koerant	[kurant]
boate (casa noturna)	nagklub	[naχ·klup]

petróleo (m)	olie	[oli]
serviços (m pl) de remessa	koerierdienste	[kurir·diŋstə]
indústria (f) farmacêutica	farmasie	[farmasi]
tipografia (f)	drukkery	[drukkəraj]
editora (f)	uitgewery	[œitχeveraj]

| rádio (m) | radio | [radio] |
| imobiliário (m) | eiendom | [æjendom] |

103

restaurante (m)	restaurant	[restourant]
empresa (f) de segurança	sekuriteitsfirma	[sekuritæjts·firma]
esporte (m)	sport	[sport]
bolsa (f) de valores	beurs	[bøørs]
loja (f)	winkel	[vinkəl]
supermercado (m)	supermark	[supermark]
piscina (f)	swembad	[swem·bat]

alfaiataria (f)	kleremaker	[klerə·makər]
televisão (f)	televisie	[telefisi]
teatro (m)	teater	[teatər]
comércio (m)	handel	[handəl]
serviços (m pl) de transporte	vervoer	[ferfur]
viagens (f pl)	reisbedryf	[ræjs·bedrajf]

veterinário (m)	veearts	[fee·arts]
armazém (m)	pakhuis	[pak·hœis]
recolha (f) do lixo	afvalinsameling	[affal·insameliŋ]

Emprego. Negócios. Parte 2

118. Espetáculo. Feira

| feira, exposição (f) | skou | [skæʊ] |
| feira (f) comercial | handelsskou | [handəls·skæʊ] |

participação (f)	deelneming	[deəlnemiŋ]
participar (vi)	deelneem	[deəlneəm]
participante (m)	deelnemer	[deəlnemər]

diretor (m)	bestuurder	[bestɪrdər]
direção (f)	organisasiekantoor	[orχanisasi·kantoər]
organizador (m)	organiseerder	[orχaniseərdər]
organizar (vt)	organiseer	[orχaniseər]

ficha (f) de inscrição	deelnemingsvorm	[deəlnemiŋs·form]
preencher (vt)	invul	[inful]
detalhes (m pl)	besonderhede	[besondərhedə]
informação (f)	informasie	[informasi]

preço (m)	prys	[prajs]
incluindo	insluitend	[inslœitent]
incluir (vt)	insluit	[inslœit]
pagar (vt)	betaal	[betãl]
taxa (f) de inscrição	registrasiefooi	[reχistrasi·foj]

entrada (f)	ingang	[inχaŋ]
pavilhão (m), salão (f)	paviljoen	[pafiljun]
inscrever (vt)	registreer	[reχistreər]
crachá (m)	lapelkaart	[lapəl·kãrt]

| stand (m) | stalletjie | [stalləki] |
| reservar (vt) | bespreek | [bespreək] |

vitrine (f)	uistalkas	[œistalkas]
lâmpada (f)	kollig	[kolləχ]
design (m)	ontwerp	[ontwerp]
pôr (posicionar)	sit	[sit]
ser colocado, -a	geplaas wees	[χeplãs veəs]

distribuidor (m)	verdeler	[ferdelər]
fornecedor (m)	verskaffer	[ferskaffər]
fornecer (vt)	verskaf	[ferskaf]

país (m)	land	[lant]
estrangeiro (adj)	buitelands	[bœitəlands]
produto (m)	produk	[produk]
associação (f)	vereniging	[ferenəχiŋ]
sala (f) de conferência	konferensiesaal	[konferɛŋsi·sãl]

| congresso (m) | kongres | [konχres] |
| concurso (m) | wedstryd | [vedstrajt] |

visitante (m)	besoeker	[besukər]
visitar (vt)	besoek	[besuk]
cliente (m)	kliënt	[kliɛnt]

119. Media

jornal (m)	koerant	[kurant]
revista (f)	tydskrif	[tajdskrif]
imprensa (f)	pers	[pers]
rádio (m)	radio	[radio]
estação (f) de rádio	omroep	[omrup]
televisão (f)	televisie	[telefisi]

apresentador (m)	aanbieder	[ānbidər]
locutor (m)	nuusleser	[nɪslesər]
comentarista (m)	kommentator	[kommentator]

jornalista (m)	joernalis	[jurnalis]
correspondente (m)	korrespondent	[korrespondɛnt]
repórter (m) fotográfico	persfotograaf	[pers·fotoχrāf]
repórter (m)	verslaggewer	[ferslaχ·χevər]

| redator (m) | redakteur | [redaktøər] |
| redator-chefe (m) | hoofredakteur | [hoəf·redaktøər] |

assinar a ...	inteken op ...	[intekən op ...]
assinatura (f)	intekening	[intekəniŋ]
assinante (m)	intekenaar	[intekənār]
ler (vt)	lees	[leəs]
leitor (m)	leser	[lesər]

tiragem (f)	oplaag	[oplāχ]
mensal (adj)	maandeliks	[māndəliks]
semanal (adj)	weekliks	[veəkliks]
número (jornal, revista)	nommer	[nommər]
recente, novo (adj)	nuwe	[nuvə]

manchete (f)	opskrif	[opskrif]
pequeno artigo (m)	kort artikel	[kort artikəl]
coluna (~ semanal)	kolom	[kolom]
artigo (m)	artikel	[artikəl]
página (f)	bladsy	[bladsaj]

reportagem (f)	veslag	[feslaχ]
evento (festa, etc.)	gebeurtenis	[χebøərtenis]
sensação (f)	sensasie	[sɛŋsasi]
escândalo (m)	skandaal	[skandāl]
escandaloso (adj)	skandelik	[skandəlik]
grande (adj)	groot	[χroət]
programa (m)	program	[proχram]
entrevista (f)	onderhoud	[ondərhæʊt]

transmissão (f) ao vivo	regstreekse uitsending	[reχstreekse œitsendiŋ]
canal (m)	kanaal	[kanāl]

120. Agricultura

agricultura (f)	landbou	[landbæʊ]
camponês (m)	boer	[bur]
camponesa (f)	boervrou	[bur·fræʊ]
agricultor, fazendeiro (m)	boer	[bur]
trator (m)	trekker	[trɛkkər]
colheitadeira (f)	stroper	[stropər]
arado (m)	ploeg	[pluχ]
arar (vt)	ploeg	[pluχ]
campo (m) lavrado	ploegland	[pluχlant]
sulco (m)	voor	[foər]
semear (vt)	saai	[sāi]
plantadeira (f)	saaier	[sājer]
semeadura (f)	saai	[sāi]
foice (m)	sens	[sɛŋs]
cortar com foice	maai	[māi]
pá (f)	graaf	[χrāf]
cavar (vt)	omspit	[omspit]
enxada (f)	skoffel	[skoffəl]
capinar (vt)	skoffel	[skoffəl]
erva (f) daninha	onkruid	[onkrœit]
regador (m)	gieter	[χitər]
regar (plantas)	nat gooi	[nat χoj]
rega (f)	nat gooi	[nat χoj]
forquilha (f)	gaffel	[χaffəl]
ancinho (m)	hark	[hark]
fertilizante (m)	misstof	[misstof]
fertilizar (vt)	bemes	[bemes]
estrume, esterco (m)	misstof	[misstof]
campo (m)	veld	[fɛlt]
prado (m)	weiland	[væjlant]
horta (f)	groentetuin	[χruntə·tœin]
pomar (m)	boord	[boərt]
pastar (vt)	wei	[væj]
pastor (m)	herder	[hɛrdər]
pastagem (f)	weiland	[væjlant]
pecuária (f)	veeboerdery	[feə·burderaj]
criação (f) de ovelhas	skaapboerdery	[skāp·burderaj]

plantação (f)	aanplanting	[ānplantiŋ]
canteiro (m)	bedding	[beddiŋ]
estufa (f)	broeikas	[bruikas]

seca (f)	droogte	[droəχtə]
seco (verão ~)	droog	[droəχ]

grão (m)	graan	[χrān]
cereais (m pl)	graangewasse	[χrān·χəwassə]
colher (vt)	oes	[us]

moleiro (m)	meulenaar	[møələnār]
moinho (m)	meul	[møəl]
moer (vt)	maal	[māl]
farinha (f)	meelblom	[meəl·blom]
palha (f)	strooi	[stroj]

121. Construção. Processo de construção

canteiro (m) de obras	bouperseel	[bæʊ·perseəl]
construir (vt)	bou	[bæʊ]
construtor (m)	bouwerker	[bæʊ·verkər]

projeto (m)	projek	[projek]
arquiteto (m)	argitek	[arχitek]
operário (m)	werker	[verkər]

fundação (f)	fondament	[fondament]
telhado (m)	dak	[dak]
estaca (f)	heipaal	[hæjpāl]
parede (f)	muur	[mɪr]

colunas (f pl) de sustentação	betonstaal	[betɔŋ·stāl]
andaime (m)	steiers	[stæjers]

concreto (m)	beton	[beton]
granito (m)	graniet	[χranit]
pedra (f)	klip	[klip]
tijolo (m)	baksteen	[baksteən]

areia (f)	sand	[sant]
cimento (m)	sement	[sement]
emboço, reboco (m)	pleister	[plæjstər]
emboçar, rebocar (vt)	pleister	[plæjstər]

tinta (f)	verf	[ferf]
pintar (vt)	verf	[ferf]
barril (m)	drom	[drom]

grua (f), guindaste (m)	kraan	[krān]
erguer (vt)	optel	[optəl]
baixar (vt)	laat sak	[lāt sak]
buldózer (m)	stootskraper	[stoət·skrapər]
escavadora (f)	graafmasjien	[χrāf·maʃin]

caçamba (f)	bak	[bak]
escavar (vt)	grawe	[χravə]
capacete (m) de proteção	helmet	[hɛlmet]

122. Ciência. Investigação. Cientistas

ciência (f)	wetenskap	[vetɛŋskap]
científico (adj)	wetenskaplik	[vetɛŋskaplik]
cientista (m)	wetenskaplike	[vetɛŋskaplikə]
teoria (f)	teorie	[teori]

axioma (m)	aksioma	[aksioma]
análise (f)	analise	[analisə]
analisar (vt)	analiseer	[analiseər]
argumento (m)	argument	[arχument]
substância (f)	substansie	[substaŋsi]

hipótese (f)	hipotese	[hipotesə]
dilema (m)	dilemma	[dilɛmma]
tese (f)	proefskrif	[prufskrif]
dogma (m)	dogma	[doχma]

doutrina (f)	doktrine	[doktrinə]
pesquisa (f)	navorsing	[naforsiŋ]
pesquisar (vt)	navors	[nafors]
testes (m pl)	toetse	[tutsə]
laboratório (m)	laboratorium	[laboratorium]

método (m)	metode	[metodə]
molécula (f)	molekule	[molekulə]
monitoramento (m)	monitering	[moniteriŋ]
descoberta (f)	ontdekking	[ontdɛkkiŋ]

postulado (m)	postulaat	[postulãt]
princípio (m)	beginsel	[beχinsəl]
prognóstico (previsão)	voorspelling	[foərspɛlliŋ]
prognosticar (vt)	voorspel	[foərspəl]

síntese (f)	sintese	[sintesə]
tendência (f)	tendens	[tendɛŋs]
teorema (m)	stelling	[stɛlliŋ]

| ensinamentos (m pl) | leer | [leər] |
| fato (m) | feit | [fæjt] |

| expedição (f) | ekspedisie | [ɛkspedisi] |
| experiência (f) | eksperiment | [ɛksperiment] |

acadêmico (m)	akademikus	[akademikus]
bacharel (m)	baccalaureus	[bakalɔurøəs]
doutor (m)	doktor	[doktor]
professor (m) associado	medeprofessor	[medə·profɛssor]
mestrado (m)	Magister	[maχistər]
professor (m)	professor	[profɛssor]

Profissões e ocupações

123. Procura de emprego. Demissão

trabalho (m)	baantjie	[bãnki]
equipe (f)	personeel	[personeəl]
pessoal (m)	personeel	[personeəl]
carreira (f)	loopbaan	[loəpbãn]
perspectivas (f pl)	vooruitsigte	[foərœit·siχtə]
habilidades (f pl)	meesterskap	[meəsterskap]
seleção (f)	seleksie	[seleksi]
agência (f) de emprego	arbeidsburo	[arbæjds·buro]
currículo (m)	curriculum vitae	[kurrikulum fitaə]
entrevista (f) de emprego	werksonderhoud	[werk·ondərhæʋt]
vaga (f)	vakature	[fakaturə]
salário (m)	salaris	[salaris]
salário (m) fixo	vaste salaris	[fastə salaris]
pagamento (m)	loon	[loən]
cargo (m)	posisie	[posisi]
dever (do empregado)	taak	[tãk]
gama (f) de deveres	reeks opdragte	[reəks opdraχtə]
ocupado (adj)	besig	[besəχ]
despedir, demitir (vt)	afdank	[afdank]
demissão (f)	afdanking	[afdankiŋ]
desemprego (m)	werkloosheid	[verkloəshæjt]
desempregado (m)	werkloos	[verkloəs]
aposentadoria (f)	pensioen	[pɛnsiun]
aposentar-se (vr)	met pensioen gaan	[met pɛnsiun χãn]

124. Gente de negócios

diretor (m)	direkteur	[direktøər]
gerente (m)	bestuurder	[bestɪrdər]
patrão, chefe (m)	baas	[bãs]
superior (m)	hoof	[hoəf]
superiores (m pl)	hoofde	[hoəfdə]
presidente (m)	direkteur	[direktøər]
chairman (m)	voorsitter	[foərsittər]
substituto (m)	adjunk	[adjunk]
assistente (m)	assistent	[assistent]

| secretário (m) | sekretaris | [sekretaris] |
| secretário (m) pessoal | persoonlike assistent | [persoənlikə assistent] |

homem (m) de negócios	sakeman	[sakəman]
empreendedor (m)	entrepreneur	[ɛntrəprenøər]
fundador (m)	stigter	[stiχtər]
fundar (vt)	stig	[stiχ]

principiador (m)	stigter	[stiχtər]
parceiro, sócio (m)	vennoot	[fɛnnoət]
acionista (m)	aandeelhouer	[āndeəl·hæʋər]

milionário (m)	miljoenêr	[miljunær]
bilionário (m)	miljardêr	[miljardær]
proprietário (m)	eienaar	[æjenãr]
proprietário (m) de terras	grondeienaar	[χront·æjenãr]

cliente (m)	kliënt	[kliɛnt]
cliente (m) habitual	vaste kliënt	[fastə kliɛnt]
comprador (m)	koper	[kopər]
visitante (m)	besoeker	[besukər]

profissional (m)	professioneel	[profɛssioneəl]
perito (m)	kenner	[kɛnnər]
especialista (m)	spesialis	[spesialis]

| banqueiro (m) | bankier | [bankir] |
| corretor (m) | makelaar | [makəlãr] |

caixa (m, f)	kassier	[kassir]
contador (m)	boekhouer	[bukhæʋər]
guarda (m)	veiligheidswag	[fæjliχæjts·waχ]

investidor (m)	belegger	[beleχər]
devedor (m)	skuldenaar	[skuldenãr]
credor (m)	krediteur	[kreditøər]
mutuário (m)	lener	[lenər]

| importador (m) | invoerder | [infurdər] |
| exportador (m) | uitvoerder | [œitfurdər] |

produtor (m)	produsent	[produsent]
distribuidor (m)	verdeler	[ferdelər]
intermediário (m)	tussenpersoon	[tussən·persoən]

consultor (m)	raadgewer	[rāt·χevər]
representante comercial	verkoopsagent	[ferkoəps·aχent]
agente (m)	agent	[aχent]
agente (m) de seguros	versekeringsagent	[fersəkeriŋs·aχent]

125. Profissões de serviços

| cozinheiro (m) | kok | [kok] |
| chefe (m) de cozinha | sjef | [ʃef] |

padeiro (m)	bakker	[bakkər]
barman (m)	kroegman	[kruχman]
garçom (m)	kelner	[kɛlnər]
garçonete (f)	kelnerin	[kɛlnərin]

advogado (m)	advokaat	[adfokãt]
jurista (m)	prokureur	[prokurøər]
notário (m)	notaris	[notaris]

eletricista (m)	elektrisiën	[ɛlektrisiɛn]
encanador (m)	loodgieter	[loədχitər]
carpinteiro (m)	timmerman	[timmerman]

massagista (m)	masseerder	[masseərdər]
massagista (f)	masseerster	[masseərstər]
médico (m)	dokter	[doktər]

taxista (m)	taxibestuurder	[taksi·bestɪrdər]
condutor (automobilista)	bestuurder	[bestɪrdər]
entregador (m)	koerier	[kurir]

camareira (f)	kamermeisie	[kamər·mæjsi]
guarda (m)	veiligheidswag	[fæjliχæjts·waχ]
aeromoça (f)	lugwaardin	[luχ·wãrdin]

professor (m)	onderwyser	[ondərwajsər]
bibliotecário (m)	bibliotekaris	[bibliotekaris]
tradutor (m)	vertaler	[fertalər]
intérprete (m)	tolk	[tolk]
guia (m)	gids	[χids]

cabeleireiro (m)	haarkapper	[hãr·kappər]
carteiro (m)	posbode	[pos·bodə]
vendedor (m)	verkoper	[ferkopər]

jardineiro (m)	tuinman	[tœin·man]
criado (m)	bediende	[bedində]
criada (f)	bediende	[bedində]
empregada (f) de limpeza	skoonmaakster	[skoən·mãkstər]

126. Profissões militares e postos

soldado (m) raso	soldaat	[soldãt]
sargento (m)	sersant	[sersant]
tenente (m)	luitenant	[lœitənant]
capitão (m)	kaptein	[kaptæjn]

major (m)	majoor	[majoər]
coronel (m)	kolonel	[kolonəl]
general (m)	generaal	[χenerãl]
marechal (m)	maarskalk	[mãrskalk]
almirante (m)	admiraal	[admirãl]
militar (m)	leër	[leɛr]
soldado (m)	soldaat	[soldãt]

| oficial (m) | offisier | [offisir] |
| comandante (m) | kommandant | [kommandant] |

guarda (m) de fronteira	grenswag	[χrɛŋs·waχ]
operador (m) de rádio	radio-operateur	[radio-operatøər]
explorador (m)	verkenner	[fɛrkɛnnər]
sapador-mineiro (m)	sappeur	[sappøər]
atirador (m)	skutter	[skuttər]
navegador (m)	navigator	[nafiχator]

127. Oficiais. Padres

| rei (m) | koning | [koniŋ] |
| rainha (f) | koningin | [koniŋin] |

| príncipe (m) | prins | [prins] |
| princesa (f) | prinses | [prinsəs] |

| czar (m) | tsaar | [tsãr] |
| czarina (f) | tsarina | [tsarina] |

presidente (m)	president	[president]
ministro (m)	minister	[ministər]
primeiro-ministro (m)	eerste minister	[eərstə ministər]
senador (m)	senator	[senator]

diplomata (m)	diplomaat	[diplomãt]
cônsul (m)	konsul	[koŋsul]
embaixador (m)	ambassadeur	[ambassadøər]
conselheiro (m)	adviseur	[adfisøər]

funcionário (m)	amptenaar	[amptənar]
prefeito (m)	prefek	[prefek]
Presidente (m) da Câmara	burgermeester	[burgər·meəstər]

| juiz (m) | regter | [reχtər] |
| procurador (m) | aanklaer | [ãnklaər] |

missionário (m)	sendeling	[sendəliŋ]
monge (m)	monnik	[monnik]
abade (m)	ab	[ap]
rabino (m)	rabbi	[rabbi]

vizir (m)	visier	[fisir]
xá (m)	sjah	[ʃah]
xeique (m)	sjeik	[ʃæjk]

128. Profissões agrícolas

abelheiro (m)	byeboer	[bajebur]
pastor (m)	herder	[herdər]
agrônomo (m)	landboukundige	[landbæu·kundiχə]

| criador (m) de gado | veeteler | [feə·telər] |
| veterinário (m) | veearts | [feə·arts] |

agricultor, fazendeiro (m)	boer	[bur]
vinicultor (m)	wynmaker	[vajn·makər]
zoólogo (m)	dierkundige	[dir·kundiχə]
vaqueiro (m)	cowboy	[kovboj]

129. Profissões artísticas

| ator (m) | akteur | [aktøər] |
| atriz (f) | aktrise | [aktrisə] |

| cantor (m) | sanger | [saŋər] |
| cantora (f) | sangeres | [saŋəres] |

| bailarino (m) | danser | [daŋsər] |
| bailarina (f) | danseres | [daŋsəres] |

| artista (m) | verhoogkunstenaar | [ferhoəχ·kunstənār] |
| artista (f) | verhoogkunstenares | [ferhoəχ·kunstənares] |

músico (m)	musikant	[musikant]
pianista (m)	pianis	[pianis]
guitarrista (m)	kitaarspeler	[kitār·spelər]

maestro (m)	dirigent	[diriχent]
compositor (m)	komponis	[komponis]
empresário (m)	impresario	[impresario]

diretor (m) de cinema	filmregisseur	[film·reχissøər]
produtor (m)	produsent	[produsent]
roteirista (m)	draaiboekskrywer	[drājbuk·skrajvər]
crítico (m)	kritikus	[kritikus]

escritor (m)	skrywer	[skrajvər]
poeta (m)	digter	[diχtər]
escultor (m)	beeldhouer	[beəldhæuər]
pintor (m)	kunstenaar	[kunstənār]

malabarista (m)	jongleur	[jonχløər]
palhaço (m)	hanswors	[haŋswors]
acrobata (m)	akrobaat	[akrobāt]
ilusionista (m)	goëlaar	[χoɛlār]

130. Várias profissões

médico (m)	dokter	[doktər]
enfermeira (f)	verpleegster	[ferpleəχ·stər]
psiquiatra (m)	psigiater	[psiχiatər]
dentista (m)	tandarts	[tand·arts]
cirurgião (m)	chirurg	[ʃirurχ]

astronauta (m)	astronout	[astronæʊt]
astrônomo (m)	astronoom	[astronoəm]
piloto (m)	piloot	[piloət]

motorista (m)	bestuurder	[bestɪrdər]
maquinista (m)	treindrywer	[træjn·drajvər]
mecânico (m)	werktuigkundige	[verktœiχ·kundiχə]

mineiro (m)	mynwerker	[majn·werkər]
operário (m)	werker	[verkər]
serralheiro (m)	slotmaker	[slot·makər]
marceneiro (m)	skrynwerker	[skrajn·werkər]
torneiro (m)	draaibankwerker	[drãjbank·werkər]
construtor (m)	bouwerker	[bæʊ·verkər]
soldador (m)	sweiser	[swæjsər]

professor (m)	professor	[profɛssor]
arquiteto (m)	argitek	[arχitek]
historiador (m)	historikus	[historikus]
cientista (m)	wetenskaplike	[vetɛŋskaplikə]
físico (m)	fisikus	[fisikus]
químico (m)	skeikundige	[skæjkundiχə]

arqueólogo (m)	argeoloog	[arχeoloəχ]
geólogo (m)	geoloog	[χeoloəχ]
pesquisador (cientista)	navorser	[naforsər]

babysitter, babá (f)	babasitter	[babasittər]
professor (m)	onderwyser	[ondərwajsər]

redator (m)	redakteur	[redaktøər]
redator-chefe (m)	hoofredakteur	[hoəf·redaktøər]
correspondente (m)	korrespondent	[korrespondɛnt]
datilógrafa (f)	tikster	[tikstər]

designer (m)	ontwerper	[ontwerpər]
especialista (m)	rekenaarkenner	[rekənãr·kɛnnər]
em informática		
programador (m)	programmeur	[proχrammøər]
engenheiro (m)	ingenieur	[inχeniøər]

marujo (m)	matroos	[matroəs]
marinheiro (m)	seeman	[seəman]
socorrista (m)	redder	[rɛddər]

bombeiro (m)	brandweerman	[brantveər·man]
polícia (m)	polisieman	[polisi·man]
guarda-noturno (m)	bewaker	[bevakər]
detetive (m)	speurder	[spøərdər]

funcionário (m) da alfândega	doeanebeampte	[duanə·beamptə]
guarda-costas (m)	lyfwag	[lajf·waχ]
guarda (m) prisional	tronkbewaarder	[tronk·bevārdər]
inspetor (m)	inspekteur	[inspektøər]
esportista (m)	sportman	[sportman]
treinador (m)	breier	[bræjer]

açougueiro (m)	slagter	[slaχtər]
sapateiro (m)	skoenmaker	[skun·makər]
comerciante (m)	handelaar	[handəlãr]
carregador (m)	laaier	[lãjer]

| estilista (m) | modeontwerper | [modə·ontwerpər] |
| modelo (f) | model | [modəl] |

131. Ocupações. Estatuto social

| estudante (~ de escola) | skoolseun | [skoəl·søən] |
| estudante (~ universitária) | student | [student] |

filósofo (m)	filosoof	[filosoəf]
economista (m)	ekonoom	[εkonoəm]
inventor (m)	uitvinder	[œitfindər]

desempregado (m)	werkloos	[verkloəs]
aposentado (m)	pensioentrekker	[pεnsiun·trεkkər]
espião (m)	spioen	[spiun]

preso, prisioneiro (m)	gevangene	[χefaŋənə]
grevista (m)	staker	[stakər]
burocrata (m)	burokraat	[burokrãt]
viajante (m)	reisiger	[ræjsiχər]

homossexual (m)	gay	[χaaj]
hacker (m)	kuberkraker	[kubər·krakər]
hippie (m, f)	hippie	[hippi]

bandido (m)	bandiet	[bandit]
assassino (m)	huurmoordenaar	[hɪr·moərdenãr]
drogado (m)	dwelmslaaf	[dwεlm·slãf]
traficante (m)	dwelmhandelaar	[dwεlm·handəlãr]
prostituta (f)	prostituut	[prostitɪt]
cafetão (m)	pooier	[pojer]

bruxo (m)	towenaar	[tovenãr]
bruxa (f)	heks	[heks]
pirata (m)	piraat, seerower	[pirãt], [seə·rovər]
escravo (m)	slaaf	[slãf]
samurai (m)	samoerai	[samuraj]
selvagem (m)	wilde	[vildə]

Desportos

132. Tipos de desportos. Desportistas

esportista (m)	sportman	[sportman]
tipo (m) de esporte	sportsoorte	[sport·soərtə]
basquete (m)	basketbal	[basketbal]
jogador (m) de basquete	basketbalspeler	[basketbal·spelər]
beisebol (m)	bofbal	[bofbal]
jogador (m) de beisebol	bofbalspeler	[bofbal·spelər]
futebol (m)	sokker	[sokkər]
jogador (m) de futebol	sokkerspeler	[sokkər·spelər]
goleiro (m)	doelwagter	[dul·waχtər]
hóquei (m)	hokkie	[hokki]
jogador (m) de hóquei	hokkiespeler	[hokki·spelər]
vôlei (m)	vlugbal	[fluχbal]
jogador (m) de vôlei	vlugbalspeler	[fluχbal·spelər]
boxe (m)	boks	[boks]
boxeador (m)	bokser	[boksər]
luta (f)	stoei	[stui]
lutador (m)	stoeier	[stujer]
caratê (m)	karate	[karatə]
carateca (m)	karatevegter	[karatə·feχtər]
judô (m)	judo	[judo]
judoca (m)	judoka	[judoka]
tênis (m)	tennis	[tɛnnis]
tenista (m)	tennisspeler	[tɛnnis·spelər]
natação (f)	swem	[swem]
nadador (m)	swemmer	[swemmər]
esgrima (f)	skerm	[skerm]
esgrimista (m)	skermer	[skermər]
xadrez (m)	skaak	[skāk]
jogador (m) de xadrez	skaakspeler	[skāk·spelər]
alpinismo (m)	alpinisme	[alpinismə]
alpinista (m)	alpinis	[alpinis]
corrida (f)	hardloop	[hardloəp]

corredor (m)	hardloper	[hardlopər]
atletismo (m)	atletiek	[atletik]
atleta (m)	atleet	[atleət]

| hipismo (m) | perdry | [perdraj] |
| cavaleiro (m) | ruiter | [rœitər] |

patinação (f) artística	kunsskaats	[kuns·skãts]
patinador (m)	kunsskaatser	[kuns·skãtsər]
patinadora (f)	kunsskaatser	[kuns·skãtsər]

| halterofilismo (m) | gewigoptel | [χeviχ·optəl] |
| halterofilista (m) | gewigopteller | [χeviχ·optɛllər] |

| corrida (f) de carros | motorwedren | [motor·wedrən] |
| piloto (m) | renjaer | [renjaər] |

| ciclismo (m) | fiets | [fits] |
| ciclista (m) | fietser | [fitsər] |

salto (m) em distância	verspring	[fer·spriŋ]
salto (m) com vara	polsstokspring	[polsstok·spriŋ]
atleta (m) de saltos	springer	[spriŋər]

133. Tipos de desportos. Diversos

futebol (m) americano	sokker	[sokkər]
badminton (m)	pluimbal	[plœimbal]
biatlo (m)	tweekamp	[tweekamp]
bilhar (m)	biljart	[biljart]

bobsled (m)	bobslee	[bobsleə]
musculação (f)	liggaamsbou	[liχχãmsbæʊ]
polo (m) aquático	waterpolo	[vatər·polo]
handebol (m)	handbal	[handbal]
golfe (m)	gholf	[golf]

remo (m)	roei	[rui]
mergulho (m)	duik	[dœik]
corrida (f) de esqui	veldski	[fɛlt·ski]
tênis (m) de mesa	tafeltennis	[tafel·tɛnnis]

vela (f)	seil	[sæjl]
rali (m)	tydren jaag	[tajdren jãχ]
rúgbi (m)	rugby	[ragbi]
snowboard (m)	sneeuplankry	[sniʊ·plankraj]
arco-e-flecha (m)	boogskiet	[boəχ·skit]

134. Ginásio

| barra (f) | staafgewig | [stãf·χevəχ] |
| halteres (m pl) | handgewigte | [hand·χeviχtə] |

aparelho (m) de musculação	**oefenmasjien**	[ufen·maʃin]
bicicleta (f) ergométrica	**oefenfiets**	[ufen·fits]
esteira (f) de corrida	**trapmeul**	[trapmøəl]

barra (f) fixa	**rekstok**	[rekstok]
barras (f pl) paralelas	**brug**	[bruχ]
cavalo (m)	**springperd**	[spriŋ·pert]
tapete (m) de ginástica	**oefenmat**	[ufen·mat]

corda (f) de saltar	**springtou**	[spriŋ·tæʊ]
aeróbica (f)	**aërobiese oefeninge**	[aɛrobisə ufeniŋə]
ioga, yoga (f)	**joga**	[joga]

135. Hóquei

hóquei (m)	**hokkie**	[hokki]
jogador (m) de hóquei	**hokkiespeler**	[hokki·spelər]
jogar hóquei	**hokkie speel**	[hokki speəl]
gelo (m)	**ys**	[ajs]

disco (m)	**skyf**	[skajf]
taco (m) de hóquei	**hokkiestok**	[hokki·stok]
patins (m pl) de gelo	**ysskaatse**	[ajs·skãtsə]

muro (m)	**bord**	[bort]
tiro (m)	**skoot**	[skoət]

goleiro (m)	**doelwagter**	[dul·waχtər]
gol (m)	**doelpunt**	[dulpunt]

tempo (m)	**periode**	[periodə]
segundo tempo (m)	**tweede periode**	[tweədə periodə]
banco (m) de reservas	**plaasvervangersbank**	[plãs·ferfaŋərs·bank]

136. Futebol

futebol (m)	**sokker**	[sokkər]
jogador (m) de futebol	**sokkerspeler**	[sokkər·spelər]
jogar futebol	**sokker speel**	[sokkər speəl]

Time (m) Principal	**seniorliga**	[senior·liχa]
time (m) de futebol	**sokkerklub**	[sokkər·klup]
treinador (m)	**breier**	[bræjer]
proprietário (m)	**eienaar**	[æjenãr]

equipe (f)	**span**	[span]
capitão (m)	**spankaptein**	[spanə·kaptæjn]
jogador (m)	**speler**	[spelər]
jogador (m) reserva	**plaasvervanger**	[plãs·ferfaŋər]

atacante (m)	**voorspeler**	[foər·spelər]
centroavante (m)	**middelvoorspeler**	[middəlfoər·spelər]

marcador (m)	doelpuntmaker	[dulpunt·makər]
defesa (m)	verdediger	[ferdedixər]
meio-campo (m)	middelveldspeler	[middəlfɛld·spelər]

jogo (m), partida (f)	wedstryd	[vedstrajt]
encontrar-se (vr)	ontmoet	[ontmut]
final (m)	finale	[finalə]
semifinal (f)	semi-finale	[semi-finalə]
campeonato (m)	kampioenskap	[kampiunskap]

tempo (m)	helfte	[hɛlftə]
primeiro tempo (m)	eerste helfte	[eərstə hɛlftə]
intervalo (m)	rustyd	[rustajt]

goleira (f)	doel	[dul]
goleiro (m)	doelwagter	[dul·waxtər]
trave (f)	doelpale	[dul·palə]
travessão (m)	dwarslat	[dwars·lat]
rede (f)	net	[net]

bola (f)	bal	[bal]
passe (m)	deurgee	[døərxeə]
chute (m)	skop	[skop]
chutar (vt)	skop	[skop]
pontapé (m)	vryskop	[frajskop]
escanteio (m)	hoekskop	[hukskop]

ataque (m)	aanval	[ānfal]
contra-ataque (m)	teenaanval	[teən·ānfal]
combinação (f)	kombinasie	[kombinasi]

árbitro (m)	skeidsregter	[skæjds·rextər]
apitar (vi)	die fluitjie blaas	[di flœiki blās]
apito (m)	fluitsienjaal	[flœit·sinjāl]
falta (f)	oortreding	[oərtrediŋ]
expulsar (vt)	van die veld stuur	[fan di fɛlt stɪr]

cartão (m) amarelo	geel kaart	[xeəl kārt]
cartão (m) vermelho	rooi kaart	[roj kārt]
desqualificação (f)	diskwalifikasie	[diskvalifikasi]
desqualificar (vt)	diskwalifiseer	[diskvalifiseər]

pênalti (m)	strafskop	[strafskop]
barreira (f)	muur	[mɪr]
marcar (vt)	doel aanteken	[dul āntekən]
gol (m)	doelpunt	[dulpunt]

substituição (f)	plaasvervanging	[plās·ferfaŋiŋ]
substituir (vt)	vervang	[ferfaŋ]
regras (f pl)	reëls	[reɛls]
tática (f)	taktiek	[taktik]

estádio (m)	stadion	[stadion]
arquibancadas (f pl)	tribune	[tribunə]
fã, torcedor (m)	ondersteuner	[ondərstøənər]
gritar (vi)	skreeu	[skriʋ]

| placar (m) | telbord | [tɛlbort] |
| resultado (m) | stand | [stant] |

derrota (f)	nederlaag	[nedərlāχ]
perder (vt)	verloor	[ferloər]
empate (m)	gelykspel	[χelajkspəl]
empatar (vi)	gelykop speel	[χelajkop speəl]

vitória (f)	oorwinning	[oərwinniŋ]
vencer (vi, vt)	wen	[ven]
campeão (m)	kampioen	[kampiun]
melhor (adj)	beste	[bestə]
felicitar (vt)	gelukwens	[χelukwɛŋs]

comentarista (m)	kommentator	[kommentator]
comentar (vt)	verslag lewer	[ferslaχ levər]
transmissão (f)	uitsending	[œitsendiŋ]

137. Esqui alpino

esquiar (vi)	ski	[ski]
estação (f) de esqui	berg ski-oord	[berχ ski-oərt]
teleférico (m)	skihysbak	[ski·hajsbak]

bastões (m pl) de esqui	skistokke	[ski·stokkə]
declive (m)	helling	[hɛlliŋ]
slalom (m)	slalom	[slalom]

138. Tênis. Golfe

golfe (m)	gholf	[golf]
clube (m) de golfe	gholfklub	[golf·klup]
jogador (m) de golfe	gholfspeler	[golf·spelər]

buraco (m)	putjie	[puki]
taco (m)	gholfstok	[golf·stok]
trolley (m)	gholfkarretjie	[golf·karrəki]

tênis (m)	tennis	[tɛnnis]
quadra (f) de tênis	tennisbaan	[tɛnnis·bān]
saque (m)	afslaan	[afslān]
sacar (vi)	afslaan	[afslān]
raquete (f)	raket	[raket]
rede (f)	net	[net]
bola (f)	bal	[bal]

139. Xadrez

| xadrez (m) | skaak | [skāk] |
| peças (f pl) de xadrez | skaakstukke | [skāk·stukkə] |

jogador (m) de xadrez	skaakspeler	[skāk·spelər]
tabuleiro (m) de xadrez	skaakbord	[skāk·bort]
peça (f)	stuk	[stuk]

brancas (f pl)	wit	[vit]
pretas (f pl)	swart	[swart]

peão (m)	pion	[pion]
bispo (m)	loper	[lopər]
cavalo (m)	ruiter	[rœitər]
torre (f)	toring	[toriŋ]
dama (f)	dame	[damə]
rei (m)	koning	[koniŋ]

vez (f)	skuif	[skœif]
mover (vt)	skuif	[skœif]
sacrificar (vt)	opoffer	[opoffər]
roque (m)	rokade	[rokadə]
xeque (m)	skaak	[skāk]
xeque-mate (m)	skaakmat	[skāk·mat]

torneio (m) de xadrez	skaakwedstryd	[skāk·wedstrajt]
grão-mestre (m)	Grootmeester	[χroet·meestər]
combinação (f)	kombinasie	[kombinasi]
partida (f)	spel	[spel]
jogo (m) de damas	damspel	[dam·spəl]

140. Boxe

boxe (m)	boks	[boks]
combate (m)	geveg	[χefeχ]
luta (f) de boxe	boksgeveg	[boks·χefəχ]
round (m)	rondte	[rondtə]

ringue (m)	kryt	[krajt]
gongo (m)	gong	[χoŋ]

murro, soco (m)	hou	[hæʊ]
derrubada (f)	uitklophou	[œitklophæʊ]
nocaute (m)	uitklophou	[œitklophæʊ]
nocautear (vt)	uitklophou plant	[œitklophæʊ plant]
luva (f) de boxe	bokshandskoen	[boks·handskun]
juiz (m)	skeidsregter	[skæjds·reχtər]

peso-pena (m)	liggegewig	[liχχə·χevəχ]
peso-médio (m)	middelgewig	[middəl·χevəχ]
peso-pesado (m)	swaargewig	[swār·χevəχ]

141. Desportos. Diversos

Jogos (m pl) Olímpicos	Olimpiese Spele	[olimpisə spelə]
vencedor (m)	oorwinnaar	[oərwinnār]

| vencer (vi) | wen | [ven] |
| vencer (vi, vt) | wen | [ven] |

| líder (m) | leier | [læjer] |
| liderar (vt) | lei | [læj] |

primeiro lugar (m)	eerste plek	[eərstə plek]
segundo lugar (m)	tweede plek	[tweedə plek]
terceiro lugar (m)	derde plek	[derdə plek]

medalha (f)	medalje	[medalje]
troféu (m)	trofee	[trofeə]
taça (f)	beker	[bekər]
prêmio (m)	prys	[prajs]
prêmio (m) principal	hoofprys	[hoəf·prajs]
recorde (m)	rekord	[rekort]

| final (m) | finale | [finalə] |
| final (adj) | finale | [finalə] |

| campeão (m) | kampioen | [kampiun] |
| campeonato (m) | kampioenskap | [kampiunskap] |

estádio (m)	stadion	[stadion]
arquibancadas (f pl)	tribune	[tribunə]
fã, torcedor (m)	ondersteuner	[ondərstøənər]
adversário (m)	teëstander	[teɛstandər]

| partida (f) | wegspringplek | [veχspriŋ·plek] |
| linha (f) de chegada | eindstreep | [æjnd·streəp] |

| derrota (f) | nederlaag | [nedərlãχ] |
| perder (vt) | verloor | [ferloər] |

árbitro, juiz (m)	skeidsregter	[skæjds·reχtər]
júri (m)	beoordelaars	[be·oərdelãrs]
resultado (m)	stand	[stant]
empate (m)	gelykspel	[χelajkspəl]
empatar (vi)	gelykop speel	[χelajkop speəl]
ponto (m)	punt	[punt]
resultado (m) final	puntestand	[puntəstant]

| tempo (m) | periode | [periodə] |
| intervalo (m) | rustyd | [rustajt] |

doping (m)	opkikkers	[opkikkərs]
penalizar (vt)	straf	[straf]
desqualificar (vt)	diskwalifiseer	[diskwalifiseər]

aparelho, aparato (m)	apparaat	[apparãt]
dardo (m)	spies	[spis]
peso (m)	koeël	[kuɛl]
bola (f)	bal	[bal]

| alvo, objetivo (m) | doelwit | [dulwit] |
| alvo (~ de papel) | teiken | [tæjkən] |

| disparar, atirar (vi) | skiet | [skit] |
| preciso (tiro ~) | akkuraat | [akkurãt] |

treinador (m)	breier	[bræjer]
treinar (vt)	afrig	[afrəχ]
treinar-se (vr)	oefen	[ufen]
treino (m)	oefen	[ufen]

academia (f) de ginástica	gimnastieksaal	[χimnastik·sãl]
exercício (m)	oefening	[ufeniŋ]
aquecimento (m)	opwarm	[opwarm]

Educação

142. Escola

escola (f)	skool	[skoəl]
diretor (m) de escola	prinsipaal	[prinsipāl]
aluno (m)	leerder	[leərdər]
aluna (f)	leerder	[leərdər]
estudante (m)	skoolseun	[skoəl·søən]
estudante (f)	skooldogter	[skoəl·doχtər]
ensinar (vt)	leer	[leər]
aprender (vt)	leer	[leər]
decorar (vt)	van buite leer	[fan bœitə leər]
estudar (vi)	leer	[leər]
estar na escola	op skool wees	[op skoəl veəs]
ir à escola	skooltoe gaan	[skoəltu χān]
alfabeto (m)	alfabet	[alfabet]
disciplina (f)	vak	[fak]
sala (f) de aula	klaskamer	[klas·kamər]
lição, aula (f)	les	[les]
recreio (m)	pouse	[pæʊsə]
toque (m)	skoolbel	[skoəl·bəl]
classe (f)	skoolbank	[skoəl·bank]
quadro (m) negro	bord	[bort]
nota (f)	simbool	[simboəl]
boa nota (f)	goeie punt	[χuje punt]
nota (f) baixa	slegte punt	[sleχtə punt]
erro (m)	fout	[fæʊt]
errar (vi)	foute maak	[fæʊtə māk]
corrigir (~ um erro)	korrigeer	[korriχeər]
cola (f)	afskryfbriefie	[afskrajf·brifi]
dever (m) de casa	huiswerk	[hœis·werk]
exercício (m)	oefening	[ufeniŋ]
estar presente	aanwesig wees	[ānwesəχ veəs]
estar ausente	afwesig wees	[afwesəχ veəs]
faltar às aulas	stokkies draai	[stokkis drāj]
punir (vt)	straf	[straf]
punição (f)	straf	[straf]
comportamento (m)	gedrag	[χedraχ]

boletim (m) escolar	rapport	[rapport]
lápis (m)	potlood	[potloət]
borracha (f)	uitveër	[œitfeɛr]
giz (m)	kryt	[krajt]
porta-lápis (m)	potloodsakkie	[potloət·sakki]
mala, pasta, mochila (f)	boekesak	[bukə·sak]
caneta (f)	pen	[pen]
caderno (m)	skryfboek	[skrajf·buk]
livro (m) didático	handboek	[hand·buk]
compasso (m)	passer	[passər]
traçar (vt)	tegniese tekeninge maak	[teχnisə tekənikə mãk]
desenho (m) técnico	tegniese tekening	[teχnisə tekəniŋ]
poesia (f)	gedig	[χedəχ]
de cor	van buite	[fan bœitə]
decorar (vt)	van buite leer	[fan bœitə leər]
férias (f pl)	skoolvakansie	[skoəl·fakaŋsi]
estar de férias	met vakansie wees	[met fakaŋsi veəs]
passar as férias	jou vakansie deurbring	[jæʊ fakaŋsi døərbriŋ]
teste (m), prova (f)	toets	[tuts]
redação (f)	opstel	[opstəl]
ditado (m)	diktee	[dikteə]
exame (m), prova (f)	eksamen	[ɛksamen]
experiência (~ química)	eksperiment	[ɛksperiment]

143. Colégio. Universidade

academia (f)	akademie	[akademi]
universidade (f)	universiteit	[unifersitæjt]
faculdade (f)	fakulteit	[fakultæjt]
estudante (m)	student	[student]
estudante (f)	student	[student]
professor (m)	lektor	[lektor]
auditório (m)	lesingsaal	[lesiŋ·sãl]
graduado (m)	gegradueerde	[χeχradueərdə]
diploma (m)	sertifikaat	[sertifikãt]
tese (f)	proefskrif	[prufskrif]
estudo (obra)	navorsing	[naforsiŋ]
laboratório (m)	laboratorium	[laboratorium]
palestra (f)	lesing	[lesiŋ]
colega (m) de curso	medestudent	[mede·student]
bolsa (f) de estudos	beurs	[bøərs]
grau (m) acadêmico	akademiese graad	[akademisə χrãt]

144. Ciências. Disciplinas

matemática (f)	wiskunde	[viskundə]
álgebra (f)	algebra	[alχebra]
geometria (f)	meetkunde	[meetkundə]
astronomia (f)	astronomie	[astronomi]
biologia (f)	biologie	[bioloχi]
geografia (f)	geografie	[χeoχrafi]
geologia (f)	geologie	[χeoloχi]
história (f)	geskiedenis	[χeskidenis]
medicina (f)	geneeskunde	[χenees·kundə]
pedagogia (f)	pedagogie	[pedaχoχi]
direito (m)	regte	[reχtə]
física (f)	fisika	[fisika]
química (f)	chemie	[χemi]
filosofia (f)	filosofie	[filosofi]
psicologia (f)	sielkunde	[silkundə]

145. Sistema de escrita. Ortografia

gramática (f)	grammatika	[χrammatika]
vocabulário (m)	woordeskat	[voərdeskat]
fonética (f)	fonetika	[fonetika]
substantivo (m)	selfstandige naamwoord	[sɛlfstandiχə nãmwoərt]
adjetivo (m)	byvoeglike naamwoord	[bajfuχlikə nãmvoərt]
verbo (m)	werkwoord	[verk·woərt]
advérbio (m)	bijwoord	[bij·woərt]
pronome (m)	voornaamwoord	[foərnãm·voərt]
interjeição (f)	tussenwerpsel	[tussən·werpsəl]
preposição (f)	voorsetsel	[foərsetsəl]
raiz (f)	stam	[stam]
terminação (f)	agtervoegsel	[aχtər·fuχsəl]
prefixo (m)	voorvoegsel	[foər·fuχsəl]
sílaba (f)	lettergreep	[lɛttər·χreəp]
sufixo (m)	agtervoegsel, suffiks	[aχtər·fuχsəl], [suffiks]
acento (m)	klemteken	[klem·tekən]
apóstrofo (f)	afkappingsteken	[afkappiŋs·tekən]
ponto (m)	punt	[punt]
vírgula (f)	komma	[komma]
ponto e vírgula (m)	kommapunt	[komma·punt]
dois pontos (m pl)	dubbelpunt	[dubbəl·punt]
reticências (f pl)	beletselteken	[beletsəl·tekən]
ponto (m) de interrogação	vraagteken	[frãχ·tekən]
ponto (m) de exclamação	uitroepteken	[œitrup·tekən]

aspas (f pl)	aanhalingstekens	[ãnhaliŋs·tekəŋs]
entre aspas	tussen aanhalingstekens	[tussən ãnhaliŋs·tekəŋs]
parênteses (m pl)	hakies	[hakis]
entre parênteses	tussen hakies	[tussən hakis]

hífen (m)	koppelteken	[koppəl·tekən]
travessão (m)	strepie	[strepi]
espaço (m)	spasie	[spasi]

letra (f)	letter	[lɛttər]
letra (f) maiúscula	hoofletter	[hoəf·lɛttər]

vogal (f)	klinker	[klinkər]
consoante (f)	konsonant	[kɔŋsonant]

frase (f)	sin	[sin]
sujeito (m)	onderwerp	[ondərwerp]
predicado (m)	predikaat	[predikãt]

linha (f)	reël	[reɛl]
parágrafo (m)	paragraaf	[paraχrãf]

palavra (f)	woord	[voərt]
grupo (m) de palavras	woordgroep	[voərt·χrup]
expressão (f)	uitdrukking	[œitdrukkiŋ]
sinônimo (m)	sinoniem	[sinonim]
antônimo (m)	antoniem	[antonim]

regra (f)	reël	[reɛl]
exceção (f)	uitsondering	[œitsondəriŋ]
correto (adj)	korrek	[korrek]

conjugação (f)	vervoeging	[ferfuχiŋ]
declinação (f)	verbuiging	[ferbœəχiŋ]
caso (m)	naamval	[nãmfal]
pergunta (f)	vraag	[frãχ]
sublinhar (vt)	onderstreep	[ondərstreəp]
linha (f) pontilhada	stippellyn	[stippəl·lajn]

146. Línguas estrangeiras

língua (f)	taal	[tãl]
estrangeiro (adj)	vreemd	[freəmt]
língua (f) estrangeira	vreemde taal	[freəmdə tãl]
estudar (vt)	studeer	[studeər]
aprender (vt)	leer	[leər]

ler (vt)	lees	[leəs]
falar (vi)	praat	[prãt]
entender (vt)	verstaan	[ferstãn]
escrever (vt)	skryf	[skrajf]

rapidamente	vinnig	[finnəχ]
devagar, lentamente	stadig	[stadəχ]

fluentemente	vlot	[flot]
regras (f pl)	reëls	[reɛls]
gramática (f)	grammatika	[χrammatika]
vocabulário (m)	woordeskat	[voərdeskat]
fonética (f)	fonetika	[fonetika]

livro (m) didático	handboek	[hand·buk]
dicionário (m)	woordeboek	[voərdə·buk]
manual (m) autodidático	selfstudie boek	[sɛlfstudi buk]
guia (m) de conversação	taalgids	[tāl·χids]

fita (f) cassete	kasset	[kasset]
videoteipe (m)	videoband	[video·bant]
CD (m)	CD	[se·de]
DVD (m)	DVD	[de·fe·de]

alfabeto (m)	alfabet	[alfabet]
soletrar (vt)	spel	[spel]
pronúncia (f)	uitspraak	[œitsprāk]
sotaque (m)	aksent	[aksent]

palavra (f)	woord	[voərt]
sentido (m)	betekenis	[betekənis]

curso (m)	kursus	[kursus]
inscrever-se (vr)	inskryf	[inskrajf]
professor (m)	onderwyser	[ondərwajsər]

tradução (processo)	vertaling	[fertaliŋ]
tradução (texto)	vertaling	[fertaliŋ]
tradutor (m)	vertaler	[fertalər]
intérprete (m)	tolk	[tolk]

poliglota (m)	poliglot	[poliχlot]
memória (f)	geheue	[χəhøə]

147. Personagens de contos de fadas

Papai Noel (m)	Kersvader	[kers·fadər]
Cinderela (f)	Assepoester	[assepustər]
sereia (f)	meermin	[meərmin]
Netuno (m)	Neptunus	[neptunus]

bruxo, feiticeiro (m)	towenaar	[tovenār]
fada (f)	feetjie	[feəki]
mágico (adj)	magies	[maχis]
varinha (f) mágica	towerstaf	[tovər·staf]

conto (m) de fadas	sprokie	[sproki]
milagre (m)	wonderwerk	[vondərwerk]
anão (m)	dwerg	[dwerχ]
transformar-se em …	verander in …	[ferandər in …]
fantasma (m)	spook	[spoək]
fantasma (m)	gees	[χeəs]

monstro (m)	**monster**	[mɔŋstər]
dragão (m)	**draak**	[drãk]
gigante (m)	**reus**	[røəs]

148. Signos do Zodíaco

Áries (f)	**Ram**	[ram]
Touro (m)	**Stier**	[stir]
Gêmeos (m pl)	**Tweelinge**	[tweəliŋə]
Câncer (m)	**Kreef**	[kreəf]
Leão (m)	**Leeu**	[liʊ]
Virgem (f)	**Maagd**	[mãχt]

Libra (f)	**Weegskaal**	[veəχskãl]
Escorpião (m)	**Skerpioen**	[skerpiun]
Sagitário (m)	**Boogskutter**	[boəχskuttər]
Capricórnio (m)	**Steenbok**	[steənbok]
Aquário (m)	**Waterman**	[vatərman]
Peixes (pl)	**Visse**	[fissə]

caráter (m)	**karakter**	[karaktər]
traços (m pl) do caráter	**karaktertrekke**	[karaktər·trɛkkə]
comportamento (m)	**gedrag**	[χedraχ]
prever a sorte	**waarsê**	[vãrsɛ:]
adivinha (f)	**waarsêer**	[vãrsɛər]
horóscopo (m)	**horoskoop**	[horoskoəp]

Artes

149. Teatro

teatro (m)	teater	[teatər]
ópera (f)	opera	[opera]
opereta (f)	operette	[operɛttə]
balé (m)	ballet	[ballet]
cartaz (m)	plakkaat	[plakkāt]
companhia (f) de teatro	teatergeselskap	[teatər·xesɛlskap]
turnê (f)	toer	[tur]
estar em turnê	op toer wees	[op tur veəs]
ensaiar (vt)	repeteer	[repeteər]
ensaio (m)	repetisie	[repetisi]
repertório (m)	repertoire	[repertuarə]
apresentação (f)	voorstelling	[foərstɛlliŋ]
espetáculo (m)	opvoering	[opfuriŋ]
peça (f)	toneelstuk	[toneəl·stuk]
entrada (m)	kaartjie	[kārki]
bilheteira (f)	loket	[lokət]
hall (m)	voorportaal	[foər·portāl]
vestiário (m)	bewaarkamer	[bevār·kamər]
senha (f) numerada	bewaarkamerkaartjie	[bevār·kamər·kārki]
binóculo (m)	verkyker	[ferkajkər]
lanterninha (m)	plekaanwyser	[plek·ānwajsər]
plateia (f)	stalles	[stalles]
balcão (m)	balkon	[balkon]
primeiro balcão (m)	eerste balkon	[eərstə balkon]
camarote (m)	losie	[losi]
fila (f)	ry	[raj]
assento (m)	sitplek	[sitplek]
público (m)	gehoor	[xehoər]
espectador (m)	toehoorders	[tuhoərders]
aplaudir (vt)	klap	[klap]
aplauso (m)	applous	[applæʊs]
ovação (f)	toejuiging	[tujœəχiŋ]
palco (m)	verhoog	[ferhoəχ]
cortina (f)	gordyn	[χordajn]
cenário (m)	dekor	[dekor]
bastidores (m pl)	agter die verhoog	[aχtər di ferhoəχ]
cena (f)	toneel	[toneəl]
ato (m)	bedryf	[bedrajf]
intervalo (m)	pouse	[pæʊsə]

150. Cinema

ator (m)	akteur	[aktøər]
atriz (f)	aktrise	[aktrisə]

cinema (m)	filmbedryf	[film·bedrajf]
filme (m)	fliek	[flik]
episódio (m)	episode	[ɛpisodə]

filme (m) policial	speurfliek	[spøər·flik]
filme (m) de ação	aksiefliek	[aksi·flik]
filme (m) de aventuras	avontuurfliek	[afontɪr·flik]
filme (m) de ficção científica	wetenskapfiksiefilm	[vetɛŋskapfiksi·film]
filme (m) de horror	gruwelfliek	[χruvɛl·flik]

comédia (f)	komedie	[komedi]
melodrama (m)	melodrama	[melodrama]
drama (m)	drama	[drama]

filme (m) de ficção	rolprent	[rolprent]
documentário (m)	dokumentêre rolprent	[dokumentɛrə rolprent]
desenho (m) animado	tekenfilm	[tekən·film]
cinema (m) mudo	stilprent	[stil·prent]
papel (m)	rol	[rol]
papel (m) principal	hoofrol	[hoəf·rol]
representar (vt)	speel	[speəl]

estrela (f) de cinema	filmster	[film·stər]
conhecido (adj)	bekend	[bekent]
famoso (adj)	beroemd	[berumt]
popular (adj)	gewild	[χevilt]

roteiro (m)	draaiboek	[drãjbuk]
roteirista (m)	draaiboekskrywer	[drãjbuk·skrajvər]
diretor (m) de cinema	filmregisseur	[film·reχissøər]
produtor (m)	produsent	[produsent]
assistente (m)	assistent	[assistent]
diretor (m) de fotografia	kameraman	[kameraman]
dublê (m)	waaghals	[vãχhals]
dublê (m) de corpo	dubbel	[dubbəl]

audição (f)	filmtoets	[film·tuts]
filmagem (f)	skiet	[skit]
equipe (f) de filmagem	filmspan	[film·span]
set (m) de filmagem	rolprentstel	[rolprent·stəl]
câmera (f)	kamera	[kamera]

cinema (m)	bioskoop	[bioskoəp]
tela (f)	skerm	[skerm]

trilha (f) sonora	klankbaan	[klank·bãn]
efeitos (m pl) especiais	spesiale effekte	[spesialə ɛffektə]
legendas (f pl)	onderskrif	[ondərskrif]
crédito (m)	erkenning	[ɛrkɛnniŋ]
tradução (f)	vertaling	[fertaliŋ]

151. Pintura

arte (f)	kuns	[kuns]
belas-artes (f pl)	skone kunste	[skonə kunstə]
galeria (f) de arte	kunsgalery	[kuns·χaleraj]
exibição (f) de arte	kunsuitstalling	[kuns·œitstalliŋ]
pintura (f)	skildery	[skilderaj]
arte (f) gráfica	grafiese kuns	[χrafisə kuns]
arte (f) abstrata	abstrakte kuns	[abstraktə kuns]
impressionismo (m)	impressionisme	[imprɛssionismə]
pintura (f), quadro (m)	skildery	[skilderaj]
desenho (m)	tekening	[tekəniŋ]
cartaz, pôster (m)	plakkaat	[plakkãt]
ilustração (f)	illustrasie	[illustrasi]
miniatura (f)	miniatuur	[miniatɪr]
cópia (f)	kopie	[kopi]
reprodução (f)	reproduksie	[reproduksi]
mosaico (m)	mosaiek	[mosajek]
vitral (m)	gebrandskilderde venster	[χebrandskilderdə fɛŋstər]
afresco (m)	fresko	[fresko]
gravura (f)	gravure	[χrafurə]
busto (m)	borsbeeld	[borsbeəlt]
escultura (f)	beeldhouwerk	[beəldhæʋverk]
estátua (f)	standbeeld	[standbeəlt]
gesso (m)	gips	[χips]
em gesso (adj)	gips-	[χips-]
retrato (m)	portret	[portret]
autorretrato (m)	selfportret	[sɛlf·portret]
paisagem (f)	landskap	[landskap]
natureza (f) morta	stillewe	[stillevə]
caricatura (f)	karikatuur	[karikatɪr]
esboço (m)	skets	[skets]
tinta (f)	verf	[ferf]
aquarela (f)	waterverf	[vatər·ferf]
tinta (f) a óleo	olieverf	[oli·ferf]
lápis (m)	potlood	[potloət]
tinta (f) nanquim	Indiese ink	[indisə ink]
carvão (m)	houtskool	[hæʋts·koəl]
desenhar (vt)	teken	[tekən]
pintar (vt)	skilder	[skildər]
posar (vi)	poseer	[poseer]
modelo (m)	naakmodel	[nãkmodəl]
modelo (f)	naakmodel	[nãkmodəl]
pintor (m)	kunstenaar	[kunstenãr]
obra (f)	kunswerk	[kuns·werk]

| obra-prima (f) | meesterstuk | [meestər·stuk] |
| estúdio (m) | studio | [studio] |

tela (f)	doek	[duk]
cavalete (m)	skildersesel	[skilders·esəl]
paleta (f)	palet	[palet]

moldura (f)	raam	[rãm]
restauração (f)	restourasie	[restæʊrasi]
restaurar (vt)	restoureer	[restæʊreər]

152. Literatura & Poesia

literatura (f)	literatuur	[literatɪr]
autor (m)	skrywer	[skrajvər]
pseudônimo (m)	skuilnaam	[skœil·nãm]

livro (m)	boek	[buk]
volume (m)	deel	[deəl]
índice (m)	inhoudsopgawe	[inhæʊds·opχavə]
página (f)	bladsy	[bladsaj]
protagonista (m)	hoofkarakter	[hoəf·karaktər]
autógrafo (m)	outograaf	[æʊtoχrãf]

conto (m)	kortverhaal	[kort·ferhãl]
novela (f)	novelle	[nofɛllə]
romance (m)	roman	[roman]
obra (f)	werk	[verk]
fábula (m)	fabel	[fabəl]
romance (m) policial	speurroman	[spøər·roman]

verso (m)	gedig	[χedəχ]
poesia (f)	digkuns	[diχkuns]
poema (m)	epos	[ɛpos]
poeta (m)	digter	[diχtər]

ficção (f)	fiksie	[fiksi]
ficção (f) científica	wetenskapsfiksie	[vetɛŋskaps·fiksi]
aventuras (f pl)	avonture	[afonturə]
literatura (f) didática	opvoedkundige literatuur	[opfutkundiχə literatɪr]
literatura (f) infantil	kinderliteratuur	[kindər·literatɪr]

153. Circo

circo (m)	sirkus	[sirkus]
circo (m) ambulante	rondreisende sirkus	[rondræjsendə sirkus]
programa (m)	program	[proχram]
apresentação (f)	voorstelling	[foərstɛlliŋ]

número (m)	nommer	[nommər]
picadeiro (f)	sirkusring	[sirkus·riŋ]
pantomima (f)	pantomime	[pantomimə]

palhaço (m)	hanswors	[haŋswors]
acrobata (m)	akrobaat	[akrobāt]
acrobacia (f)	akrobatiek	[akrobatik]
ginasta (m)	gimnas	[ximnas]
ginástica (f)	gimnastiek	[ximnastik]
salto (m) mortal	salto	[salto]

homem (m) forte	atleet	[atleət]
domador (m)	temmer	[tɛmmər]
cavaleiro (m) equilibrista	ruiter	[rœitər]
assistente (m)	assistent	[assistent]

truque (m)	waaghalsige toertjie	[vāxhalsixə turki]
truque (m) de mágica	goëltoertjie	[xoɛl·turki]
ilusionista (m)	goëlaar	[xoɛlār]

malabarista (m)	jongleur	[jonxløər]
fazer malabarismos	jongleer	[jonxleər]
adestrador (m)	dresseerder	[drɛsseər·dər]
adestramento (m)	dressering	[drɛsseriŋ]
adestrar (vt)	afrig	[afrəx]

154. Música. Música popular

música (f)	musiek	[musik]
músico (m)	musikant	[musikant]
instrumento (m) musical	musiekinstrument	[musik·instrument]
tocar ...	speel ...	[speəl ...]

guitarra (f)	kitaar	[kitār]
violino (m)	viool	[fioəl]
violoncelo (m)	tjello	[tʃello]
contrabaixo (m)	kontrabas	[kontrabas]
harpa (f)	harp	[harp]

piano (m)	piano	[piano]
piano (m) de cauda	vleuelklavier	[fløɛl·klafir]
órgão (m)	orrel	[orrəl]

instrumentos (m pl) de sopro	blaasinstrumente	[blās·instrumentə]
oboé (m)	hobo	[hobo]
saxofone (m)	saksofoon	[saksofoən]
clarinete (m)	klarinet	[klarinet]
flauta (f)	dwarsfluit	[dwars·flœit]
trompete (m)	trompet	[trompet]

acordeão (m)	trekklavier	[trɛkklafir]
tambor (m)	trommel	[trommǝl]

dueto (m)	duet	[duet]
trio (m)	trio	[trio]
quarteto (m)	kwartet	[kwartet]
coro (m)	koor	[koər]
orquestra (f)	orkes	[orkes]

música (f) pop	popmusiek	[pop·musik]
música (f) rock	rockmusiek	[rok·musik]
grupo (m) de rock	rockgroep	[rok·χrup]
jazz (m)	jazz	[jazz]
ídolo (m)	held	[hɛlt]
fã, admirador (m)	bewonderaar	[bevondərãr]
concerto (m)	konsert	[kɔŋsert]
sinfonia (f)	simfonie	[simfoni]
composição (f)	komposisie	[komposisi]
compor (vt)	komponeer	[komponeər]
canto (m)	sang	[saŋ]
canção (f)	lied	[lit]
melodia (f)	wysie	[vajsi]
ritmo (m)	ritme	[ritmə]
blues (m)	blues	[blues]
notas (f pl)	bladmusiek	[blad·musik]
batuta (f)	dirigeerstok	[diriχeər·stok]
arco (m)	strykstok	[strajk·stok]
corda (f)	snaar	[snãr]
estojo (m)	houer	[hæʋər]

Descanso. Entretenimento. Viagens

155. Viagens

turismo (m)	**toerisme**	[turismə]
turista (m)	**toeris**	[turis]
viagem (f)	**reis**	[ræjs]
aventura (f)	**avontuur**	[afontɪr]
percurso (curta viagem)	**reis**	[ræjs]
férias (f pl)	**vakansie**	[fakaŋsi]
estar de férias	**met vakansie wees**	[met fakaŋsi veəs]
descanso (m)	**rus**	[rus]
trem (m)	**trein**	[træjn]
de trem (chegar ~)	**per trein**	[pər træjn]
avião (m)	**vliegtuig**	[fliχtœiχ]
de avião	**per vliegtuig**	[pər fliχtœiχ]
de carro	**per motor**	[pər motor]
de navio	**per skip**	[pər skip]
bagagem (f)	**bagasie**	[baχasi]
mala (f)	**tas**	[tas]
carrinho (m)	**bagasiekarretjie**	[baχasi·karrəki]
passaporte (m)	**paspoort**	[paspoərt]
visto (m)	**visum**	[fisum]
passagem (f)	**kaartjie**	[kārki]
passagem (f) aérea	**lugkaartjie**	[luχ·kārki]
guia (m) de viagem	**reisgids**	[ræjsχids]
mapa (m)	**kaart**	[kārt]
área (f)	**gebied**	[χebit]
lugar (m)	**plek**	[plek]
exotismo (m)	**eksotiese dinge**	[ɛksotisə diŋə]
exótico (adj)	**eksoties**	[ɛksotis]
surpreendente (adj)	**verbasend**	[ferbasent]
grupo (m)	**groep**	[χrup]
excursão (f)	**uitstappie**	[œitstappi]
guia (m)	**gids**	[χids]

156. Hotel

hospedaria (f)	**hotel**	[hotəl]
motel (m)	**motel**	[motəl]
três estrelas	**drie-ster**	[dri-stər]

| cinco estrelas | vyf-ster | [fajf-stər] |
| ficar (vi, vt) | oornag | [oərnax] |

quarto (m)	kamer	[kamər]
quarto (m) individual	enkelkamer	[ɛnkəl·kamər]
quarto (m) duplo	dubbelkamer	[dubbəl·kamər]

| meia pensão (f) | met aandete, bed en ontbyt | [met āndetə], [bet en ontbajt] |
| pensão (f) completa | volle losies | [follə losis] |

com banheira	met bad	[met bat]
com chuveiro	met stortbad	[met stort·bat]
televisão (m) por satélite	satelliet-TV	[satɛllit-te·fe]
ar (m) condicionado	lugversorger	[luxfersorxər]
toalha (f)	handdoek	[handduk]
chave (f)	sleutel	[sløetəl]

administrador (m)	bestuurder	[bestırdər]
camareira (f)	kamermeisie	[kamər·mæjsi]
bagageiro (m)	hoteljoggie	[hotəl·joxi]
porteiro (m)	portier	[portir]

restaurante (m)	restaurant	[restɔurant]
bar (m)	kroeg	[krux]
café (m) da manhã	ontbyt	[ontbajt]
jantar (m)	aandete	[āndetə]
bufê (m)	buffetete	[buffetetə]

| saguão (m) | voorportaal | [foər·portāl] |
| elevador (m) | hysbak | [hajsbak] |

| NÃO PERTURBE | MOENIE STEUR NIE | [muni støər ni] |
| PROIBIDO FUMAR! | ROOK VERBODE | [roək ferbodə] |

157. Livros. Leitura

livro (m)	boek	[buk]
autor (m)	outeur	[æʊtøər]
escritor (m)	skrywer	[skrajvər]
escrever (~ um livro)	skryf	[skrajf]

leitor (m)	leser	[lesər]
ler (vt)	lees	[leəs]
leitura (f)	lees	[leəs]

| para si | stil | [stil] |
| em voz alta | hardop | [hardop] |

publicar (vt)	uitgee	[œitxeə]
publicação (f)	uitgee	[œitxeə]
editor (m)	uitgewer	[œitxevər]
editora (f)	uitgewery	[œitxeveraj]
sair (vi)	verskyn	[ferskajn]
lançamento (m)	verskyn	[ferskajn]

tiragem (f)	oplaag	[oplāχ]
livraria (f)	boekhandel	[buk·handəl]
biblioteca (f)	biblioteek	[biblioteek]

novela (f)	novelle	[nofɛllə]
conto (m)	kortverhaal	[kort·ferhāl]
romance (m)	roman	[roman]
romance (m) policial	speurroman	[spøər·roman]

memórias (f pl)	memoires	[memuares]
lenda (f)	legende	[leχendə]
mito (m)	mite	[mitə]

poesia (f)	poësie	[poɛsi]
autobiografia (f)	outobiografie	[æʊtobioχrafi]
obras (f pl) escolhidas	bloemlesing	[blumlesiŋ]
ficção (f) científica	wetenskapsfiksie	[vetɛŋskaps·fiksi]
título (m)	titel	[titel]
introdução (f)	inleiding	[inlæjdiŋ]
folha (f) de rosto	titelblad	[titel·blat]

capítulo (m)	hoofstuk	[hoəfstuk]
excerto (m)	fragment	[fraχment]
episódio (m)	episode	[ɛpisodə]

enredo (m)	plot	[plot]
conteúdo (m)	inhoud	[inhæʊt]
índice (m)	inhoudsopgawe	[inhæʊds·opχavə]
protagonista (m)	hoofkarakter	[hoəf·karaktər]

volume (m)	deel	[deəl]
capa (f)	omslag	[omslaχ]
encadernação (f)	band	[bant]
marcador (m) de página	bladwyser	[blat·vajsər]

página (f)	bladsy	[bladsaj]
folhear (vt)	deurblaai	[døərblāi]
margem (f)	marges	[marχəs]
anotação (f)	annotasie	[annotasi]
nota (f) de rodapé	voetnota	[fut·nota]

texto (m)	teks	[teks]
fonte (f)	lettertipe	[lɛttər·tipə]
falha (f) de impressão	drukfout	[druk·fæʊt]

tradução (f)	vertaling	[fertaliŋ]
traduzir (vt)	vertaal	[fertāl]
original (m)	oorspronklike	[oərspronklikə]

famoso (adj)	beroemd	[berumt]
desconhecido (adj)	onbekend	[onbekent]
interessante (adj)	interessante	[interessantə]
best-seller (m)	blitsverkoper	[blits·ferkopər]
dicionário (m)	woordeboek	[voərdə·buk]
livro (m) didático	handboek	[hand·buk]
enciclopédia (f)	ensiklopedie	[ɛŋsiklopedi]

158. Caça. Pesca

caça (f)	jag	[jaχ]
caçar (vi)	jag	[jaχ]
caçador (m)	jagter	[jaχtər]
disparar, atirar (vi)	skiet	[skit]
rifle (m)	geweer	[χeveər]
cartucho (m)	patroon	[patroən]
chumbo (m) de caça	hael	[haəl]
armadilha (f)	slagyster	[slaχ·ajstər]
armadilha (com corda)	valstrik	[falstrik]
cair na armadilha	in die valstrik trap	[in di falstrik trap]
pôr a armadilha	n valstrik lê	[ə falstrik lɛ:]
caçador (m) furtivo	wildstroper	[vilt·stropər]
caça (animais)	wild	[vilt]
cão (m) de caça	jaghond	[jaχ·hont]
safári (m)	safari	[safari]
animal (m) empalhado	opgestopte dier	[opχestoptə dir]
pescador (m)	visterman	[fisterman]
pesca (f)	vis vang	[fis faŋ]
pescar (vt)	vis vang	[fis faŋ]
vara (f) de pesca	visstok	[fis·stok]
linha (f) de pesca	vislyn	[fis·lajn]
anzol (m)	vishoek	[fis·huk]
boia (f), flutuador (m)	vlotter	[flottər]
isca (f)	aas	[ãs]
lançar a linha	lyngooi	[lajnχoj]
morder (peixe)	byt	[bajt]
pesca (f)	vang	[faŋ]
buraco (m) no gelo	gat in die ys	[χat in di ajs]
rede (f)	visnet	[fis·net]
barco (m)	boot	[boət]
lançar a rede	die net gooi	[di net χoj]
puxar a rede	die net intrek	[di net intrek]
cair na rede	in die net val	[in di net fal]
baleeiro (m)	walvisvanger	[valfis·vaŋər]
baleeira (f)	walvisboot	[valfis·boət]
arpão (m)	harpoen	[harpun]

159. Jogos. Bilhar

bilhar (m)	biljart	[biljart]
sala (f) de bilhar	biljartkamer	[biljart·kamər]
bola (f) de bilhar	bal	[bal]
taco (m)	biljartstok	[biljart·stok]
caçapa (f)	sakkie	[sakki]

160. Jogos. Jogar cartas

ouros (m pl)	diamante	[diamantə]
espadas (f pl)	skoppens	[skoppɛns]
copas (f pl)	harte	[hartə]
paus (m pl)	klawers	[klavərs]
ás (m)	aas	[ās]
rei (m)	koning	[koniŋ]
dama (f), rainha (f)	dame	[damə]
valete (m)	boer	[bur]
carta (f) de jogar	speelkaart	[speəl·kārt]
cartas (f pl)	kaarte	[kārtə]
trunfo (m)	troefkaart	[truf·kārt]
baralho (m)	pak kaarte	[pak kārtə]
ponto (m)	punt	[punt]
dar, distribuir (vt)	uitdeel	[œitdeəl]
embaralhar (vt)	skommel	[skomməl]
vez, jogada (f)	beurt	[bøərt]
trapaceiro (m)	valsspeler	[fals·spelər]

161. Casino. Roleta

cassino (m)	kasino	[kasino]
roleta (f)	roulette	[ræʊlɛt]
aposta (f)	inset	[inset]
apostar (vt)	wed	[vet]
vermelho (m)	rooi	[roj]
preto (m)	swart	[swart]
apostar no vermelho	wed op rooi	[vet op roj]
apostar no preto	wed op swart	[vet op swart]
croupier (m, f)	kroepier	[krupir]
girar da roleta	die wiel draai	[di vil drāi]
regras (f pl) do jogo	reëls	[reɛls]
ficha (f)	tjip	[ʧip]
ganhar (vi, vt)	wen	[ven]
ganho (m)	wins	[vins]
perder (dinheiro)	verloor	[ferloər]
perda (f)	verlies	[ferlis]
jogador (m)	speler	[spelər]
blackjack, vinte-e-um (m)	blackjack	[blɛk dʒɛk]
jogo (m) de dados	dobbelspel	[dobbəl·spəl]
dados (m pl)	dobbelsteen	[dobbəl·steən]
caça-níqueis (m)	muntoutomaat	[munt·æʊtomāt]

162. Descanso. Jogos. Diversos

passear (vi)	wandel	[vandəl]
passeio (m)	wandeling	[vandəliŋ]
viagem (f) de carro	motorrit	[motor·rit]
aventura (f)	avontuur	[afontɪr]
piquenique (m)	piekniek	[piknik]
jogo (m)	spel	[spel]
jogador (m)	speler	[spelər]
partida (f)	spel	[spel]
colecionador (m)	versamelaar	[fersamelãr]
colecionar (vt)	versamel	[fersaməl]
coleção (f)	versameling	[fersameliŋ]
palavras (f pl) cruzadas	blokkiesraaisel	[blokkis·rãisəl]
hipódromo (m)	perderesiesbaan	[perdə·resisbãn]
discoteca (f)	disko	[disko]
sauna (f)	sauna	[sɔuna]
loteria (f)	lotery	[loteraj]
campismo (m)	kampeeruitstappie	[kampeer·ajtstappi]
acampamento (m)	kamp	[kamp]
barraca (f)	tent	[tɛnt]
bússola (f)	kompas	[kompas]
campista (m)	kampeerder	[kampeerdər]
ver (vt), assistir à ...	kyk	[kajk]
telespectador (m)	kyker	[kajkər]
programa (m) de TV	TV-program	[te·fe-proχram]

163. Fotografia

máquina (f) fotográfica	kamera	[kamera]
foto, fotografia (f)	foto	[foto]
fotógrafo (m)	fotograaf	[fotoχrãf]
estúdio (m) fotográfico	fotostudio	[foto·studio]
álbum (m) de fotografias	fotoalbum	[foto·album]
lente (f) fotográfica	kameralens	[kamera·lɛŋs]
lente (f) teleobjetiva	telefotolens	[telefoto·lɛŋs]
filtro (m)	filter	[filtər]
lente (f)	lens	[lɛŋs]
ótica (f)	optiek	[optik]
abertura (f)	diafragma	[diafraχma]
exposição (f)	beligtingstyd	[beliχtiŋs·tajt]
visor (m)	soeker	[sukər]
câmera (f) digital	digitale kamera	[diχitalə kamera]
tripé (m)	driepoot	[dripoət]

flash (m)	flits	[flits]
fotografar (vt)	fotografeer	[fotoχrafeər]
tirar fotos	fotografeer	[fotoχrafeər]
fotografar-se (vr)	jou portret laat maak	[jæʊ portret lāt māk]

foco (m)	fokus	[fokus]
focar (vt)	fokus	[fokus]
nítido (adj)	skerp	[skerp]
nitidez (f)	skerpheid	[skerphæjt]

contraste (m)	kontras	[kontras]
contrastante (adj)	kontrasryk	[kontrasrajk]

retrato (m)	kiekie	[kiki]
negativo (m)	negatief	[neχatif]
filme (m)	rolfilm	[rolfilm]
fotograma (m)	raampie	[rāmpi]
imprimir (vt)	druk	[druk]

164. Praia. Natação

praia (f)	strand	[strant]
areia (f)	sand	[sant]
deserto (adj)	verlate	[ferlatə]

bronzeado (m)	sonbruin kleur	[sonbrœin klØər]
bronzear-se (vr)	bruinbrand	[brœinbrant]
bronzeado (adj)	bruingebrand	[brœiŋəbrant]
protetor (m) solar	sonskermroom	[sɔŋ·skerm·roəm]

biquíni (m)	bikini	[bikini]
maiô (m)	baaikostuum	[bāj·kostɪm]
calção (m) de banho	baaibroek	[bāj·bruk]

piscina (f)	swembad	[swem·bat]
nadar (vi)	swem	[swem]
chuveiro (m), ducha (f)	stort	[stort]
mudar, trocar (vt)	verklee	[ferkleə]
toalha (f)	handdoek	[handduk]

barco (m)	boot	[boət]
lancha (f)	motorboot	[motor·boət]

esqui (m) aquático	waterski	[vatər·ski]
barco (m) de pedais	waterfiets	[vatər·fits]
surf, surfe (m)	branderplankry	[brandərplank·raj]
surfista (m)	branderplankryer	[brandərplank·rajer]

equipamento (m) de mergulho	duiklong	[dœiklɔŋ]
pé (m pl) de pato	paddavoet	[padda·fut]
máscara (f)	duikmasker	[dœik·maskər]
mergulhador (m)	duiker	[dœikər]
mergulhar (vi)	duik	[dœik]
debaixo d'água	onder water	[ondər vatər]

guarda-sol (m)	strandsambreel	[strand·sambreel]
espreguiçadeira (f)	strandstoel	[strand·stul]
óculos (m pl) de sol	sonbril	[son·bril]
colchão (m) de ar	opblaasmatras	[opblãs·matras]
brincar (vi)	speel	[speel]
ir nadar	gaan swem	[xãn swem]
bola (f) de praia	strandbal	[strand·bal]
encher (vt)	opblaas	[opblãs]
inflável (adj)	opblaas-	[opblãs-]
onda (f)	golf	[χolf]
boia (f)	boei	[bui]
afogar-se (vr)	verdrink	[ferdrink]
salvar (vt)	red	[ret]
colete (m) salva-vidas	reddingsbaadjie	[rɛddiŋs·bãdʒi]
observar (vt)	dophou	[dophæʊ]
salva-vidas (pessoa)	lewensredder	[levɛŋs·rɛddər]

EQUIPAMENTO TÉCNICO. TRANSPORTES

Equipamento técnico. Transportes

165. Computador

computador (m)	rekenaar	[rekənãr]
computador (m) portátil	skootrekenaar	[skoət·rekənãr]
ligar (vt)	aanskakel	[ãŋskakəl]
desligar (vt)	afskakel	[afskakəl]
teclado (m)	toetsbord	[tuts·bort]
tecla (f)	toets	[tuts]
mouse (m)	muis	[mœis]
tapete (m) para mouse	muismatjie	[mœis·maki]
botão (m)	knop	[knop]
cursor (m)	loper	[lopər]
monitor (m)	monitor	[monitor]
tela (f)	skerm	[skerm]
disco (m) rígido	harde skyf	[hardə skajf]
capacidade (f) do disco rígido	harde skyf se vermoë	[hardə skajf sə fermoɛ]
memória (f)	geheue	[χəhøə]
memória RAM (f)	RAM-geheue	[ram-χehøəə]
arquivo (m)	lêer	[lɛər]
pasta (f)	gids	[χids]
abrir (vt)	oopmaak	[oəpmãk]
fechar (vt)	sluit	[slœit]
salvar (vt)	bewaar	[bevãr]
deletar (vt)	uitvee	[œitfeə]
copiar (vt)	kopieer	[kopir]
ordenar (vt)	sorteer	[sorteər]
copiar (vt)	oorplaas	[oərplãs]
programa (m)	program	[proχram]
software (m)	sagteware	[saχtevarə]
programador (m)	programmeur	[proχrammøər]
programar (vt)	programmeer	[proχrammeər]
hacker (m)	kuberkraker	[kubər·krakər]
senha (f)	wagwoord	[vaχ·woərt]
vírus (m)	virus	[firus]
detectar (vt)	opspoor	[opspoər]
byte (m)	greep	[χreəp]

megabyte (m)	megagreep	[meχaχreəp]
dados (m pl)	data	[data]
base (f) de dados	databasis	[data·basis]

cabo (m)	kabel	[kabəl]
desconectar (vt)	ontkoppel	[ontkoppəl]
conectar (vt)	konnekteer	[konnekteər]

166. Internet. E-mail

internet (f)	internet	[internet]
browser (m)	webblaaier	[veb·blãjer]
motor (m) de busca	soekenjin	[suk·ɛnʤin]
provedor (m)	verskaffer	[ferskaffər]

webmaster (m)	webmeester	[veb·meəstər]
website (m)	webwerf	[veb·werf]
web page (f)	webblad	[veb·blat]

| endereço (m) | adres | [adres] |
| livro (m) de endereços | adresboek | [adres·buk] |

caixa (f) de correio	posbus	[pos·bus]
correio (m)	pos	[pos]
cheia (caixa de correio)	vol	[fol]

mensagem (f)	boodskap	[boədskap]
mensagens (f pl) recebidas	inkomende boodskappe	[inkomendə boədskappə]
mensagens (f pl) enviadas	uitgaande boodskappe	[œitχãndə boədskappə]

remetente (m)	sender	[sendər]
enviar (vt)	verstuur	[ferstɪr]
envio (m)	versending	[fersendiŋ]

| destinatário (m) | ontvanger | [ontfaŋər] |
| receber (vt) | ontvang | [ontfaŋ] |

| correspondência (f) | korrespondensie | [korrespondɛŋsi] |
| corresponder-se (vr) | korrespondeer | [korrespondeər] |

arquivo (m)	lêer	[lɛər]
fazer download, baixar (vt)	aflaai	[aflãi]
criar (vt)	skep	[skep]
deletar (vt)	uitvee	[œitfeə]
deletado (adj)	uitgevee	[œitχefeə]

conexão (f)	konneksie	[konneksi]
velocidade (f)	spoed	[sput]
modem (m)	modem	[modem]
acesso (m)	toegang	[tuχaŋ]
porta (f)	portaal	[portãl]

| conexão (f) | aansluiting | [ãŋslœitiŋ] |
| conectar (vi) | aansluit by … | [ãŋslœit baj …] |

| escolher (vt) | kies | [kis] |
| buscar (vt) | soek | [suk] |

167. Eletricidade

eletricidade (f)	elektrisiteit	[ɛlektrisitæjt]
elétrico (adj)	elektries	[ɛlektris]
planta (f) elétrica	kragstasie	[kraχ·stasi]
energia (f)	krag	[kraχ]
energia (f) elétrica	elektriese krag	[ɛlektrisə kraχ]

lâmpada (f)	gloeilamp	[χlui·lamp]
lanterna (f)	flits	[flits]
poste (m) de iluminação	straatlig	[strãtləχ]

luz (f)	lig	[liχ]
ligar (vt)	aanskakel	[ãŋskakəl]
desligar (vt)	afskakel	[afskakəl]
apagar a luz	die lig afskakel	[di liχ afskakəl]

queimar (vi)	doodbrand	[doədbrant]
curto-circuito (m)	kortsluiting	[kort·slœitiŋ]
ruptura (f)	gebreekte kabel	[χebreəktə kabəl]
contato (m)	kontak	[kontak]

interruptor (m)	ligskakelaar	[liχ·skakelãr]
tomada (de parede)	muurprop	[mɪrprop]
plugue (m)	prop	[prop]
extensão (f)	verlengkabel	[ferleŋ·kabəl]

fusível (m)	sekering	[sekəriŋ]
fio, cabo (m)	kabel	[kabəl]
instalação (f) elétrica	bedrading	[bedradiŋ]

ampère (m)	ampère	[ampɛːr]
amperagem (f)	stroomsterkte	[stroəm·sterktə]
volt (m)	volt	[folt]
voltagem (f)	spanning	[spanniŋ]

| aparelho (m) elétrico | elektriese toestel | [ɛlektrisə tustəl] |
| indicador (m) | aanduier | [ãndœiər] |

eletricista (m)	elektrisiën	[ɛlektrisiɛn]
soldar (vt)	soldeer	[soldeər]
soldador (m)	soldeerbout	[soldeər·bæʊt]
corrente (f) elétrica	elektriese stroom	[ɛlektrisə stroəm]

168. Ferramentas

ferramenta (f)	werktuig	[verktœiχ]
ferramentas (f pl)	gereedskap	[χereədskap]
equipamento (m)	toerusting	[turustiŋ]

martelo (m)	hamer	[hamər]
chave (f) de fenda	skroewedraaier	[skruvə·drãjer]
machado (m)	byl	[bajl]

serra (f)	saag	[sãχ]
serrar (vt)	saag	[sãχ]
plaina (f)	skaaf	[skãf]
aplainar (vt)	skaaf	[skãf]
soldador (m)	soldeerbout	[soldeər·bæʊt]
soldar (vt)	soldeer	[soldeər]

lima (f)	vyl	[fajl]
tenaz (f)	knyptang	[knajptaŋ]
alicate (m)	tang	[taŋ]
formão (m)	beitel	[bæjtəl]

broca (f)	boor	[boər]
furadeira (f) elétrica	elektriese boor	[ɛlektrisə boər]
furar (vt)	boor	[boər]

faca (f)	mes	[mes]
canivete (m)	sakmes	[sakmes]
lâmina (f)	lem	[lem]

afiado (adj)	skerp	[skerp]
cego (adj)	stomp	[stomp]
embotar-se (vr)	stomp raak	[stomp rãk]
afiar, amolar (vt)	slyp	[slajp]

parafuso (m)	bout	[bæʊt]
porca (f)	moer	[mur]
rosca (f)	draad	[drãt]
parafuso (para madeira)	houtskroef	[hæʊt·skruf]

prego (m)	spyker	[spajkər]
cabeça (f) do prego	kop	[kop]

régua (f)	meetlat	[meətlat]
fita (f) métrica	meetband	[meət·bant]
nível (m)	waterpas	[vatərpas]
lupa (f)	vergrootglas	[ferχroət·χlas]

medidor (m)	meetinstrument	[meət·instrument]
medir (vt)	meet	[meət]
escala (f)	skaal	[skãl]
indicação (f), registro (m)	lesings	[lesiŋs]

compressor (m)	kompressor	[komprɛssor]
microscópio (m)	mikroskoop	[mikroskoəp]

bomba (f)	pomp	[pomp]
robô (m)	robot	[robot]
laser (m)	laser	[lasər]

chave (f) de boca	moersleutel	[mur·sløətəl]
fita (f) adesiva	plakband	[plak·bant]

cola (f)	gom	[χom]
lixa (f)	skuurpapier	[skɪr·papir]
mola (f)	veer	[feər]
ímã (m)	magneet	[maχneət]
luva (f)	handskoene	[handskunə]

corda (f)	tou	[tæʊ]
cabo (~ de nylon, etc.)	tou	[tæʊ]
fio (m)	draad	[drãt]
cabo (~ elétrico)	kabel	[kabəl]

marreta (f)	voorhamer	[foər·hamər]
pé de cabra (m)	breekyster	[breəkajstər]
escada (f) de mão	leer	[leər]
escada (m)	trapleer	[trapleər]

enroscar (vt)	vasskroef	[fasskruf]
desenroscar (vt)	losskroef	[losskruf]
apertar (vt)	saampars	[sãmpars]
colar (vt)	vasplak	[fasplak]
cortar (vt)	sny	[snaj]

falha (f)	fout	[fæʊt]
conserto (m)	herstelwerk	[herstəl·werk]
consertar, reparar (vt)	herstel	[herstəl]
regular, ajustar (vt)	stel	[stəl]

verificar (vt)	nagaan	[naχãn]
verificação (f)	kontrole	[kontrolə]
indicação (f), registro (m)	lesings	[lesiŋs]

seguro (adj)	betroubaar	[betræʊbãr]
complicado (adj)	ingewikkelde	[inχəwikkɛldə]

enferrujar (vi)	roes	[rus]
enferrujado (adj)	verroes	[ferrus]
ferrugem (f)	roes	[rus]

Transportes

169. Avião

avião (m)	vliegtuig	[fliχtœiχ]
passagem (f) aérea	lugkaartjie	[luχ·kãrki]
companhia (f) aérea	lugredery	[luχrederaj]
aeroporto (m)	lughawe	[luχhavə]
supersônico (adj)	supersonies	[supersonis]
comandante (m) do avião	kaptein	[kaptæjn]
tripulação (f)	bemanning	[bemanniŋ]
piloto (m)	piloot	[piloət]
aeromoça (f)	lugwaardin	[luχ·wãrdin]
copiloto (m)	navigator	[nafiχator]
asas (f pl)	vlerke	[flerkə]
cauda (f)	stert	[stert]
cabine (f)	stuurkajuit	[stɪr·kajœit]
motor (m)	enjin	[ɛndʒin]
trem (m) de pouso	landingstel	[landiŋ·stəl]
turbina (f)	turbine	[turbinə]
hélice (f)	skroef	[skruf]
caixa-preta (f)	swart boks	[swart boks]
coluna (f) de controle	stuurstang	[stɪr·staŋ]
combustível (m)	brandstof	[brantstof]
instruções (f pl) de segurança	veiligheidskaart	[fæjliχæjts·kãrt]
máscara (f) de oxigênio	suurstofmasker	[sɪrstof·maskər]
uniforme (m)	uniform	[uniform]
colete (m) salva-vidas	reddingsbaadjie	[rɛddiŋs·bãdʒi]
paraquedas (m)	valskerm	[fal·skerm]
decolagem (f)	opstyging	[opstajχiŋ]
descolar (vi)	opstyg	[opstajχ]
pista (f) de decolagem	landingsbaan	[landiŋs·bãn]
visibilidade (f)	uitsig	[œitsəχ]
voo (m)	vlug	[fluχ]
altura (f)	hoogte	[hoəχtə]
poço (m) de ar	lugsak	[luχsak]
assento (m)	sitplek	[sitplek]
fone (m) de ouvido	koptelefoon	[kop·telefoən]
mesa (f) retrátil	voutafeltjie	[fæu·tafɛlki]
janela (f)	vliegtuigvenster	[fliχtœiχ·fɛŋstər]
corredor (m)	paadjie	[pãdʒi]

170. Comboio

trem (m)	trein	[træjn]
trem (m) elétrico	voorstedelike trein	[foerstedelike træjn]
trem (m)	sneltrein	[snɛl·træjn]
locomotiva (f) diesel	diesellokomotief	[disəl·lokomotif]
locomotiva (f) a vapor	stoomlokomotief	[stoəm·lokomotif]
vagão (f) de passageiros	passasierswa	[passasirs·wa]
vagão-restaurante (m)	eetwa	[eət·wa]
carris (m pl)	spoorstawe	[spoər·stawe]
estrada (f) de ferro	spoorweg	[spoər·weχ]
travessa (f)	dwarslêer	[dwarslɛər]
plataforma (f)	perron	[perron]
linha (f)	spoor	[spoər]
semáforo (m)	semafoor	[semafoər]
estação (f)	stasie	[stasi]
maquinista (m)	treindrywer	[træjn·drajvər]
bagageiro (m)	portier	[portir]
hospedeiro, -a (m, f)	kondukteur	[konduktøər]
passageiro (m)	passasier	[passasir]
revisor (m)	kondukteur	[konduktøər]
corredor (m)	gang	[χaŋ]
freio (m) de emergência	noodrem	[noədrem]
compartimento (m)	kompartiment	[kompartiment]
cama (f)	bed	[bet]
cama (f) de cima	boonste bed	[boəŋste bet]
cama (f) de baixo	onderste bed	[ondərste bet]
roupa (f) de cama	beddegoed	[beddə·χut]
passagem (f)	kaartjie	[kārki]
horário (m)	diensrooster	[diŋs·roəstər]
painel (m) de informação	informasiebord	[informasi·bort]
partir (vt)	vertrek	[fertrek]
partida (f)	vertrek	[fertrek]
chegar (vi)	aankom	[ānkom]
chegada (f)	aankoms	[ānkoms]
chegar de trem	aankom per trein	[ānkom pər træjn]
pegar o trem	in die trein klim	[in di træjn klim]
descer de trem	uit die trein klim	[œit di træjn klim]
acidente (m) ferroviário	treinbotsing	[træjn·botsiŋ]
descarrilar (vi)	ontspoor	[ontspoər]
locomotiva (f) a vapor	stoomlokomotief	[stoəm·lokomotif]
foguista (m)	stoker	[stokər]
fornalha (f)	stookplek	[stoəkplek]
carvão (m)	steenkool	[steən·koəl]

171. Barco

| navio (m) | skip | [skip] |
| embarcação (f) | vaartuig | [fārtœiχ] |

barco (m) a vapor	stoomboot	[stoəm·boət]
barco (m) fluvial	rivierboot	[rifir·boət]
transatlântico (m)	toerskip	[tur·skip]
cruzeiro (m)	kruiser	[krœisər]

iate (m)	jag	[jaχ]
rebocador (m)	sleepboot	[sleəp·boət]
barcaça (f)	vragskuit	[fraχ·skœit]
ferry (m)	veerboot	[feər·boət]

| veleiro (m) | seilskip | [sæjl·skip] |
| bergantim (m) | skoenerbrik | [skunər·brik] |

| quebra-gelo (m) | ysbreker | [ajs·brekər] |
| submarino (m) | duikboot | [dœik·boət] |

bote, barco (m)	roeiboot	[ruiboət]
baleeira (bote salva-vidas)	bootjie	[boəki]
bote (m) salva-vidas	reddingsboot	[rɛddiŋs·boət]
lancha (f)	motorboot	[motor·boət]

capitão (m)	kaptein	[kaptæjn]
marinheiro (m)	seeman	[seəman]
marujo (m)	matroos	[matroəs]
tripulação (f)	bemanning	[bemanniŋ]

contramestre (m)	bootsman	[boətsman]
grumete (m)	skeepsjonge	[skeəps·joŋə]
cozinheiro (m) de bordo	kok	[kok]
médico (m) de bordo	skeepsdokter	[skeəps·doktər]

convés (m)	dek	[dek]
mastro (m)	mas	[mas]
vela (f)	seil	[sæjl]

porão (m)	skeepsruim	[skeəps·rœim]
proa (f)	boeg	[buχ]
popa (f)	agterstewe	[aχtərstevə]
remo (m)	roeispaan	[ruis·pān]
hélice (f)	skroef	[skruf]

cabine (m)	kajuit	[kajœit]
sala (f) dos oficiais	offisierskajuit	[offisirs·kajœit]
sala (f) das máquinas	enjinkamer	[ɛndʒin·kamər]
ponte (m) de comando	brug	[bruχ]
sala (f) de comunicações	radiokamer	[radio·kamər]
onda (f)	golf	[χolf]
diário (m) de bordo	logboek	[loχbuk]
luneta (f)	verkyker	[ferkajkər]
sino (m)	bel	[bəl]

bandeira (f)	vlag	[flaχ]
cabo (m)	kabel	[kabəl]
nó (m)	knoop	[knoəp]

| corrimão (m) | dekleuning | [dek·løəniŋ] |
| prancha (f) de embarque | gangplank | [χaŋ·plank] |

âncora (f)	anker	[ankər]
recolher a âncora	anker lig	[ankər ləχ]
jogar a âncora	anker uitgooi	[ankər œitχoj]
amarra (corrente de âncora)	ankerketting	[ankər·kɛttiŋ]

porto (m)	hawe	[havə]
cais, amarradouro (m)	kaai	[kãi]
atracar (vi)	vasmeer	[fasmeər]
desatracar (vi)	vertrek	[fertrek]

viagem (f)	reis	[ræjs]
cruzeiro (m)	cruise	[kru:s]
rumo (m)	koers	[kurs]
itinerário (m)	roete	[rutə]

canal (m) de navegação	vaarwater	[fãr·vatər]
banco (m) de areia	sandbank	[sand·bank]
encalhar (vt)	strand	[strant]

tempestade (f)	storm	[storm]
sinal (m)	sienjaal	[sinjãl]
afundar-se (vr)	sink	[sink]
Homem ao mar!	Man oorboord!	[man oərboərd!]
SOS	SOS	[sos]
boia (f) salva-vidas	reddingsboei	[rɛddiŋs·bui]

172. Aeroporto

aeroporto (m)	lughawe	[luχhavə]
avião (m)	vliegtuig	[flivtœiχ]
companhia (f) aérea	lugredery	[luχrederaj]
controlador (m) de tráfego aéreo	lugverkeersleier	[luχ·ferkeərs·læjer]

partida (f)	vertrek	[fertrek]
chegada (f)	aankoms	[ãnkoms]
chegar (vi)	aankom	[ãnkom]

| hora (f) de partida | vertrektyd | [fertrək·tajt] |
| hora (f) de chegada | aankomstyd | [ãnkoms·tajt] |

| estar atrasado | vertraag wees | [fertrãχ veəs] |
| atraso (m) de voo | vlugvertraging | [fluχ·fertraχiŋ] |

painel (m) de informação	informasiebord	[informasi·bort]
informação (f)	informasie	[informasi]
anunciar (vt)	aankondig	[ãnkondəχ]

voo (m)	vlug	[fluχ]
alfândega (f)	doeane	[duanə]
funcionário (m) da alfândega	doeanebeampte	[duanə·beamptə]
declaração (f) alfandegária	doeaneverklaring	[duanə·ferklariŋ]
preencher (vt)	invul	[inful]
controle (m) de passaporte	paspoortkontrole	[paspoərt·kontrolə]
bagagem (f)	bagasie	[baχasi]
bagagem (f) de mão	handbagasie	[hand·baχasi]
carrinho (m)	bagasiekarretjie	[baχasi·karrəki]
pouso (m)	landing	[landiŋ]
pista (f) de pouso	landingsbaan	[landiŋs·bān]
aterrissar (vi)	land	[lant]
escada (f) de avião	vliegtuigtrap	[fliχtœiχ·trap]
check-in (m)	na die vertrektoonbank	[na di fertrək·toənbank]
balcão (m) do check-in	vertrektoonbank	[fertrək·toənbank]
fazer o check-in	na die vertrektoonbank gaan	[na di fertrək·toənbank χān]
cartão (m) de embarque	instapkaart	[instap·kārt]
portão (m) de embarque	vertrekuitgang	[fertrek·œitχaŋ]
trânsito (m)	transito	[traŋsito]
esperar (vi, vt)	wag	[vaχ]
sala (f) de espera	vertreksaal	[fertrək·sāl]
despedir-se (acompanhar)	afsien	[afsin]
despedir-se (dizer adeus)	afskeid neem	[afskæjt neəm]

173. Bicicleta. Motocicleta

bicicleta (f)	fiets	[fits]
lambreta (f)	bromponie	[bromponi]
moto (f)	motorfiets	[motorfits]
ir de bicicleta	per fiets ry	[pər fits raj]
guidão (m)	stuurstang	[stɪr·staŋ]
pedal (m)	pedaal	[pedāl]
freios (m pl)	remme	[remmə]
banco, selim (m)	fietssaal	[fits·sāl]
bomba (f)	pomp	[pomp]
bagageiro (m) de teto	bagasierak	[baχasi·rak]
lanterna (f)	fietslamp	[fits·lamp]
capacete (m)	helmet	[hɛlmet]
roda (f)	wiel	[vil]
para-choque (m)	modderskerm	[moddər·skerm]
aro (m)	velling	[fɛlliŋ]
raio (m)	speek	[speək]

Carros

174. Tipos de carros

carro, automóvel (m)	motor	[motor]
carro (m) esportivo	sportmotor	[sport·motor]
limusine (f)	limousine	[limæusinə]
todo o terreno (m)	veldvoertuig	[fɛlt·furtœix]
conversível (m)	met afslaandak	[met afslāndak]
minibus (m)	bussie	[bussi]
ambulância (f)	ambulans	[ambulaŋs]
limpa-neve (m)	sneeuploeg	[sniʋ·pluχ]
caminhão (m)	vragmotor	[fraχ·motor]
caminhão-tanque (m)	tenkwa	[tɛnk·wa]
perua, van (f)	bestelwa	[bestəl·wa]
caminhão-trator (m)	padtrekker	[pad·trɛkkər]
reboque (m)	aanhangwa	[ānhaŋ·wa]
confortável (adj)	gemaklik	[χemaklik]
usado (adj)	gebruik	[χebrœik]

175. Carros. Carroçaria

capô (m)	enjinkap	[ɛndʒin·kap]
para-choque (m)	modderskerm	[moddər·skerm]
teto (m)	dak	[dak]
para-brisa (m)	voorruit	[foər·rœit]
retrovisor (m)	truspieël	[tru·spiɛl]
esguicho (m)	voorruitsproer	[foər·rœitsprur]
limpadores (m) de para-brisas	ruitveërs	[rœit·feɛrs]
vidro (m) lateral	syvenster	[saj·fɛŋstər]
elevador (m) do vidro	vensterhyser	[fɛŋstər·hajsər]
antena (f)	lugdraad	[luχdrāt]
teto (m) solar	sondak	[sondak]
para-choque (m)	buffer	[buffər]
porta-malas (f)	bagasiebak	[baχasi·bak]
bagageira (f)	dakreling	[dak·reliŋ]
porta (f)	deur	[døər]
maçaneta (f)	handvatsel	[hand·fatsəl]
fechadura (f)	deurslot	[døər·slot]
placa (f)	nommerplaat	[nommər·plāt]
silenciador (m)	knaldemper	[knal·dempər]

| tanque (m) de gasolina | petroltenk | [petrol·tɛnk] |
| tubo (m) de exaustão | uitlaatpyp | [œitlât·pajp] |

acelerador (m)	gaspedaal	[χas·pedãl]
pedal (m)	pedaal	[pedãl]
pedal (m) do acelerador	gaspedaal	[χas·pedãl]

freio (m)	rem	[rem]
pedal (m) do freio	rempedaal	[rem·pedãl]
frear (vt)	remtrap	[remtrap]
freio (m) de mão	parkeerrem	[parkeǝr·rem]

embreagem (f)	koppelaar	[koppelãr]
pedal (m) da embreagem	koppelaarpedaal	[koppelãr·pedãl]
disco (m) de embreagem	koppelaarskyf	[koppelãr·skajf]
amortecedor (m)	skokbreker	[skok·brekǝr]

roda (f)	wiel	[vil]
pneu (m) estepe	spaarwiel	[spãr·wil]
pneu (m)	band	[bant]
calota (f)	wieldop	[wil·dop]

rodas (f pl) motrizes	dryfwiele	[drajf·wilǝ]
de tração dianteira	voorwielaandrywing	[foǝrwil·ãndrajviŋ]
de tração traseira	agterwielaandrywing	[aχtǝrwil·ãndrajviŋ]
de tração às 4 rodas	vierwielaandrywing	[firwil·ãndrajviŋ]

caixa (f) de mudanças	ratkas	[ratkas]
automático (adj)	outomaties	[æʊtomatis]
mecânico (adj)	meganies	[meχanis]
alavanca (f) de câmbio	ratwisselaar	[ratwisselãr]

| farol (m) | koplig | [koplǝχ] |
| faróis (m pl) | kopligte | [kopliχtǝ] |

farol (m) baixo	dempstraal	[demp·strãl]
farol (m) alto	hoofstraal	[hoǝf·strãl]
luzes (f pl) de parada	remlig	[remlǝχ]

luzes (f pl) de posição	parkeerlig	[parkeǝr·lǝχ]
luzes (f pl) de emergência	gevaarligte	[χefãr·liχtǝ]
faróis (m pl) de neblina	mislampe	[mis·lampǝ]
pisca-pisca (m)	draaiwyser	[drãj·vajsǝr]
luz (f) de marcha ré	trulig	[trulǝχ]

176. Carros. Habitáculo

interior (do carro)	interieur	[interiøer]
de couro	leer-	[leǝr-]
de veludo	fluweel-	[fluveǝl-]
estofamento (m)	bekleding	[beklediŋ]

| indicador (m) | instrument | [instrument] |
| painel (m) | voorpaneel | [foer·paneǝl] |

| velocímetro (m) | spoedmeter | [spud·metər] |
| ponteiro (m) | wyster | [vajstər] |

hodômetro, odômetro (m)	afstandmeter	[afstant·metər]
indicador (m)	sensor	[sɛŋsor]
nível (m)	vlak	[flak]
luz (f) de aviso	waarskulig	[vārskuləχ]

volante (m)	stuurwiel	[stɪr·wil]
buzina (f)	toeter	[tutər]
botão (m)	knop	[knop]
interruptor (m)	skakelaar	[skakəlãr]

assento (m)	sitplek	[sitplek]
costas (f pl) do assento	rugsteun	[ruχ·støən]
cabeceira (f)	kopstut	[kopstut]
cinto (m) de segurança	veiligheidsgordel	[fæjliχæjts·χordəl]
apertar o cinto	die gordel vasmaak	[di χordəl fasmāk]
ajuste (m)	verstelling	[ferstɛliŋ]

| airbag (m) | lugsak | [luχsak] |
| ar (m) condicionado | lugversorger | [luχfersorχər] |

rádio (m)	radio	[radio]
leitor (m) de CD	CD-speler	[se·de spelər]
ligar (vt)	aanskakel	[āŋskakəl]
antena (f)	lugdraad	[luχdrāt]
porta-luvas (m)	paneelkassie	[paneəl·kassi]
cinzeiro (m)	asbak	[asbak]

177. Carros. Motor

motor (m)	motor, enjin	[motor], [ɛndʒin]
a diesel	diesel	[disəl]
a gasolina	petrol	[petrol]

cilindrada (f)	enjininhoud	[ɛndʒin·inhæʊt]
potência (f)	krag	[kraχ]
cavalo (m) de potência	perdekrag	[perdə·kraχ]
pistão (m)	suier	[sœier]
cilindro (m)	silinder	[silindər]
válvula (f)	klep	[klep]

injetor (m)	inspuiting	[inspœitiŋ]
gerador (m)	generator	[χenerator]
carburador (m)	vergasser	[ferχassər]
óleo (m) de motor	motorolie	[motor·oli]

radiador (m)	verkoeler	[ferkulər]
líquido (m) de arrefecimento	koelmiddel	[kul·middəl]
ventilador (m)	waaier	[vājer]

| bateria (f) | battery | [battəraj] |
| dispositivo (m) de arranque | aansitter | [āŋsittər] |

ignição (f)	ontsteking	[ontstekiŋ]
vela (f) de ignição	vonkprop	[fonk·prop]

terminal (m)	pool	[poəl]
terminal (m) positivo	positiewe pool	[positivə poəl]
terminal (m) negativo	negatiewe pool	[neχativə poəl]
fusível (m)	sekering	[sekəriŋ]

filtro (m) de ar	lugfilter	[luχ·filtər]
filtro (m) de óleo	oliefilter	[oli·filtər]
filtro (m) de combustível	brandstoffilter	[brantstof·filtər]

178. Carros. Batidas. Reparação

acidente (m) de carro	motorbotsing	[motor·botsiŋ]
acidente (m) rodoviário	verkeersongeluk	[ferkeərs·onχəluk]
bater (~ num muro)	bots	[bots]
sofrer um acidente	verongeluk	[feronχəluk]
dano (m)	skade	[skadə]
intato	onbeskadig	[onbeskadəχ]

pane (f)	onklaar raak	[onklãr rãk]
avariar (vi)	onklaar raak	[onklãr rãk]
cabo (m) de reboque	sleeptou	[sleəp·tæʊ]

furo (m)	papwiel	[pap·wil]
estar furado	pap wees	[pap veəs]
encher (vt)	oppomp	[oppomp]
pressão (f)	druk	[druk]
verificar (vt)	nagaan	[naχãn]

reparo (m)	herstel	[herstəl]
oficina (f) automotiva	garage	[χaraʒə]
peça (f) de reposição	onderdeel	[ondərdeəl]
peça (f)	onderdeel	[ondərdeəl]

parafuso (com porca)	bout	[bæʊt]
parafuso (m)	skroef	[skruf]
porca (f)	moer	[mur]
arruela (f)	waster	[vastər]
rolamento (m)	koeëllaer	[kuɛllaer]

tubo (m)	pyp	[pajp]
junta, gaxeta (f)	pakstuk	[pakstuk]
fio, cabo (m)	kabel	[kabəl]

macaco (m)	domkrag	[domkraχ]
chave (f) de boca	moersleutel	[mur·sløətəl]
martelo (m)	hamer	[hamər]
bomba (f)	pomp	[pomp]
chave (f) de fenda	skroewedraaier	[skruvə·drãjer]

extintor (m)	brandblusser	[brant·blussər]
triângulo (m) de emergência	gevaardriehoek	[χefãr·drihuk]

morrer (motor)	stol	[stol]
paragem, "morte" (f)	stol	[stol]
estar quebrado	stukkend wees	[stukkent vees]

superaquecer-se (vr)	oorverhit	[oərferhit]
entupir-se (vr)	verstop raak	[ferstop rãk]
congelar-se (vr)	vries	[fris]
rebentar (vi)	bars	[bars]

pressão (f)	druk	[druk]
nível (m)	vlak	[flak]
frouxo (adj)	slap	[slap]

batida (f)	duik	[dœik]
ruído (m)	klopgeluid	[klop·χəlœit]
fissura (f)	kraak	[krãk]
arranhão (m)	skraap	[skrãp]

179. Carros. Estrada

estrada (f)	pad	[pat]
autoestrada (f)	deurpad	[døərpat]
rodovia (f)	deurpad	[døərpat]
direção (f)	rigting	[riχtiŋ]
distância (f)	afstand	[afstant]

ponte (f)	brug	[bruχ]
parque (m) de estacionamento	parkeerterrein	[parkeər·terræjn]
praça (f)	plein	[plæjn]
nó (m) rodoviário	padknoop	[pad·knoəp]
túnel (m)	tonnel	[tonnəl]

posto (m) de gasolina	petrolstasie	[petrol·stasi]
parque (m) de estacionamento	parkeerterrein	[parkeər·terræjn]
bomba (f) de gasolina	petrolpomp	[petrol·pomp]
oficina (f) automotiva	garage	[χaraʒə]
abastecer (vt)	volmaak	[folmãk]
combustível (m)	brandstof	[brantstof]
galão (m) de gasolina	petrolblik	[petrol·blik]

asfalto (m)	teer	[teər]
marcação (f) de estradas	padmerktekens	[pad·merktekɛŋs]
meio-fio (m)	randsteen	[rand·steən]
guard-rail (m)	skutreling	[skut·reliŋ]
valeta (f)	donga	[donχa]
acostamento (m)	skouer	[skæʊər]
poste (m) de luz	lamppaal	[lamp·pãl]

dirigir (vt)	bestuur	[bestɪr]
virar (~ para a direita)	draai	[drãi]
dar retorno	U-draai maak	[u-drãj mãk]
ré (f)	tru-	[tru-]
buzinar (vi)	toeter	[tutər]
buzina (f)	toeter	[tutər]

atolar-se (vr)	vassteek	[fassteek]
patinar (na lama)	die wiele laat tol	[di vilə lãt tol]
desligar (vt)	afskakel	[afskakəl]

velocidade (f)	spoed	[sput]
exceder a velocidade	die spoedgrens oortree	[di sputχrɛŋs oərtreə]
semáforo (m)	robot	[robot]
carteira (f) de motorista	bestuurslisensie	[bestɪrs·lisɛŋsi]

passagem (f) de nível	treinoorgang	[træjn·oərχaŋ]
cruzamento (m)	kruispunt	[krœis·punt]
faixa (f)	sebraoorgang	[sebra·oərχaŋ]
curva (f)	draai	[drãi]
zona (f) de pedestres	voetgangerstraat	[futχaŋər·strãt]

180. Sinais de trânsito

código (m) de trânsito	padreëls	[pad·reɛls]
sinal (m) de trânsito	padteken	[pad·tekən]
ultrapassagem (f)	verbysteek	[ferbajsteek]
curva (f)	draai	[drãi]
retorno (m)	U-draai	[u-drãi]
rotatória (f)	verkeerssirkel	[ferkeərs·sirkəl]

sentido proibido	Geen toegang	[χeən tuχaŋ]
trânsito proibido	Geen voertuie toegelaat nie	[χeən furtœiə tuχelãt ni]
proibido de ultrapassar	Verbysteek verbode	[ferbajsteek ferbodə]
estacionamento proibido	Parkeerverbod	[parkeər·ferbot]
paragem proibida	Nie stilhou nie	[ni stilhæʊ ni]

curva (f) perigosa	gevaarlike draai	[χefãrlikə drãi]
descida (f) perigosa	steil afdraande	[stæjl afdrãndə]
trânsito de sentido único	eenrigtingverkeer	[eənriχtiŋ·ferkeər]
faixa (f)	Voetoorgang voor	[futoərχaŋ foər]
pavimento (m) escorregadio	Glibberige pad voor	[χlibbəriχə pat foər]
conceder passagem	TOEGEE	[tuχeə]

PESSOAS. EVENTOS

Eventos

181. Férias. Evento

festa (f)	partytjie	[partajki]
feriado (m) nacional	nasionale dag	[naʃionalə daχ]
feriado (m)	openbare vakansiedag	[openbarə fakaŋsi·daχ]
festejar (vt)	herdenk	[herdenk]
evento (festa, etc.)	gebeurtenis	[χebøərtenis]
evento (banquete, etc.)	gebeurtenis	[χebøərtenis]
banquete (m)	banket	[banket]
recepção (f)	onthaal	[onthãl]
festim (m)	feesmaal	[feəs·mãl]
aniversário (m)	verjaardag	[ferjãr·daχ]
jubileu (m)	jubileum	[jubiløəm]
celebrar (vt)	vier	[fir]
Ano (m) Novo	Nuwejaar	[nuvejãr]
Feliz Ano Novo!	Voorspoedige Nuwejaar	[foərspudiχə nuvejãr]
Papai Noel (m)	Kersvader	[kers·fadər]
Natal (m)	Kersfees	[kersfeəs]
Feliz Natal!	Geseënde Kersfees	[χeseɛndə kersfeɛs]
árvore (f) de Natal	Kersboom	[kers·boəm]
fogos (m pl) de artifício	vuurwerk	[fɪrwerk]
casamento (m)	bruilof	[brœilof]
noivo (m)	bruidegom	[brœidəχom]
noiva (f)	bruid	[brœit]
convidar (vt)	uitnooi	[œitnoj]
convite (m)	uitnodiging	[œitnodəχiŋ]
convidado (m)	gas	[χas]
visitar (vt)	besoek	[besuk]
receber os convidados	die gaste ontmoet	[di χastə ontmut]
presente (m)	present	[present]
oferecer, dar (vt)	gee	[χeə]
receber presentes	presente ontvang	[presentə ontfaŋ]
buquê (m) de flores	boeket	[buket]
felicitações (f pl)	gelukwense	[χelukwɛŋsə]
felicitar (vt)	gelukwens	[χelukwɛŋs]
cartão (m) de parabéns	geleentheidskaartjie	[χeleenthæjts·kãrki]

brinde (m)	heildronk	[hæjldronk]
oferecer (vt)	aanbied	[ãnbit]
champanhe (m)	sjampanje	[ʃampanje]

divertir-se (vr)	jouself geniet	[jæusɛlf xenit]
diversão (f)	pret	[pret]
alegria (f)	vreugde	[frøəxdə]

| dança (f) | dans | [daŋs] |
| dançar (vi) | dans | [daŋs] |

| valsa (f) | wals | [vals] |
| tango (m) | tango | [tanxo] |

182. Funerais. Enterro

cemitério (m)	begraafplaas	[bexrãf·plãs]
sepultura (f), túmulo (m)	graf	[xraf]
cruz (f)	kruis	[krœis]
lápide (f)	grafsteen	[xrafsteən]
cerca (f)	heining	[hæjniŋ]
capela (f)	kapel	[kapəl]

morte (f)	dood	[doət]
morrer (vi)	doodgaan	[doədxãn]
defunto (m)	oorledene	[oərledenə]
luto (m)	rou	[ræʊ]

enterrar, sepultar (vt)	begrawe	[bexravə]
funerária (f)	begrafnisonderneming	[bexrafnis·ondərnemiŋ]
funeral (m)	begrafnis	[bexrafnis]

coroa (f) de flores	krans	[kraŋs]
caixão (m)	doodskis	[doədskis]
carro (m) funerário	lykswa	[lajks·wa]
mortalha (f)	lykkleed	[lajk·kleət]

procissão (f) funerária	begrafnisstoet	[bexrafnis·stut]
urna (f) funerária	urn	[urn]
crematório (m)	krematorium	[krematorium]

obituário (m), necrologia (f)	doodsberig	[doəds·berəx]
chorar (vi)	huil	[hœil]
soluçar (vi)	snik	[snik]

183. Guerra. Soldados

pelotão (m)	peleton	[peleton]
companhia (f)	kompanie	[kompani]
regimento (m)	regiment	[reximent]
exército (m)	leër	[leɛr]
divisão (f)	divisie	[difisi]

esquadrão (m)	afdeling	[afdeliŋ]
hoste (f)	leërskare	[leɛrskarə]
soldado (m)	soldaat	[soldãt]
oficial (m)	offisier	[offisir]
soldado (m) raso	soldaat	[soldãt]
sargento (m)	sersant	[sersant]
tenente (m)	luitenant	[lœitənant]
capitão (m)	kaptein	[kaptæjn]
major (m)	majoor	[majoər]
coronel (m)	kolonel	[kolonəl]
general (m)	generaal	[χenerãl]
marujo (m)	matroos	[matroəs]
capitão (m)	kaptein	[kaptæjn]
contramestre (m)	bootsman	[boətsman]
artilheiro (m)	artilleris	[artilleris]
soldado (m) paraquedista	valskermsoldaat	[falskerm·soldãt]
piloto (m)	piloot	[piloət]
navegador (m)	navigator	[nafiχator]
mecânico (m)	werktuigkundige	[verktœiχ·kundiχə]
sapador-mineiro (m)	sappeur	[sappøər]
paraquedista (m)	valskermspringer	[falskerm·spriŋər]
explorador (m)	verkenner	[ferkɛnnər]
atirador (m) de tocaia	skerpskut	[skerp·skut]
patrulha (f)	patrollie	[patrolli]
patrulhar (vt)	patrolleer	[patrolleər]
sentinela (f)	wag	[vaχ]
guerreiro (m)	vegter	[feχtər]
patriota (m)	patriot	[patriot]
herói (m)	held	[hɛlt]
heroína (f)	heldin	[hɛldin]
traidor (m)	verraaier	[ferrãjer]
trair (vt)	verraai	[ferrãi]
desertor (m)	droster	[drostər]
desertar (vt)	dros	[dros]
mercenário (m)	huursoldaat	[hɪr·soldãt]
recruta (m)	rekruteer	[rekruteər]
voluntário (m)	vrywilliger	[frajvilliχər]
morto (m)	dooie	[dojə]
ferido (m)	gewonde	[χevondə]
prisioneiro (m) de guerra	krygsgevangene	[krajχs·χefaŋənə]

184. Guerra. Ações militares. Parte 1

guerra (f)	oorlog	[oərloχ]
guerrear (vt)	oorlog voer	[oərloχ fur]

guerra (f) civil	burgeroorlog	[burgər·oərloχ]
perfidamente	valslik	[falslik]
declaração (f) de guerra	oorlogsverklaring	[oərloχs·ferklariŋ]
declarar guerra	oorlog verklaar	[oərloχ ferklãr]
agressão (f)	aggressie	[aχrɛssi]
atacar (vt)	aanval	[ãnfal]

invadir (vt)	binneval	[binnəfal]
invasor (m)	binnevaller	[binnəfallər]
conquistador (m)	veroweraar	[feroverãr]

defesa (f)	verdediging	[ferdedəχiŋ]
defender (vt)	verdedig	[ferdedəχ]
defender-se (vr)	jouself verdedig	[jæusɛlf ferdedəχ]

inimigo (m)	vyand	[fajant]
adversário (m)	teëstander	[teɛstandər]
inimigo (adj)	vyandig	[fajandəχ]

| estratégia (f) | strategie | [strateχi] |
| tática (f) | taktiek | [taktik] |

ordem (f)	bevel	[befəl]
comando (m)	bevel	[befəl]
ordenar (vt)	beveel	[befeəl]
missão (f)	opdrag	[opdraχ]
secreto (adj)	geheim	[χəhæjm]

| batalha (f) | veldslag | [fɛltslaχ] |
| combate (m) | geveg | [χefeχ] |

ataque (m)	aanval	[ãnfal]
assalto (m)	bestorming	[bestormiŋ]
assaltar (vt)	bestorm	[bestorm]
assédio, sítio (m)	beleg	[beleχ]

| ofensiva (f) | aanval | [ãnfal] |
| tomar à ofensiva | tot die offensief oorgaan | [tot di offɛŋsif oərχãn] |

| retirada (f) | terugtrekking | [teruχ·trɛkkiŋ] |
| retirar-se (vr) | terugtrek | [teruχtrek] |

| cerco (m) | omsingeling | [omsinχəliŋ] |
| cercar (vt) | omsingel | [omsiŋəl] |

bombardeio (m)	bombardement	[bombardement]
bombardear (vt)	bombardeer	[bombardeər]
explosão (f)	ontploffing	[ontploffiŋ]

| tiro (m) | skoot | [skoət] |
| tiroteio (m) | skiet | [skit] |

apontar para ...	mik op	[mik op]
apontar (vt)	rig	[riχ]
acertar (vt)	tref	[tref]
afundar (~ um navio, etc.)	sink	[sink]

brecha (f)	gat	[χat]
afundar-se (vr)	sink	[sink]
frente (m)	front	[front]
evacuação (f)	evakuasie	[ɛfakuasi]
evacuar (vt)	evakueer	[ɛfakueər]
trincheira (f)	loopgraaf	[loəpχrãf]
arame (m) enfarpado	doringdraad	[doriŋ·drãt]
barreira (f) anti-tanque	versperring	[fersperriŋ]
torre (f) de vigia	wagtoring	[vaχ·toriŋ]
hospital (m) militar	militêre hospitaal	[militæərə hospitãl]
ferir (vt)	wond	[vont]
ferida (f)	wond	[vont]
ferido (m)	gewonde	[χevondə]
ficar ferido	gewond	[χevont]
grave (ferida ~)	ernstig	[ɛrnstəχ]

185. Guerra. Ações militares. Parte 2

cativeiro (m)	gevangenskap	[χefaŋənskap]
capturar (vt)	gevange neem	[χefaŋə neəm]
estar em cativeiro	in gevangenskap wees	[in χefaŋənskap veəs]
ser aprisionado	in gevangenskap geneem word	[in χefaŋənskap χeneəm vort]
campo (m) de concentração	konsentrasiekamp	[kɔŋsentrasi·kamp]
prisioneiro (m) de guerra	krygsgevangene	[krajχs·χefaŋənə]
escapar (vi)	ontsnap	[ontsnap]
trair (vt)	verraai	[ferrãi]
traidor (m)	verraaier	[ferrãjer]
traição (f)	verraad	[ferrãt]
fuzilar, executar (vt)	eksekuteer	[ɛksekuteər]
fuzilamento (m)	eksekusie	[ɛksekusi]
equipamento (m)	toerusting	[turustiŋ]
insígnia (f) de ombro	skouerstrook	[skæuer·stroək]
máscara (f) de gás	gasmasker	[χas·maskər]
rádio (m)	veldradio	[fɛlt·radio]
cifra (f), código (m)	geheime kode	[χəhæjmə kodə]
conspiração (f)	geheimhouding	[χəhæjm·hæʊdiŋ]
senha (f)	wagwoord	[vaχ·woərt]
mina (f)	landmyn	[land·majn]
minar (vt)	bemyn	[bemajn]
campo (m) minado	mynveld	[majn·fɛlt]
alarme (m) aéreo	lugalarm	[luχ·alarm]
alarme (m)	alarm	[alarm]
sinal (m)	sienjaal	[sinjãl]

sinalizador (m)	fakkel	[fakkel]
quartel-general (m)	hoofkwartier	[hoəf·kwartir]
reconhecimento (m)	verkenningstog	[ferkɛnniŋs·toχ]
situação (f)	toestand	[tustant]
relatório (m)	verslag	[ferslaχ]
emboscada (f)	hinderlaag	[hindər·lāχ]
reforço (m)	versterking	[ferstərkiŋ]

alvo (m)	doel	[dul]
campo (m) de tiro	proefterrein	[pruf·terræjn]
manobras (f pl)	militêre oefening	[militærə ufeniŋ]

pânico (m)	paniek	[panik]
devastação (f)	verwoesting	[ferwustiŋ]
ruínas (f pl)	verwoesting	[ferwustiŋ]
destruir (vt)	verwoes	[ferwus]

sobreviver (vi)	oorleef	[oərleəf]
desarmar (vt)	ontwapen	[ontvapen]
manusear (vt)	hanteer	[hanteər]

Sentido!	Aandag!	[āndaχ!]
Descansar!	Op die plek rus!	[op di plek rus!]

façanha (f)	heldedaad	[hɛldə·dāt]
juramento (m)	eed	[eət]
jurar (vi)	sweer	[sweər]

condecoração (f)	dekorasie	[dekorasiə]
condecorar (vt)	toeken	[tuken]
medalha (f)	medalje	[medalje]
ordem (f)	orde	[ordə]

vitória (f)	oorwinning	[oərwinniŋ]
derrota (f)	nederlaag	[nedərlāχ]
armistício (m)	wapenstilstand	[vapɛn·stilstant]

bandeira (f)	vaandel	[fāndəl]
glória (f)	roem	[rum]
parada (f)	parade	[paradə]
marchar (vi)	marseer	[marseər]

186. Armas

arma (f)	wapens	[vapɛns]
arma (f) de fogo	vuurwapens	[fɪr·vapɛns]
arma (f) branca	messe	[mɛssə]

arma (f) química	chemiese wapens	[χemisə vapɛns]
nuclear (adj)	kern-	[kern-]
arma (f) nuclear	kernwapens	[kern·vapɛns]

bomba (f)	bom	[bom]
bomba (f) atômica	atoombom	[atoəm·bom]

pistola (f)	pistool	[pistoəl]
rifle (m)	geweer	[χeveər]
semi-automática (f)	aanvalsgeweer	[ānvals·χeveər]
metralhadora (f)	masjiengeweer	[maʃin·χeveər]

boca (f)	loop	[loəp]
cano (m)	loop	[loəp]
calibre (m)	kaliber	[kalibər]

gatilho (m)	sneller	[snɛllər]
mira (f)	visier	[fisir]
carregador (m)	magasyn	[maχasajn]
coronha (f)	kolf	[kolf]

| granada (f) de mão | handgranaat | [hand·χranāt] |
| explosivo (m) | springstof | [spriŋstof] |

bala (f)	koeël	[kuɛl]
cartucho (m)	patroon	[patroən]
carga (f)	lading	[ladiŋ]
munições (f pl)	ammunisie	[ammunisi]

bombardeiro (m)	bomwerper	[bom·werpər]
avião (m) de caça	straalvegter	[strāl·feχtər]
helicóptero (m)	helikopter	[helikoptər]

canhão (m) antiaéreo	lugafweer	[luχafweər]
tanque (m)	tenk	[tɛnk]
canhão (de um tanque)	tenkkanon	[tɛnk·kanon]

artilharia (f)	artillerie	[artilleri]
canhão (m)	kanon	[kanon]
fazer a pontaria	aanlê	[ānlɛ:]

projétil (m)	projektiel	[projektil]
granada (f) de morteiro	mortierbom	[mortir·bom]
morteiro (m)	mortier	[mortir]
estilhaço (m)	skrapnel	[skrapnəl]

submarino (m)	duikboot	[dœik·boət]
torpedo (m)	torpedo	[torpedo]
míssil (m)	vuurpyl	[fɪr·pajl]

| carregar (uma arma) | laai | [lāi] |
| disparar, atirar (vi) | skiet | [skit] |

| apontar para ... | rig op | [riχ op] |
| baioneta (f) | bajonet | [bajonet] |

espada (f)	rapier	[rapir]
sabre (m)	sabel	[sabəl]
lança (f)	spies	[spis]
arco (m)	boog	[boəχ]
flecha (f)	pyl	[pajl]
mosquete (m)	musket	[musket]
besta (f)	kruisboog	[krœis·boəχ]

187. Povos da antiguidade

primitivo (adj)	primitief	[primitif]
pré-histórico (adj)	prehistories	[prehistoris]
antigo (adj)	antiek	[antik]
Idade (f) da Pedra	Steentydperk	[steən·tajtperk]
Idade (f) do Bronze	Bronstydperk	[brɔŋs·tajtperk]
Era (f) do Gelo	Ystydperk	[ajs·tajtperk]
tribo (f)	stam	[stam]
canibal (m)	mensvreter	[mɛŋs·fretər]
caçador (m)	jagter	[jaχtər]
caçar (vi)	jag	[jaχ]
mamute (m)	mammoet	[mammut]
caverna (f)	grot	[χrot]
fogo (m)	vuur	[fɪr]
fogueira (f)	kampvuur	[kampfɪr]
pintura (f) rupestre	rotstekening	[rots·tekəniŋ]
ferramenta (f)	werktuig	[verktœiχ]
lança (f)	spies	[spis]
machado (m) de pedra	klipbyl	[klip·bajl]
guerrear (vt)	oorlog voer	[oərloχ fur]
domesticar (vt)	tem	[tem]
ídolo (m)	afgod	[afχot]
adorar, venerar (vt)	aanbid	[ānbit]
superstição (f)	bygeloof	[bajχəloəf]
ritual (m)	ritueel	[ritueəl]
evolução (f)	evolusie	[ɛfolusi]
desenvolvimento (m)	ontwikkeling	[ontwikkeliŋ]
extinção (f)	verdwyning	[ferdwajniŋ]
adaptar-se (vr)	jou aanpas	[jæʊ ānpas]
arqueologia (f)	argeologie	[arχeoloχi]
arqueólogo (m)	argeoloog	[arχeoloəχ]
arqueológico (adj)	argeologies	[arχeoloχis]
escavação (sítio)	opgrawingsplek	[opχraviŋs·plek]
escavações (f pl)	opgrawingsplekke	[opχraviŋs·plɛkkə]
achado (m)	vonds	[fonds]
fragmento (m)	fragment	[fraχment]

188. Idade média

povo (m)	volk	[folk]
povos (m pl)	bevolking	[befolkiŋ]
tribo (f)	stam	[stam]
tribos (f pl)	stamme	[stammə]
bárbaros (pl)	barbare	[barbarə]

galeses (pl)	Galliërs	[χalliɛrs]
godos (pl)	Gote	[χote]
eslavos (pl)	Slawe	[slavə]
viquingues (pl)	Vikings	[vikiŋs]

romanos (pl)	Romeine	[romæjnə]
romano (adj)	Romeins	[romæjns]

bizantinos (pl)	Bisantyne	[bisantajnə]
Bizâncio	Bisantium	[bisantium]
bizantino (adj)	Bisantyns	[bisantajns]

imperador (m)	keiser	[kæjsər]
líder (m)	leier	[læjer]
poderoso (adj)	magtig	[maχtəχ]
rei (m)	koning	[koniŋ]
governante (m)	heerser	[heərsər]

cavaleiro (m)	ridder	[riddər]
senhor feudal (m)	feodale heerser	[feodalə heərsər]
feudal (adj)	feodaal	[feodāl]
vassalo (m)	vasal	[fasal]

duque (m)	hertog	[hertoχ]
conde (m)	graaf	[χrāf]
barão (m)	baron	[baron]
bispo (m)	biskop	[biskop]

armadura (f)	harnas	[harnas]
escudo (m)	skild	[skilt]
espada (f)	swaard	[swārt]
viseira (f)	visier	[fisir]
cota (f) de malha	maliehemp	[mali·hemp]

cruzada (f)	Kruistog	[krœis·toχ]
cruzado (m)	kruisvaarder	[krœis·fārdər]

território (m)	gebied	[χebit]
atacar (vt)	aanval	[ānfal]
conquistar (vt)	verower	[ferovər]
ocupar, invadir (vt)	beset	[beset]

assédio, sítio (m)	beleg	[beleχ]
sitiado (adj)	beleërde	[beleɛrdə]
assediar, sitiar (vt)	beleër	[beleɛr]

inquisição (f)	inkwisisie	[inkvisisi]
inquisidor (m)	inkwisiteur	[inkvisitøər]
tortura (f)	marteling	[martəliŋ]
cruel (adj)	wreed	[vreət]
herege (m)	ketter	[kɛttər]
heresia (f)	kettery	[kɛtteraj]

navegação (f) marítima	seevaart	[seə·fārt]
pirata (m)	piraat, seerower	[pirāt], [seə·rovər]
pirataria (f)	piratery, seerowery	[pirateraj], [seə·roveraj]

abordagem (f)	enter	[ɛntər]
presa (f), butim (m)	buit	[bœit]
tesouros (m pl)	skatte	[skattə]

descobrimento (m)	ontdekking	[ontdɛkkiŋ]
descobrir (novas terras)	ontdek	[ontdek]
expedição (f)	ekspedisie	[ɛkspedisi]

mosqueteiro (m)	musketier	[musketir]
cardeal (m)	kardinaal	[kardinãl]
heráldica (f)	heraldiek	[heraldik]
heráldico (adj)	heraldies	[heraldis]

189. Líder. Chefe. Autoridades

rei (m)	koning	[koniŋ]
rainha (f)	koningin	[koniŋin]
real (adj)	koninklik	[koninklik]
reino (m)	koninkryk	[koninkrajk]

| príncipe (m) | prins | [prins] |
| princesa (f) | prinses | [prinsəs] |

presidente (m)	president	[president]
vice-presidente (m)	vise-president	[fise-president]
senador (m)	senator	[senator]

monarca (m)	monarg	[monarχ]
governante (m)	heerser	[heersər]
ditador (m)	diktator	[diktator]
tirano (m)	tiran	[tiran]
magnata (m)	magnaat	[maχnãt]

diretor (m)	direkteur	[direktøər]
chefe (m)	baas	[bãs]
gerente (m)	bestuurder	[bestɪrdər]
patrão (m)	baas	[bãs]
dono (m)	eienaar	[æjenãr]

líder (m)	leier	[læjer]
chefe (m)	hoof	[hoəf]
autoridades (f pl)	outoriteite	[æʊtoritæjtə]
superiores (m pl)	hoofde	[hoəfdə]

governador (m)	goewerneur	[χuvernøər]
cônsul (m)	konsul	[koŋsul]
diplomata (m)	diplomaat	[diplomãt]
Presidente (m) da Câmara	burgermeester	[burgər·meəstər]
xerife (m)	sheriff	[sheriff]

imperador (m)	keiser	[kæjsər]
czar (m)	tsaar	[tsãr]
faraó (m)	farao	[farao]
cã, khan (m)	kan	[kan]

190. Estrada. Caminho. Direções

estrada (f)	pad	[pat]
via (f)	pad	[pat]
rodovia (f)	deurpad	[døərpat]
autoestrada (f)	deurpad	[døərpat]
estrada (f) nacional	nasionale pad	[naʃionalə pat]
estrada (f) principal	hoofweg	[hoəf·weχ]
estrada (f) de terra	grondpad	[χront·pat]
trilha (f)	paadjie	[pãdʒi]
pequena trilha (f)	paadjie	[pãdʒi]
Onde?	Waar?	[vãr?]
Para onde?	Waarheen?	[vãrheən?]
De onde?	Waarvandaan?	[vãrfandãn?]
direção (f)	rigting	[riχtiŋ]
indicar (~ o caminho)	wys	[vajs]
para a esquerda	na links	[na links]
para a direita	na regs	[na reχs]
em frente	reguit	[reχœit]
para trás	terug	[teruχ]
curva (f)	draai	[drãi]
virar (~ para a direita)	draai	[drãi]
dar retorno	U-draai maak	[u-drãj mãk]
estar visível	sigbaar wees	[siχbãr veəs]
aparecer (vi)	verskyn	[ferskajn]
paragem (pausa)	stop	[stop]
descansar (vi)	pouseer	[pæʋseər]
descanso, repouso (m)	ruspouse	[ruspæʋsə]
perder-se (vr)	verdwaal	[ferdwãl]
conduzir a … (caminho)	lei na …	[læj na …]
chegar a …	uitkom by	[œitkom baj]
trecho (m)	stuk pad	[stuk pat]
asfalto (m)	teer	[teər]
meio-fio (m)	randsteen	[rand·steən]
valeta (f)	donga	[donχa]
tampa (f) de esgoto	mangat	[manχat]
acostamento (m)	skouer	[skæʋər]
buraco (m)	slaggat	[slaχχat]
ir (a pé)	gaan	[χãn]
ultrapassar (vt)	verbysteek	[ferbajsteək]
passo (m)	tree	[treə]
a pé	te voet	[tə fut]

bloquear (vt)	blokkeer	[blokkeər]
cancela (f)	hefboom	[hefboəm]
beco (m) sem saída	doodloopstraat	[doədloəp·strãt]

191. Violação da lei. Criminosos. Parte 1

bandido (m)	bandiet	[bandit]
crime (m)	misdaad	[misdãt]
criminoso (m)	misdadiger	[misdadiχər]

ladrão (m)	dief	[dif]
roubar (vt)	steel	[steəl]
roubo (atividade)	steel	[steəl]
furto (m)	diefstal	[difstal]

raptar, sequestrar (vt)	ontvoer	[ontfur]
sequestro (m)	ontvoering	[ontfuriŋ]
sequestrador (m)	ontvoerder	[ontfurdər]

resgate (m)	losgeld	[losχɛlt]
pedir resgate	losgeld eis	[losχɛlt æjs]

roubar (vt)	besteel	[besteəl]
assalto, roubo (m)	oorval	[oərfal]
assaltante (m)	boef	[buf]

extorquir (vt)	afpers	[afpers]
extorsionário (m)	afperser	[afpersər]
extorsão (f)	afpersing	[afpersiŋ]

matar, assassinar (vt)	vermoor	[fermoər]
homicídio (m)	moord	[moərt]
homicida, assassino (m)	moordenaar	[moərdenãr]

tiro (m)	skoot	[skoət]
matar a tiro	doodskiet	[doədskit]
disparar, atirar (vi)	skiet	[skit]
tiroteio (m)	skietery	[skiteraj]

incidente (m)	insident	[insident]
briga (~ de rua)	geveg	[χefeχ]
Socorro!	Help!	[hɛlp!]
vítima (f)	slagoffer	[slaχoffər]

danificar (vt)	beskadig	[beskadəχ]
dano (m)	skade	[skadə]
cadáver (m)	lyk	[lajk]
grave (adj)	ernstig	[ɛrnstəχ]

atacar (vt)	aanval	[ãnfal]
bater (espancar)	slaan	[slãn]
espancar (vt)	platslaan	[platslãn]
tirar, roubar (dinheiro)	vat	[fat]
esfaquear (vt)	doodsteek	[doədsteək]

| mutilar (vt) | vermink | [fermink] |
| ferir (vt) | wond | [vont] |

chantagem (f)	afpersing	[afpersiŋ]
chantagear (vt)	afpers	[afpers]
chantagista (m)	afperser	[afpersər]

extorsão (f)	beskermingswendelary	[beskermiŋ·swendəlaraj]
extorsionário (m)	afperser	[afpersər]
gângster (m)	boef	[buf]
máfia (f)	mafia	[mafia]

punguista (m)	sakkeroller	[sakkerollər]
assaltante, ladrão (m)	inbreker	[inbrekər]
contrabando (m)	smokkel	[smokkəl]
contrabandista (m)	smokkelaar	[smokkəlãr]

falsificação (f)	vervalsing	[ferfalsiŋ]
falsificar (vt)	verval	[ferfal]
falsificado (adj)	vals	[fals]

192. Violação da lei. Criminosos. Parte 2

estupro (m)	verkragting	[ferkraχtiŋ]
estuprar (vt)	verkrag	[ferkraχ]
estuprador (m)	verkragter	[ferkraχtər]
maníaco (m)	maniak	[maniak]

prostituta (f)	prostituut	[prostitɪt]
prostituição (f)	prostitusie	[prostitusi]
cafetão (m)	pooier	[pojer]

| drogado (m) | dwelmslaaf | [dwɛlm·slãf] |
| traficante (m) | dwelmhandelaar | [dwɛlm·handəlãr] |

explodir (vt)	opblaas	[opblãs]
explosão (f)	ontploffing	[ontploffiŋ]
incendiar (vt)	aan die brand steek	[ãn di brant steek]
incendiário (m)	brandstigter	[brant·stiχtər]

terrorismo (m)	terrorisme	[terrorismə]
terrorista (m)	terroris	[terroris]
refém (m)	gyselaar	[χajsəlãr]

enganar (vt)	bedrieg	[bedrəχ]
engano (m)	bedrog	[bedroχ]
vigarista (m)	bedrieër	[bedriɛr]

subornar (vt)	omkoop	[omkoəp]
suborno (atividade)	omkopery	[omkoperaj]
suborno (dinheiro)	omkoopgeld	[omkoəp·χɛlt]

| veneno (m) | gif | [χif] |
| envenenar (vt) | vergiftig | [ferχiftəχ] |

envenenar-se (vr)	jouself vergiftig	[jæʊsɛlf ferχiftəχ]
suicídio (m)	selfmoord	[sɛlfmoərt]
suicida (m)	selfmoordenaar	[sɛlfmoərdenãr]

ameaçar (vt)	dreig	[dræjχ]
ameaça (f)	dreigement	[dræjχement]
atentado (m)	aanslag	[ãŋslaχ]

roubar (um carro)	steel	[steəl]
sequestrar (um avião)	kaap	[kãp]

vingança (f)	wraak	[vrãk]
vingar (vt)	wreek	[vreək]

torturar (vt)	martel	[martəl]
tortura (f)	marteling	[martəliŋ]
atormentar (vt)	folter	[foltər]

pirata (m)	piraat, seerower	[pirãt], [seə·rovər]
desordeiro (m)	skollie	[skolli]
armado (adj)	gewapen	[χevapen]
violência (f)	geweld	[χevɛlt]
ilegal (adj)	onwettig	[onwɛttəχ]

espionagem (f)	spioenasie	[spiunasi]
espionar (vi)	spioeneer	[spiuneər]

193. Polícia. Lei. Parte 1

justiça (sistema de ~)	justisie	[jəstisi]
tribunal (m)	geregshof	[χereχshof]

juiz (m)	regter	[reχtər]
jurados (m pl)	jurielede	[jurilede]
tribunal (m) do júri	jurieregspraak	[juri·reχsprãk]
julgar (vt)	bereg	[bereχ]

advogado (m)	advokaat	[adfokãt]
réu (m)	beklaagde	[beklãχde]
banco (m) dos réus	beklaagdebank	[beklãχde·bank]

acusação (f)	aanklag	[ãnklaχ]
acusado (m)	beskuldigde	[beskuldiχde]

sentença (f)	vonnis	[fonnis]
sentenciar (vt)	veroordeel	[feroərdeel]

culpado (m)	skuldig	[skuldəχ]
punir (vt)	straf	[straf]
punição (f)	straf	[straf]

multa (f)	boete	[butə]
prisão (f) perpétua	lewenslange	[levɛŋslaŋə
	gevangenisstraf	χefaŋenis·straf]

pena (f) de morte	doodstraf	[doədstraf]
cadeira (f) elétrica	elektriese stoel	[ɛlektrisə stul]
forca (f)	galg	[χalχ]

| executar (vt) | eksekuteer | [ɛksekuteər] |
| execução (f) | eksekusie | [ɛksekusi] |

| prisão (f) | tronk | [tronk] |
| cela (f) de prisão | sel | [səl] |

escolta (f)	eskort	[ɛskort]
guarda (m) prisional	tronkbewaarder	[tronk·bevārdər]
preso, prisioneiro (m)	gevangene	[χefaŋənə]

| algemas (f pl) | handboeie | [hant·buje] |
| algemar (vt) | in die boeie slaan | [in di buje slān] |

fuga, evasão (f)	ontsnapping	[ontsnappiŋ]
fugir (vi)	ontsnap	[ontsnap]
desaparecer (vi)	verdwyn	[ferdwajn]
soltar, libertar (vt)	vrylaat	[frajlāt]
anistia (f)	amnestie	[amnesti]

polícia (instituição)	polisie	[polisi]
polícia (m)	polisieman	[polisi·man]
delegacia (f) de polícia	polisiestasie	[polisi·stasi]
cassetete (m)	knuppel	[knuppəl]
megafone (m)	megafoon	[meχafoən]

carro (m) de patrulha	patrolliemotor	[patrolli·motor]
sirene (f)	sirene	[sirenə]
ligar a sirene	die sirene aanskakel	[di sirenə āŋskakəl]
toque (m) da sirene	sirenegeloei	[sirenə·χelui]

cena (f) do crime	misdaadtoneel	[misdād·toneəl]
testemunha (f)	getuie	[χetœiə]
liberdade (f)	vryheid	[frajhæjt]
cúmplice (m)	medepligtige	[medə·pliχtiχə]
escapar (vi)	ontvlug	[ontfluχ]
traço (não deixar ~s)	spoor	[spoər]

194. Polícia. Lei. Parte 2

procura (f)	soektog	[suktoχ]
procurar (vt)	soek ...	[suk ...]
suspeita (f)	verdenking	[ferdɛnkiŋ]
suspeito (adj)	verdag	[ferdaχ]
parar (veículo, etc.)	teëhou	[teɛhæʊ]
deter (fazer parar)	aanhou	[ānhæʊ]

caso (~ criminal)	hofsaak	[hofsāk]
investigação (f)	ondersoek	[ondərsuk]
detetive (m)	speurder	[spøərdər]
investigador (m)	speurder	[spøərdər]

versão (f)	hipotese	[hipotesə]
motivo (m)	motief	[motif]
interrogatório (m)	ondervraging	[ondərfraχiŋ]
interrogar (vt)	ondervra	[ondərfra]
questionar (vt)	verhoor	[ferhoər]
verificação (f)	kontroleer	[kontroleər]

batida (f) policial	klopjag	[klopjaχ]
busca (f)	huissoeking	[hœis·sukiŋ]
perseguição (f)	agtervolging	[aχtərfolχiŋ]
perseguir (vt)	agtervolg	[aχtərfolχ]
seguir, rastrear (vt)	opspoor	[opspoər]

prisão (f)	inhegtenisneming	[inheχtenis·nemiŋ]
prender (vt)	arresteer	[arresteər]
pegar, capturar (vt)	vang	[faŋ]
captura (f)	opsporing	[opsporiŋ]

documento (m)	dokument	[dokument]
prova (f)	bewys	[bevajs]
provar (vt)	bewys	[bevajs]
pegada (f)	voetspoor	[futspoər]
impressões (f pl) digitais	vingerafdrukke	[fiŋər·afdrukkə]
prova (f)	bewysstuk	[bevajs·stuk]

álibi (m)	alibi	[alibi]
inocente (adj)	onskuldig	[oŋskuldəχ]
injustiça (f)	onreg	[onreχ]
injusto (adj)	onregverdig	[onreχferdəχ]

criminal (adj)	krimineel	[krimineəl]
confiscar (vt)	in beslag neem	[in beslaχ neəm]
droga (f)	dwelm	[dwɛlm]
arma (f)	wapen	[vapen]
desarmar (vt)	ontwapen	[ontvapen]
ordenar (vt)	beveel	[befeəl]
desaparecer (vi)	verdwyn	[ferdwajn]

lei (f)	wet	[vet]
legal (adj)	wettig	[vɛttəχ]
ilegal (adj)	onwettig	[onwɛttəχ]

responsabilidade (f)	verantwoordelikheid	[ferant·voərdelikhæjt]
responsável (adj)	verantwoordelik	[ferant·voərdelik]

NATUREZA

A Terra. Parte 1

195. Espaço sideral

espaço, cosmo (m)	kosmos	[kosmos]
espacial, cósmico (adj)	kosmies	[kosmis]
espaço (m) cósmico	buitenste ruimte	[bœitɛŋstə rajmtə]
mundo (m)	wêreld	[værɛlt]
universo (m)	heelal	[heəlal]
galáxia (f)	sterrestelsel	[sterrə·stɛlsəl]
estrela (f)	ster	[ster]
constelação (f)	sterrebeeld	[sterrə·beəlt]
planeta (m)	planeet	[planeət]
satélite (m)	satelliet	[satɛllit]
meteorito (m)	meteoriet	[meteorit]
cometa (m)	komeet	[komeət]
asteroide (m)	asteroïed	[asteroïət]
órbita (f)	baan	[bãn]
girar (vi)	draai	[drãi]
atmosfera (f)	atmosfeer	[atmosfeər]
Sol (m)	die Son	[di son]
Sistema (m) Solar	sonnestelsel	[sonnə·stɛlsəl]
eclipse (m) solar	sonsverduistering	[soŋs·ferdœisteriŋ]
Terra (f)	die Aarde	[di ãrdə]
Lua (f)	die Maan	[di mãn]
Marte (m)	Mars	[mars]
Vênus (f)	Venus	[fenus]
Júpiter (m)	Jupiter	[jupitər]
Saturno (m)	Saturnus	[saturnus]
Mercúrio (m)	Mercurius	[merkurius]
Urano (m)	Uranus	[uranus]
Netuno (m)	Neptunus	[neptunus]
Plutão (m)	Pluto	[pluto]
Via Láctea (f)	Melkweg	[melk·weχ]
Ursa Maior (f)	Groot Beer	[χroət beər]
Estrela Polar (f)	Poolster	[poəl·stər]
marciano (m)	marsbewoner	[mars·bevonər]
extraterrestre (m)	buiteaardse wese	[bœitə·ãrdsə vesə]

alienígena (m)	ruimtewese	[rœimtə·vesə]
disco (m) voador	vlieënde skottel	[fliɛndə skottəl]
espaçonave (f)	ruimteskip	[rœimtə·skip]
estação (f) orbital	ruimtestasie	[rœimtə·stasi]
lançamento (m)	vertrek	[fertrek]
motor (m)	enjin	[ɛndʒin]
bocal (m)	uitlaatpyp	[œitlãt·pajp]
combustível (m)	brandstof	[brantstof]
cabine (f)	stuurkajuit	[stɪr·kajœit]
antena (f)	lugdraad	[luχdrãt]
vigia (f)	patryspoort	[patrajs·poərt]
bateria (f) solar	sonpaneel	[son·paneəl]
traje (m) espacial	ruimtepak	[rœimtə·pak]
imponderabilidade (f)	gewigloosheid	[χeviχloəshæjt]
oxigênio (m)	suurstof	[sɪrstof]
acoplagem (f)	koppeling	[koppeliŋ]
fazer uma acoplagem	koppel	[koppəl]
observatório (m)	observatorium	[observatorium]
telescópio (m)	teleskoop	[teleskoəp]
observar (vt)	waarneem	[vãrneəm]
explorar (vt)	eksploreer	[ɛksploreər]

196. A Terra

Terra (f)	die Aarde	[di ãrdə]
globo terrestre (Terra)	die aardbol	[di ãrdbol]
planeta (m)	planeet	[planeət]
atmosfera (f)	atmosfeer	[atmosfeər]
geografia (f)	geografie	[χeoχrafi]
natureza (f)	natuur	[natɪr]
globo (mapa esférico)	aardbol	[ãrd·bol]
mapa (m)	kaart	[kãrt]
atlas (m)	atlas	[atlas]
Europa (f)	Europa	[øəropa]
Ásia (f)	Asië	[asiɛ]
África (f)	Afrika	[afrika]
Austrália (f)	Australië	[ɔustraliɛ]
América (f)	Amerika	[amerika]
América (f) do Norte	Noord-Amerika	[noərd-amerika]
América (f) do Sul	Suid-Amerika	[sœid-amerika]
Antártida (f)	Suidpool	[sœid·poəl]
Ártico (m)	Noordpool	[noərd·poəl]

197. Pontos cardeais

norte (m)	noorde	[noərdə]
para norte	na die noorde	[na di noərdə]
no norte	in die noorde	[in di noərdə]
do norte (adj)	noordelik	[noərdəlik]
sul (m)	suide	[sœidə]
para sul	na die suide	[na di sœidə]
no sul	in die suide	[in di sœidə]
do sul (adj)	suidelik	[sœidəlik]
oeste, ocidente (m)	weste	[vestə]
para oeste	na die weste	[na di vestə]
no oeste	in die weste	[in di vestə]
ocidental (adj)	westelik	[vestelik]
leste, oriente (m)	ooste	[oəstə]
para leste	na die ooste	[na di oəstə]
no leste	in die ooste	[in di oəstə]
oriental (adj)	oostelik	[oəstəlik]

198. Mar. Oceano

mar (m)	see	[seə]
oceano (m)	oseaan	[oseãn]
golfo (m)	golf	[χolf]
estreito (m)	straat	[strãt]
terra (f) firme	land	[lant]
continente (m)	kontinent	[kontinent]
ilha (f)	eiland	[æjlant]
península (f)	skiereiland	[skir·æjlant]
arquipélago (m)	argipel	[arχipəl]
baía (f)	baai	[bãi]
porto (m)	hawe	[havə]
lagoa (f)	strandmeer	[strand·meər]
cabo (m)	kaap	[kãp]
atol (m)	atol	[atol]
recife (m)	rif	[rif]
coral (m)	koraal	[korãl]
recife (m) de coral	koraalrif	[korãl·rif]
profundo (adj)	diep	[dip]
profundidade (f)	diepte	[diptə]
abismo (m)	afgrond	[afχront]
fossa (f) oceânica	trog	[troχ]
corrente (f)	stroming	[strominŋ]
banhar (vt)	omring	[omrinŋ]

| litoral (m) | oewer | [uvər] |
| costa (f) | kus | [kus] |

maré (f) alta	hoogwater	[hoəχ·vatər]
refluxo (m)	laagwater	[lãχ·vatər]
restinga (f)	sandbank	[sand·bank]
fundo (m)	bodem	[bodem]

onda (f)	golf	[χolf]
crista (f) da onda	kruin	[krœin]
espuma (f)	skuim	[skœim]

tempestade (f)	storm	[storm]
furacão (m)	orkaan	[orkãn]
tsunami (m)	tsunami	[tsunami]
calmaria (f)	windstilte	[vindstiltə]
calmo (adj)	kalm	[kalm]

| polo (m) | pool | [poəl] |
| polar (adj) | polêr | [polær] |

latitude (f)	breedtegraad	[breədtə·χrãt]
longitude (f)	lengtegraad	[leŋtə·χrãt]
paralela (f)	parallel	[paralləl]
equador (m)	ewenaar	[ɛvenãr]

céu (m)	hemel	[heməl]
horizonte (m)	horison	[horison]
ar (m)	lug	[luχ]

farol (m)	vuurtoring	[fɪrtoriŋ]
mergulhar (vi)	duik	[dœik]
afundar-se (vr)	sink	[sink]
tesouros (m pl)	skatte	[skattə]

199. Nomes de Mares e Oceanos

Oceano (m) Atlântico	Atlantiese oseaan	[atlantisə oseãn]
Oceano (m) Índico	Indiese Oseaan	[indisə oseãn]
Oceano (m) Pacífico	Stille Oseaan	[stillə oseãn]
Oceano (m) Ártico	Noordelike Yssee	[noərdelikə ajs·seə]

Mar (m) Negro	Swart See	[swart seə]
Mar (m) Vermelho	Rooi See	[roj seə]
Mar (m) Amarelo	Geel See	[χeəl seə]
Mar (m) Branco	Witsee	[vit·seə]

Mar (m) Cáspio	Kaspiese See	[kaspisə seə]
Mar (m) Morto	Dooie See	[doje seə]
Mar (m) Mediterrâneo	Middellandse See	[middəllandsə seə]

Mar (m) Egeu	Egeïese See	[ɛχejesə seə]
Mar (m) Adriático	Adriatiese See	[adriatisə seə]
Mar (m) Arábico	Arabiese See	[arabisə seə]

Mar (m) do Japão	Japanse See	[japaŋsə seə]
Mar (m) de Bering	Beringsee	[beriŋ·seə]
Mar (m) da China Meridional	Suid-Sjinese See	[sœid-ʃinesə seə]

Mar (m) de Coral	Koraalsee	[korāl·seə]
Mar (m) de Tasman	Tasmansee	[tasmaŋ·seə]
Mar (m) do Caribe	Karibiese See	[karibisə seə]

| Mar (m) de Barents | Barentssee | [barents·seə] |
| Mar (m) de Kara | Karasee | [kara·seə] |

Mar (m) do Norte	Noordsee	[noərd·seə]
Mar (m) Báltico	Baltiese See	[baltisə seə]
Mar (m) da Noruega	Noorse See	[noərsə seə]

200. Montanhas

montanha (f)	berg	[berχ]
cordilheira (f)	bergreeks	[berχ·reəks]
serra (f)	bergrug	[berχ·ruχ]

cume (m)	top	[top]
pico (m)	piek	[pik]
pé (m)	voet	[fut]
declive (m)	helling	[hɛlliŋ]

vulcão (m)	vulkaan	[fulkān]
vulcão (m) ativo	aktiewe vulkaan	[aktivə fulkān]
vulcão (m) extinto	rustende vulkaan	[rustendə fulkān]

erupção (f)	uitbarsting	[œitbarstiŋ]
cratera (f)	krater	[kratər]
magma (m)	magma	[maχma]
lava (f)	lawa	[lava]
fundido (lava ~a)	gloeiende	[χlujendə]

cânion, desfiladeiro (m)	diepkloof	[dip·kloəf]
garganta (f)	kloof	[kloəf]
fenda (f)	skeur	[skøər]
precipício (m)	afgrond	[afχront]

passo, colo (m)	bergpas	[berχ·pas]
planalto (m)	plato	[plato]
falésia (f)	krans	[kraŋs]
colina (f)	kop	[kop]

geleira (f)	gletser	[χletsər]
cachoeira (f)	waterval	[vatər·fal]
gêiser (m)	geiser	[χæjsər]
lago (m)	meer	[meər]

planície (f)	vlakte	[flaktə]
paisagem (f)	landskap	[landskap]
eco (m)	eggo	[ɛχχo]

alpinista (m)	**alpinis**	[alpinis]
escalador (m)	**bergklimmer**	[berχ·klimmər]
conquistar (vt)	**baasraak**	[bãsrãk]
subida, escalada (f)	**beklimming**	[beklimmiŋ]

201. Nomes de montanhas

Alpes (m pl)	**die Alpe**	[di alpə]
Monte Branco (m)	**Mont Blanc**	[mon blan]
Pirineus (m pl)	**die Pireneë**	[di pireneɛ]

Cárpatos (m pl)	**die Karpate**	[di karpatə]
Urais (m pl)	**die Oeralgebergte**	[di ural·χəberχtə]
Cáucaso (m)	**die Koukasus Gebergte**	[di kæʊkasus χəberχtə]
Elbrus (m)	**Elbroes**	[ɛlbrus]

Altai (m)	**die Altai-gebergte**	[di altaj-χəberχtə]
Tian Shan (m)	**die Tian Shan**	[di tian ʃan]
Pamir (m)	**die Pamir**	[di pamir]
Himalaia (m)	**die Himalajas**	[di himalajas]
monte Everest (m)	**Everest**	[ɛverest]

Cordilheira (f) dos Andes	**die Andes**	[di andes]
Kilimanjaro (m)	**Kilimanjaro**	[kilimandʒaro]

202. Rios

rio (m)	**rivier**	[rifir]
fonte, nascente (f)	**bron**	[bron]
leito (m) de rio	**rivierbed**	[rifir·bet]
bacia (f)	**stroomgebied**	[stroəm·χebit]
desaguar no ...	**uitmond in ...**	[œitmont in ...]

afluente (m)	**syrivier**	[saj·rifir]
margem (do rio)	**oewer**	[uvər]

corrente (f)	**stroming**	[stromiŋ]
rio abaixo	**stroomafwaarts**	[stroəm·afvãrts]
rio acima	**stroomopwaarts**	[stroəm·opvãrts]

inundação (f)	**oorstroming**	[oərstromiŋ]
cheia (f)	**oorstroming**	[oərstromiŋ]
transbordar (vi)	**oor sy walle loop**	[oər saj vallə loəp]
inundar (vt)	**oorstroom**	[oərstroəm]

banco (m) de areia	**sandbank**	[sand·bank]
corredeira (f)	**stroomversnellings**	[stroəm·fersnɛlliŋs]

barragem (f)	**damwal**	[dam·wal]
canal (m)	**kanaal**	[kanãl]
reservatório (m) de água	**opgaardam**	[opχãr·dam]
eclusa (f)	**sluis**	[slœis]

corpo (m) de água	dam	[dam]
pântano (m)	moeras	[muras]
lamaçal (m)	vlei	[flæj]
redemoinho (m)	draaikolk	[drãj·kolk]

riacho (m)	spruit	[sprœit]
potável (adj)	drink-	[drink-]
doce (água)	vars	[fars]

| gelo (m) | ys | [ajs] |
| congelar-se (vr) | bevries | [befris] |

203. Nomes de rios

| rio Sena (m) | Seine | [sæjn] |
| rio Loire (m) | Loire | [lua:r] |

rio Tâmisa (m)	Teems	[tems]
rio Reno (m)	Ryn	[rajn]
rio Danúbio (m)	Donau	[donɔu]

rio Volga (m)	Wolga	[volga]
rio Don (m)	Don	[don]
rio Lena (m)	Lena	[lena]

rio Amarelo (m)	Geel Rivier	[χeəl rifir]
rio Yangtzé (m)	Blou Rivier	[blæʊ rifir]
rio Mekong (m)	Mekong	[mekoŋ]
rio Ganges (m)	Ganges	[χaŋəs]

rio Nilo (m)	Nyl	[najl]
rio Congo (m)	Kongorivier	[kongo·rifir]
rio Cubango (m)	Okavango	[okavango]
rio Zambeze (m)	Zambezi	[sambesi]
rio Limpopo (m)	Limpopo	[limpopo]
rio Mississippi (m)	Mississippi	[mississippi]

204. Floresta

| floresta (f), bosque (m) | bos | [bos] |
| florestal (adj) | bos- | [bos-] |

mata (f) fechada	woud	[væʊt]
arvoredo (m)	boord	[boərt]
clareira (f)	oopte	[oəptə]

| matagal (m) | struikgewas | [strœik·χevas] |
| mato (m), caatinga (f) | struikveld | [strœik·fɛlt] |

pequena trilha (f)	paadjie	[pãdʒi]
ravina (f)	donga	[donχa]
árvore (f)	boom	[boəm]

folha (f)	blaar	[blãr]
folhagem (f)	blare	[blarə]

queda (f) das folhas	val van die blare	[fal fan di blarə]
cair (vi)	val	[fal]
topo (m)	boomtop	[boəm·top]

ramo (m)	tak	[tak]
galho (m)	tak	[tak]
botão (m)	knop	[knop]
agulha (f)	naald	[nãlt]
pinha (f)	dennebol	[dɛnnə·bol]

buraco (m) de árvore	holte	[holtə]
ninho (m)	nes	[nes]
toca (f)	gat	[χat]

tronco (m)	stam	[stam]
raiz (f)	wortel	[vortəl]
casca (f) de árvore	bas	[bas]
musgo (m)	mos	[mos]

arrancar pela raiz	ontwortel	[ontwortəl]
cortar (vt)	omkap	[omkap]
desflorestar (vt)	ontbos	[ontbos]
toco, cepo (m)	boomstomp	[boəm·stomp]

fogueira (f)	kampvuur	[kampfɪr]
incêndio (m) florestal	bosbrand	[bos·brant]
apagar (vt)	blus	[blus]

guarda-parque (m)	boswagter	[bos·waχtər]
proteção (f)	beskerming	[beskermiŋ]
proteger (a natureza)	beskerm	[beskerm]
caçador (m) furtivo	wildstroper	[vilt·stropər]
armadilha (f)	slagyster	[slaχ·ajstər]

colher (cogumelos, bagas)	pluk	[pluk]
perder-se (vr)	verdwaal	[ferdwãl]

205. Recursos naturais

recursos (m pl) naturais	natuurlike bronne	[natɪrlikə bronnə]
minerais (m pl)	minerale	[mineralə]
depósitos (m pl)	lae	[laə]
jazida (f)	veld	[fɛlt]

extrair (vt)	myn	[majn]
extração (f)	myn	[majn]
minério (m)	erts	[ɛrts]
mina (f)	myn	[majn]
poço (m) de mina	mynskag	[majn·skaχ]
mineiro (m)	mynwerker	[majn·werkər]
gás (m)	gas	[χas]

gasoduto (m)	gaspyp	[χas·pajp]
petróleo (m)	olie	[oli]
oleoduto (m)	olipypleiding	[oli·pajp·læjdiŋ]
poço (m) de petróleo	oliebron	[oli·bron]
torre (f) petrolífera	boortoring	[boər·toriŋ]
petroleiro (m)	tenkskip	[tɛnk·skip]

areia (f)	sand	[sant]
calcário (m)	kalksteen	[kalksteən]
cascalho (m)	gruis	[χrœis]
turfa (f)	veengrond	[feənχront]
argila (f)	klei	[klæj]
carvão (m)	steenkool	[steən·koəl]

ferro (m)	yster	[ajstər]
ouro (m)	goud	[χæʊt]
prata (f)	silwer	[silwər]
níquel (m)	nikkel	[nikkəl]
cobre (m)	koper	[kopər]

zinco (m)	sink	[sink]
manganês (m)	mangaan	[manχān]
mercúrio (m)	kwik	[kwik]
chumbo (m)	lood	[loət]

mineral (m)	mineraal	[minerāl]
cristal (m)	kristal	[kristal]
mármore (m)	marmer	[marmər]
urânio (m)	uraan	[urān]

A Terra. Parte 2

206. Tempo

tempo (m)	weer	[veər]
previsão (f) do tempo	weersvoorspelling	[veərs·foərspɛliŋ]
temperatura (f)	temperatuur	[temperatɪr]
termômetro (m)	termometer	[termometər]
barômetro (m)	barometer	[barometər]
úmido (adj)	klam	[klam]
umidade (f)	vogtigheid	[foχtiχæjt]
calor (m)	hitte	[hittə]
tórrido (adj)	heet	[heət]
está muito calor	dis vrekwarm	[dis frekvarm]
está calor	dit is warm	[dit is varm]
quente (morno)	louwarm	[læʊvarm]
está frio	dis koud	[dis kæʊt]
frio (adj)	koud	[kæʊt]
sol (m)	son	[son]
brilhar (vi)	skyn	[skajn]
de sol, ensolarado	sonnig	[sonnəχ]
nascer (vi)	opkom	[opkom]
pôr-se (vr)	ondergaan	[ondərχãn]
nuvem (f)	wolk	[volk]
nublado (adj)	bewolk	[bevolk]
nuvem (f) preta	reënwolk	[reɛn·wolk]
escuro, cinzento (adj)	somber	[sombər]
chuva (f)	reën	[reɛn]
está a chover	dit reën	[dit reɛn]
chuvoso (adj)	reënerig	[reɛnerəχ]
chuviscar (vi)	motreën	[motreɛn]
chuva (f) torrencial	stortbui	[stortbœi]
aguaceiro (m)	reënvlaag	[reɛn·flãχ]
forte (chuva, etc.)	swaar	[swãr]
poça (f)	poeletjie	[puləki]
molhar-se (vr)	nat word	[nat vort]
nevoeiro (m)	mis	[mis]
de nevoeiro	mistig	[mistəχ]
neve (f)	sneeu	[sniʊ]
está nevando	dit sneeu	[dit sniʊ]

207. Tempo extremo. Catástrofes naturais

trovoada (f)	donderstorm	[dondər·storm]
relâmpago (m)	weerlig	[veərləχ]
relampejar (vi)	flits	[flits]
trovão (m)	donder	[dondər]
trovejar (vi)	donder	[dondər]
está trovejando	dit donder	[dit dondər]
granizo (m)	hael	[haəl]
está caindo granizo	dit hael	[dit haəl]
inundar (vt)	oorstroom	[oərstroəm]
inundação (f)	oorstroming	[oərstromiŋ]
terremoto (m)	aardbewing	[ārd·beviŋ]
abalo, tremor (m)	aardskok	[ārd·skok]
epicentro (m)	episentrum	[ɛpisentrum]
erupção (f)	uitbarsting	[œitbarstiŋ]
lava (f)	lawa	[lava]
tornado (m)	tornado	[tornado]
tufão (m)	tifoon	[tifoən]
furacão (m)	orkaan	[orkān]
tempestade (f)	storm	[storm]
tsunami (m)	tsunami	[tsunami]
ciclone (m)	sikloon	[sikloən]
mau tempo (m)	slegte weer	[sleχtə veər]
incêndio (m)	brand	[brant]
catástrofe (f)	ramp	[ramp]
meteorito (m)	meteoriet	[meteorit]
avalanche (f)	lawine	[lavinə]
deslizamento (m) de neve	sneeulawine	[sniʊ·lavinə]
nevasca (f)	sneeustorm	[sniʊ·storm]
tempestade (f) de neve	sneeustorm	[sniʊ·storm]

208. Ruídos. Sons

silêncio (m)	stilte	[stiltə]
som (m)	geluid	[χelœit]
ruído, barulho (m)	geraas	[χerās]
fazer barulho	geraas maak	[χerās māk]
ruidoso, barulhento (adj)	lawaaierig	[lavajerəχ]
alto	hard	[hart]
alto (ex. voz ~a)	hard	[hart]
constante (ruído, etc.)	aanhoudend	[ānhæʊdent]
grito (m)	skreeu	[skriʊ]

gritar (vi)	skreeu	[skriʊ]
sussurro (m)	gefluister	[χeflœistər]
sussurrar (vi, vt)	fluister	[flœistər]
latido (m)	geblaf	[χeblaf]
latir (vi)	blaf	[blaf]
gemido (m)	gekreun	[χekrøən]
gemer (vi)	kreun	[krøən]
tosse (f)	hoes	[hus]
tossir (vi)	hoes	[hus]
assobio (m)	gefluit	[χeflœit]
assobiar (vi)	fluit	[flœit]
batida (f)	klop	[klop]
bater (à porta)	klop	[klop]
estalar (vi)	kraak	[krãk]
estalido (m)	gekraak	[χekrãk]
sirene (f)	sirene	[sirenə]
apito (m)	fluit	[flœit]
apitar (vi)	fluit	[flœit]
buzina (f)	toeter	[tutər]
buzinar (vi)	toeter	[tutər]

209. Inverno

inverno (m)	winter	[vintər]
de inverno	winter-	[vintər-]
no inverno	in die winter	[in di vintər]
neve (f)	sneeu	[sniʊ]
está nevando	dit sneeu	[dit sniʊ]
queda (f) de neve	sneeuval	[sniʊ·fal]
amontoado (m) de neve	sneeuhoop	[sniʊ·hoəp]
floco (m) de neve	sneeuvlokkie	[sniʊ·flokki]
bola (f) de neve	sneeubal	[sniʊ·bal]
boneco (m) de neve	sneeuman	[sniʊ·man]
sincelo (m)	yskeël	[ajskeɛl]
dezembro (m)	Desember	[desembər]
janeiro (m)	Januarie	[januari]
fevereiro (m)	Februarie	[februari]
gelo (m)	ryp	[rajp]
gelado (tempo ~)	vries-	[fris-]
abaixo de zero	onder nul	[ondər nul]
primeira geada (f)	eerste ryp	[eərstə rajp]
geada (f) branca	ruigryp	[rœiχ·rajp]
frio (m)	koue	[kæʊə]
está frio	dis koud	[dis kæʊt]

| casaco (m) de pele | pelsjas | [pelʃas] |
| mitenes (f pl) | duimhandskoene | [dœim·handskunə] |

| adoecer (vi) | siek word | [sik vort] |
| resfriado (m) | verkoue | [ferkæʊə] |

gelo (m)	ys	[ajs]
gelo (m) na estrada	gevriesde reën	[χefrisdə rɛɛn]
congelar-se (vr)	bevries	[befris]
bloco (m) de gelo	ysskotse	[ajs·skotsə]

esquiador (m)	skiër	[skiɛr]
esquiar (vi)	ski	[ski]
patinar (vi)	ysskaats	[ajs·skāts]

Fauna

210. Mamíferos. Predadores

predador (m)	roofdier	[roəf·dir]
tigre (m)	tier	[tir]
leão (m)	leeu	[liʊ]
lobo (m)	wolf	[volf]
raposa (f)	vos	[fos]
jaguar (m)	jaguar	[jaχuar]
leopardo (m)	luiperd	[lœipert]
chita (f)	jagluiperd	[jaχ·lœipert]
pantera (f)	swart luiperd	[swart lœipert]
puma (m)	poema	[puma]
leopardo-das-neves (m)	sneeuluiperd	[sniʊ·lœipert]
lince (m)	los	[los]
coiote (m)	prêriewolf	[præri·volf]
chacal (m)	jakkals	[jakkals]
hiena (f)	hiëna	[hiɛna]

211. Animais selvagens

animal (m)	dier	[dir]
besta (f)	beest	[beəst]
esquilo (m)	eekhoring	[eəkhoriŋ]
ouriço (m)	krimpvarkie	[krimpfarki]
lebre (f)	hasie	[hasi]
coelho (m)	konyn	[konajn]
texugo (m)	das	[das]
guaxinim (m)	wasbeer	[vasbeər]
hamster (m)	hamster	[hamstər]
marmota (f)	marmot	[marmot]
toupeira (f)	mol	[mol]
rato (m)	muis	[mœis]
ratazana (f)	rot	[rot]
morcego (m)	vlermuis	[fler·mœis]
arminho (m)	hermelyn	[hermələjn]
zibelina (f)	sabel, sabeldier	[sabəl], [sabəl·dir]
marta (f)	marter	[martər]
doninha (f)	wesel	[vesəl]
visom (m)	nerts	[nerts]

| castor (m) | bewer | [bevər] |
| lontra (f) | otter | [ottər] |

cavalo (m)	perd	[pert]
alce (m)	eland	[ɛlant]
veado (m)	hert	[hert]
camelo (m)	kameel	[kameəl]

bisão (m)	bison	[bison]
auroque (m)	wisent	[visent]
búfalo (m)	buffel	[buffəl]

zebra (f)	sebra, kwagga	[sebra], [kwaχχa]
antílope (m)	wildsbok	[vilds·bok]
corça (f)	reebok	[reəbok]
gamo (m)	damhert	[damhert]
camurça (f)	gems	[χems]
javali (m)	wildevark	[vildə·fark]

baleia (f)	walvis	[valfis]
foca (f)	seehond	[seə·hont]
morsa (f)	walrus	[valrus]
urso-marinho (m)	seebeer	[seə·beər]
golfinho (m)	dolfyn	[dolfajn]

urso (m)	beer	[beər]
urso (m) polar	ysbeer	[ajs·beər]
panda (m)	panda	[panda]

macaco (m)	aap	[ãp]
chimpanzé (m)	sjimpansee	[ʃimpaŋseə]
orangotango (m)	orangoetang	[oranχutaŋ]
gorila (m)	gorilla	[χorilla]
macaco (m)	makaak	[makãk]
gibão (m)	gibbon	[χibbon]

elefante (m)	olifant	[olifant]
rinoceronte (m)	renoster	[renostər]
girafa (f)	kameelperd	[kameəl·pert]
hipopótamo (m)	seekoei	[seə·kui]

| canguru (m) | kangaroe | [kanχaru] |
| coala (m) | koala | [koala] |

mangusto (m)	muishond	[mœis·hont]
chinchila (f)	chinchilla, tjintjilla	[tʃin·tʃila]
cangambá (f)	stinkmuishond	[stinkmœis·hont]
porco-espinho (m)	ystervark	[ajstər·fark]

212. Animais domésticos

gata (f)	kat	[kat]
gato (m) macho	kater	[katər]
cão (m)	hond	[hont]

cavalo (m)	perd	[pert]
garanhão (m)	hings	[hiŋs]
égua (f)	merrie	[merri]

vaca (f)	koei	[kui]
touro (m)	bul	[bul]
boi (m)	os	[os]

ovelha (f)	skaap	[skãp]
carneiro (m)	ram	[ram]
cabra (f)	bok	[bok]
bode (m)	bokram	[bok·ram]

| burro (m) | donkie, esel | [donki], [eisəl] |
| mula (f) | muil | [mœil] |

porco (m)	vark	[fark]
leitão (m)	varkie	[farki]
coelho (m)	konyn	[konajn]

| galinha (f) | hoender, hen | [hundər], [hen] |
| galo (m) | haan | [hãn] |

pata (f), pato (m)	eend	[eent]
pato (m)	mannetjieseend	[mannəkis·eent]
ganso (m)	gans	[χaŋs]

| peru (m) | kalkoenmannetjie | [kalkun·mannəki] |
| perua (f) | kalkoen | [kalkun] |

animais (m pl) domésticos	huisdiere	[hœis·dirə]
domesticado (adj)	mak	[mak]
domesticar (vt)	mak maak	[mak mãk]
criar (vt)	teel	[teəl]

fazenda (f)	plaas	[plãs]
aves (f pl) domésticas	pluimvee	[plœimfeə]
gado (m)	beeste	[beestə]
rebanho (m), manada (f)	kudde	[kuddə]

estábulo (m)	stal	[stal]
chiqueiro (m)	varkstal	[fark·stal]
estábulo (m)	koeistal	[kui·stal]
coelheira (f)	konynehok	[konajnə·hok]
galinheiro (m)	hoenderhok	[hundər·hok]

213. Cães. Raças de cães

cão (m)	hond	[hont]
cão pastor (m)	herdershond	[herdərs·hont]
pastor-alemão (m)	Duitse herdershond	[dœitsə herdərs·hont]
poodle (m)	poedel	[pudəl]
linguicinha (m)	worshond	[vors·hont]
buldogue (m)	bulhond	[bul·hont]

boxer (m)	bokser	[boksər]
mastim (m)	mastiff	[mastif]
rottweiler (m)	Rottweiler	[rottwæjlər]
dóberman (m)	Dobermann	[dobermann]

basset (m)	basset	[basset]
pastor inglês (m)	bobtail	[bobtajl]
dálmata (m)	Dalmatiese hond	[dalmatisə hont]
cocker spaniel (m)	sniphond	[snip·hont]

| terra-nova (m) | Newfoundlander | [njufæʊntlandər] |
| são-bernardo (m) | Sint Bernard | [sint bernart] |

husky (m) siberiano	poolhond, husky	[pulhont], [huski]
Chow-chow (m)	chowchow	[tʃau·tʃau]
spitz alemão (m)	spitshond	[spits·hont]
pug (m)	mopshond	[mops·hont]

214. Sons produzidos pelos animais

latido (m)	geblaf	[χeblaf]
latir (vi)	blaf	[blaf]
miar (vi)	miaau	[miãu]
ronronar (vi)	spin	[spin]

mugir (vaca)	loei	[lui]
bramir (touro)	bulk	[bulk]
rosnar (vi)	grom	[χrom]

uivo (m)	gehuil	[χehœil]
uivar (vi)	huil	[hœil]
ganir (vi)	tjank	[tʃank]

balir (vi)	blêr	[blær]
grunhir (vi)	snork	[snork]
guinchar (vi)	gil	[χil]

coaxar (sapo)	kwaak	[kwãk]
zumbir (inseto)	zoem	[zum]
ziziar (vi)	kriek	[krik]

215. Animais jovens

cria (f), filhote (m)	kleintjie	[klæjŋki]
gatinho (m)	katjie	[kaki]
ratinho (m)	muisie	[mœisi]
cachorro (m)	hondjie	[hondʒi]

filhote (m) de lebre	hasie	[hasi]
coelhinho (m)	konyntjie	[konajŋki]
lobinho (m)	wolfie	[volfi]
filhote (m) de raposa	vossie	[fossi]

filhote (m) de urso	beertjie	[beərki]
filhote (m) de leão	leeutjie	[liʊki]
filhote (m) de tigre	tiertjie	[tirki]
filhote (m) de elefante	olifantjie	[olifanki]

leitão (m)	varkie	[farki]
bezerro (m)	kalfie	[kalfi]
cabrito (m)	bokkie	[bokki]
cordeiro (m)	lam	[lam]
filhote (m) de veado	bokkie	[bokki]
cria (f) de camelo	kameeltjie	[kameəlki]

filhote (m) de serpente	slangetjie	[slaŋəki]
filhote (m) de rã	paddatjie	[pad·daki]

cria (f) de ave	voëltjie	[foɛlki]
pinto (m)	kuiken	[kœiken]
patinho (m)	eendjie	[eəndʒi]

216. Pássaros

pássaro (m), ave (f)	voël	[foɛl]
pombo (m)	duif	[dœif]
pardal (m)	mossie	[mossi]
chapim-real (m)	mees	[meəs]
pega-rabuda (f)	ekster	[ɛkstər]

corvo (m)	raaf	[rãf]
gralha-cinzenta (f)	kraai	[krãi]
gralha-de-nuca-cinzenta (f)	kerkkraai	[kerk·krãi]
gralha-calva (f)	roek	[ruk]

pato (m)	eend	[eent]
ganso (m)	gans	[χaŋs]
faisão (m)	fisant	[fisant]

águia (f)	arend	[arɛnt]
açor (m)	sperwer	[sperwər]
falcão (m)	valk	[falk]
abutre (m)	aasvoël	[ãsfoɛl]
condor (m)	kondor	[kondor]

cisne (m)	swaan	[swãn]
grou (m)	kraanvoël	[krãn·foɛl]
cegonha (f)	ooievaar	[ojefãr]

papagaio (m)	papegaai	[papəχãi]
beija-flor (m)	kolibrie	[kolibri]
pavão (m)	pou	[pæʊ]

avestruz (m)	volstruis	[folstrœis]
garça (f)	reier	[ræjer]
flamingo (m)	flamink	[flamink]
pelicano (m)	pelikaan	[pelikãn]

| rouxinol (m) | nagtegaal | [naχteχāl] |
| andorinha (f) | swael | [swaəl] |

tordo-zornal (m)	lyster	[lajstər]
tordo-músico (m)	sanglyster	[saŋlajstər]
melro-preto (m)	merel	[merəl]

andorinhão (m)	windswael	[vindswaəl]
cotovia (f)	lewerik	[leverik]
codorna (f)	kwartel	[kwartəl]

pica-pau (m)	speg	[speχ]
cuco (m)	koekoek	[kukuk]
coruja (f)	uil	[œil]
bufo-real (m)	ooruil	[oərœil]
tetraz-grande (m)	auerhoen	[ɔuer·hun]
tetraz-lira (m)	korhoen	[korhun]
perdiz-cinzenta (f)	patrys	[patrajs]

estorninho (m)	spreeu	[spriʋ]
canário (m)	kanarie	[kanari]
galinha-do-mato (f)	bonasa hoen	[bonasa hun]
tentilhão (m)	gryskoppie	[χrajskoppi]
dom-fafe (m)	bloedvink	[bludfink]

gaivota (f)	seemeeu	[seəmiʋ]
albatroz (m)	albatros	[albatros]
pinguim (m)	pikkewyn	[pikkəvajn]

217. Pássaros. Canto e sons

cantar (vi)	fluit	[flœit]
gritar, chamar (vi)	roep	[rup]
cantar (o galo)	kraai	[krāi]
cocorocó (m)	koekelekoe	[kukeleku]

cacarejar (vi)	kekkel	[kɛkkəl]
crocitar (vi)	kras	[kras]
grasnar (vi)	kwaak	[kwāk]
piar (vi)	piep	[pip]
chilrear, gorjear (vi)	tjilp	[ʧilp]

218. Peixes. Animais marinhos

brema (f)	brasem	[brasem]
carpa (f)	karp	[karp]
perca (f)	baars	[bārs]
siluro (m)	katvis, seebaber	[katfis], [seə·babər]
lúcio (m)	snoek	[snuk]

| salmão (m) | salm | [salm] |
| esturjão (m) | steur | [støər] |

arenque (m)	haring	[hariŋ]
salmão (m) do Atlântico	atlantiese salm	[atlantisə salm]
cavala, sarda (f)	makriel	[makril]
solha (f), linguado (m)	platvis	[platfis]

lúcio perca (m)	varswatersnoek	[farswatər·snuk]
bacalhau (m)	kabeljou	[kabeljæʊ]
atum (m)	tuna	[tuna]
truta (f)	forel	[forəl]

enguia (f)	paling	[paliŋ]
raia (f) elétrica	drilvis	[drilfis]
moreia (f)	bontpaling	[bontpaliŋ]
piranha (f)	piranha	[piranha]

tubarão (m)	haai	[hãi]
golfinho (m)	dolfyn	[dolfajn]
baleia (f)	walvis	[valfis]

caranguejo (m)	krap	[krap]
água-viva (f)	jellievis	[jelli·fis]
polvo (m)	seekat	[seə·kat]

estrela-do-mar (f)	seester	[seə·stər]
ouriço-do-mar (m)	see-egel, seekastaiing	[seə-eχel], [seə·kastajiŋ]
cavalo-marinho (m)	seeperdjie	[seə·perʤi]

ostra (f)	oester	[ustər]
camarão (m)	garnaal	[χarnãl]
lagosta (f)	kreef	[kreəf]
lagosta (f)	seekreef	[seə·kreəf]

219. Anfíbios. Répteis

| cobra (f) | slang | [slaŋ] |
| venenoso (adj) | giftig | [χiftəχ] |

víbora (f)	adder	[addər]
naja (f)	kobra	[kobra]
píton (m)	luislang	[lœislaŋ]
jiboia (f)	boa, konstriktorslang	[boa], [koŋstriktor·slaŋ]

cobra-de-água (f)	ringslang	[riŋ·slaŋ]
cascavel (f)	ratelslang	[ratəl·slaŋ]
anaconda (f)	anakonda	[anakonda]

lagarto (m)	akkedis	[akkedis]
iguana (f)	leguaan	[leχuãn]
varano (m)	likkewaan	[likkevãn]
salamandra (f)	salamander	[salamandər]
camaleão (m)	verkleurmannetjie	[ferkløər·manneki]
escorpião (m)	skerpioen	[skerpiun]
tartaruga (f)	skilpad	[skilpat]
rã (f)	padda	[padda]

| sapo (m) | brulpadda | [brul·padda] |
| crocodilo (m) | krokodil | [krokodil] |

220. Insetos

inseto (m)	insek	[insek]
borboleta (f)	skoenlapper	[skunlappər]
formiga (f)	mier	[mir]
mosca (f)	vlieg	[fliχ]
mosquito (m)	muskiet	[muskit]
escaravelho (m)	kewer	[kevər]

vespa (f)	perdeby	[perdə·baj]
abelha (f)	by	[baj]
mamangaba (f)	hommelby	[hommel·baj]
moscardo (m)	perdevlieg	[perdə·fliχ]

| aranha (f) | spinnekop | [spinnə·kop] |
| teia (f) de aranha | spinnerak | [spinnə·rak] |

libélula (f)	naaldekoker	[nāldə·kokər]
gafanhoto (m)	sprinkaan	[sprinkān]
traça (f)	mot	[mot]

barata (f)	kakkerlak	[kakkerlak]
carrapato (m)	bosluis	[boslœis]
pulga (f)	vlooi	[floj]
borrachudo (m)	muggie	[muχχi]

gafanhoto (m)	treksprinkhaan	[trek·sprinkhān]
caracol (m)	slak	[slak]
grilo (m)	kriek	[krik]
pirilampo, vaga-lume (m)	vuurvliegie	[fɪrfliχi]
joaninha (f)	lieweheersbesie	[liveheers·besi]
besouro (m)	lentekewer	[lentekevər]

sanguessuga (f)	bloedsuier	[blud·sœiər]
lagarta (f)	ruspe	[ruspə]
minhoca (f)	erdwurm	[ɛrd·vurm]
larva (f)	larwe	[larvə]

221. Animais. Partes do corpo

bico (m)	snawel	[snavəl]
asas (f pl)	vlerke	[flerkə]
pata (f)	poot	[poət]
plumagem (f)	vere	[ferə]
pena, pluma (f)	veer	[feər]
crista (f)	kuif	[kœif]

| brânquias, guelras (f pl) | kiewe | [kivə] |
| ovas (f pl) | viseiers | [fisæjers] |

larva (f)	larwe	[larvə]
barbatana (f)	vin	[fin]
escama (f)	skubbe	[skubbə]

presa (f)	slagtand	[slaχtant]
pata (f)	poot	[poət]
focinho (m)	muil	[mœil]

boca (f)	bek	[bek]
cauda (f), rabo (m)	stert	[stert]
bigodes (m pl)	snor	[snor]

casco (m)	hoef	[huf]
corno (m)	horing	[horiŋ]

carapaça (f)	rugdop	[ruχdop]
concha (f)	skulp	[skulp]
casca (f) de ovo	eierdop	[æjer·dop]

pelo (m)	pels	[pɛls]
pele (f), couro (m)	vel	[fəl]

222. Ações dos animais

voar (vi)	vlieg	[fliχ]
dar voltas	sirkel	[sirkəl]

voar (para longe)	wegvlieg	[veχfliχ]
bater as asas	klapwiek	[klapwik]

bicar (vi)	pik	[pik]
incubar (vt)	broei	[brui]
sair do ovo	uitbroei	[œjtbræj]

rastejar (vi)	seil	[sæjl]
picar (vt)	steek	[steək]
morder (cachorro, etc.)	byt	[bajt]

cheirar (vt)	snuffel	[snuffəl]
latir (vi)	blaf	[blaf]
silvar (vi)	sis	[sis]

assustar (vt)	bang maak	[baŋ māk]
atacar (vt)	aanval	[ānfal]

roer (vt)	knaag	[knāχ]
arranhar (vt)	krap	[krap]
esconder-se (vr)	wegkruip	[veχkrœip]

brincar (vi)	speel	[speəl]
caçar (vi)	jag	[jaχ]

hibernar (vi)	oorwinter	[oərwintər]
extinguir-se (vr)	uitsterf	[œitsterf]

223. Animais. Habitats

hábitat (m)	**habitat**	[habitat]
migração (f)	**migrasie**	[miχrasi]
montanha (f)	**berg**	[berχ]
recife (m)	**rif**	[rif]
falésia (f)	**rots**	[rots]
floresta (f)	**woud**	[væʊt]
selva (f)	**oerwoud**	[urwæʊt]
savana (f)	**veld**	[fɛlt]
tundra (f)	**toendra**	[tundra]
estepe (f)	**steppe**	[stɛppə]
deserto (m)	**woestyn**	[vustajn]
oásis (m)	**oase**	[oasə]
mar (m)	**see**	[seə]
lago (m)	**meer**	[meər]
oceano (m)	**oseaan**	[oseãn]
pântano (m)	**moeras**	[muras]
de água doce	**varswater**	[fars·vatər]
lagoa (f)	**dam**	[dam]
rio (m)	**rivier**	[rifir]
toca (f) do urso	**hol**	[hol]
ninho (m)	**nes**	[nes]
buraco (m) de árvore	**holte**	[holtə]
toca (f)	**gat**	[χat]
formigueiro (m)	**miershoop**	[mirs·hoəp]

224. Cuidados com os animais

jardim (m) zoológico	**dieretuin**	[dirə·tœin]
reserva (f) natural	**natuurreservaat**	[natɪr·reserfãt]
viveiro (m)	**teelplaas**	[teəlplãs]
jaula (f) de ar livre	**opelughok**	[opeluχ·hok]
jaula, gaiola (f)	**kooi**	[koj]
casinha (f) de cachorro	**hondehok**	[hondə·hok]
pombal (m)	**duiwehok**	[dœive·hok]
aquário (m)	**vistenk**	[fis·tɛnk]
delfinário (m)	**dolfynpark**	[dolfajn·park]
criar (vt)	**teel**	[teəl]
cria (f)	**werpsel**	[verpsəl]
domesticar (vt)	**mak maak**	[mak mãk]
adestrar (vt)	**afrig**	[afrəχ]
ração (f)	**voer**	[fur]
alimentar (vt)	**voer**	[fur]

loja (f) de animais	troeteldierwinkel	[truteldir·vinkəl]
focinheira (m)	muilkorf	[mœil·korf]
coleira (f)	halsband	[hals·bant]
nome (do animal)	naam	[nãm]
pedigree (m)	stamboom	[stam·boəm]

225. Animais. Diversos

alcateia (f)	trop	[trop]
bando (pássaros)	swerm	[swerm]
cardume (peixes)	skool	[skoəl]
manada (cavalos)	trop	[trop]

| macho (m) | mannetjie | [mannəki] |
| fêmea (f) | wyfie | [vajfi] |

faminto (adj)	honger	[hoŋər]
selvagem (adj)	wild	[vilt]
perigoso (adj)	gevaarlik	[χefãrlik]

226. Cavalos

| cavalo (m) | perd | [pert] |
| raça (f) | ras | [ras] |

| potro (m) | vulling | [fulliŋ] |
| égua (f) | merrie | [merri] |

mustangue (m)	mustang	[mustaŋ]
pônei (m)	ponie	[poni]
cavalo (m) de tiro	trekperd	[trek·pert]

| crina (f) | maanhaar | [mãnhãr] |
| rabo (m) | stert | [stert] |

casco (m)	hoef	[huf]
ferradura (f)	hoefyster	[huf·ajstər]
ferrar (vt)	beslaan	[beslãn]
ferreiro (m)	grofsmid	[χrofsmit]

sela (f)	saal	[sãl]
estribo (m)	stiebeuel	[stibøəəl]
brida (f)	toom	[toəm]
rédeas (f pl)	leisels	[læjsɛls]
chicote (m)	peits	[pæjts]

cavaleiro (m)	ruiter	[rœitər]
colocar sela	opsaal	[opsãl]
montar no cavalo	bestyg	[bestajχ]

| galope (m) | galop | [χalop] |
| galopar (vi) | galoppeer | [χaloppeər] |

trote (m)	**draf**	[draf]
ir a trote	**draf**	[draf]
cavalo (m) de corrida	**resiesperd**	[resispert]
corridas (f pl)	**perdewedren**	[perdə·vedrən]
estábulo (m)	**stal**	[stal]
alimentar (vt)	**voer**	[fur]
feno (m)	**hooi**	[hoj]
dar água	**water gee**	[vatər χeə]
limpar (vt)	**was**	[vas]
carroça (f)	**perdekar**	[perdə·kar]
pastar (vi)	**wei**	[væj]
relinchar (vi)	**runnik**	[runnik]
dar um coice	**skop**	[skop]

Flora

227. Árvores

árvore (f)	boom	[boəm]
decídua (adj)	bladwisselend	[bladwisselent]
conífera (adj)	kegeldraend	[keχɛldraent]
perene (adj)	immergroen	[immərχrun]
macieira (f)	appelboom	[appɛl·boəm]
pereira (f)	peerboom	[peər·boəm]
cerejeira (f)	soetkersieboom	[sutkersi·boəm]
ginjeira (f)	suurkersieboom	[sɪrkersi·boəm]
ameixeira (f)	pruimeboom	[prœimə·boəm]
bétula (f)	berk	[berk]
carvalho (m)	eik	[æjk]
tília (f)	lindeboom	[lində·boəm]
choupo-tremedor (m)	trilpopulier	[trilpopulir]
bordo (m)	esdoring	[ɛsdoriŋ]
espruce (m)	spar	[spar]
pinheiro (m)	denneboom	[dɛnnə·boəm]
alerce, lariço (m)	lorkeboom	[lorkə·boəm]
abeto (m)	den	[den]
cedro (m)	seder	[sedər]
choupo, álamo (m)	populier	[populir]
tramazeira (f)	lysterbessie	[lajstərbɛssi]
salgueiro (m)	wilger	[vilχər]
amieiro (m)	els	[ɛls]
faia (f)	beuk	[bøək]
ulmeiro, olmo (m)	olm	[olm]
freixo (m)	esboom	[ɛs·boəm]
castanheiro (m)	kastaiing	[kastajiŋ]
magnólia (f)	magnolia	[maχnolia]
palmeira (f)	palm	[palm]
cipreste (m)	sipres	[sipres]
mangue (m)	wortelboom	[vortəl·boəm]
embondeiro, baobá (m)	kremetart	[kremetart]
eucalipto (m)	bloekom	[blukom]
sequoia (f)	mammoetboom	[mammut·boəm]

228. Arbustos

arbusto (m)	struik	[strœik]
arbusto (m), moita (f)	bossie	[bossi]

| videira (f) | wingerdstok | [viŋərd·stok] |
| vinhedo (m) | wingerd | [viŋərt] |

framboeseira (f)	framboosstruik	[framboəs·strœik]
groselheira-negra (f)	swartbessiestruik	[swartbɛssi·strœik]
groselheira-vermelha (f)	rooi aalbessiestruik	[roj ālbɛssi·strœik]
groselheira (f) espinhosa	appelliefiestruik	[appɛllifi·strœik]

acácia (f)	akasia	[akasia]
bérberis (f)	suurbessie	[sɪr·bɛssi]
jasmim (m)	jasmyn	[jasmajn]

junípero (m)	jenewer	[jenevər]
roseira (f)	roosstruik	[roəs·strœik]
roseira (f) brava	hondsroos	[honds·roəs]

229. Cogumelos

cogumelo (m)	paddastoel	[paddastul]
cogumelo (m) comestível	eetbare paddastoel	[eətbarə paddastul]
cogumelo (m) venenoso	giftige paddastoel	[ɣiftiχə paddastul]
chapéu (m)	hoed	[hut]
pé, caule (m)	steel	[steəl]

boleto, porcino (m)	Eetbare boleet	[eətbarə boleət]
boleto (m) alaranjado	rooihoed	[rojhut]
boleto (m) de bétula	berkboleet	[berk·boleət]
cantarelo (m)	dooierswam	[dojer·swam]
rússula (f)	russula	[russula]

morchella (f)	morielje	[morilje]
agário-das-moscas (m)	vlieëswam	[fliɛ·swam]
cicuta (f) verde	duiwelsbrood	[dœivɛls·broət]

230. Frutos. Bagas

| fruta (f) | vrug | [fruχ] |
| frutas (f pl) | vrugte | [fruχtə] |

maçã (f)	appel	[appəl]
pera (f)	peer	[peər]
ameixa (f)	pruim	[prœim]

morango (m)	aarbei	[ārbæj]
ginja (f)	suurkersie	[sɪr·kersi]
cereja (f)	soetkersie	[sut·kersi]
uva (f)	druif	[drœif]

framboesa (f)	framboos	[framboəs]
groselha (f) negra	swartbessie	[swartbɛssi]
groselha (f) vermelha	rooi aalbessie	[roj ālbɛssi]
groselha (f) espinhosa	appelliefie	[appɛllifi]

oxicoco (m)	bosbessie	[bosbɛssi]
laranja (f)	lemoen	[lemun]
tangerina (f)	nartjie	[narki]
abacaxi (m)	pynappel	[pajnappəl]
banana (f)	piesang	[pisaŋ]
tâmara (f)	dadel	[dadəl]

limão (m)	suurlemoen	[sɪr·lemun]
damasco (m)	appelkoos	[appɛlkoəs]
pêssego (m)	perske	[perskə]
quiuí (m)	kiwi, kiwivrug	[kivi], [kivi·fruχ]
toranja (f)	pomelo	[pomelo]

baga (f)	bessie	[bɛssi]
bagas (f pl)	bessies	[bɛssis]
arando (m) vermelho	pryselbessie	[prajsɛlbɛssi]
morango-silvestre (m)	wilde aarbei	[vildə ārbæj]
mirtilo (m)	bloubessie	[blæʊbɛssi]

231. Flores. Plantas

flor (f)	blom	[blom]
buquê (m) de flores	boeket	[buket]

rosa (f)	roos	[roəs]
tulipa (f)	tulp	[tulp]
cravo (m)	angelier	[anχelir]
gladíolo (m)	swaardlelie	[swārd·leli]

centáurea (f)	koringblom	[koriŋblom]
campainha (f)	grasklokkie	[χras·klokki]
dente-de-leão (m)	perdeblom	[perdə·blom]
camomila (f)	kamille	[kamillə]

aloé (m)	aalwyn	[ālwajn]
cacto (m)	kaktus	[kaktus]
fícus (m)	rubberplant	[rubbər·plant]

lírio (m)	lelie	[leli]
gerânio (m)	malva	[malfa]
jacinto (m)	hiasint	[hiasint]

mimosa (f)	mimosa	[mimosa]
narciso (m)	narsing	[narsiŋ]
capuchinha (f)	kappertjie	[kapperki]

orquídea (f)	orgidee	[orχideə]
peônia (f)	pinksterroos	[pinkstər·roəs]
violeta (f)	viooltjie	[fioəlki]

amor-perfeito (m)	gesiggie	[χesiχi]
não-me-esqueças (m)	vergeet-my-nietjie	[ferχeət-maj-niki]
margarida (f)	madeliefie	[madelifi]
papoula (f)	papawer	[papavər]

| cânhamo (m) | hennep | [hɛnnəp] |
| hortelã, menta (f) | kruisement | [krœisəment] |

| lírio-do-vale (m) | dallelie | [dalleli] |
| campânula-branca (f) | sneeuklokkie | [sniʊ·klokki] |

urtiga (f)	brandnetel	[brant·netəl]
azedinha (f)	veldsuring	[fɛltsuriŋ]
nenúfar (m)	waterlelie	[vatər·leli]
samambaia (f)	varing	[fariŋ]
líquen (m)	korsmos	[korsmos]

estufa (f)	broeikas	[bruikas]
gramado (m)	grasperk	[xras·perk]
canteiro (m) de flores	blombed	[blom·bet]

planta (f)	plant	[plant]
grama (f)	gras	[xras]
folha (f) de grama	grasspriet	[xras·sprit]

folha (f)	blaar	[blãr]
pétala (f)	kroonblaar	[kroən·blãr]
talo (m)	stingel	[stiŋəl]
tubérculo (m)	knol	[knol]

| broto, rebento (m) | saailing | [sãjliŋ] |
| espinho (m) | doring | [doriŋ] |

florescer (vi)	bloei	[blui]
murchar (vi)	verlep	[ferlep]
cheiro (m)	reuk	[røøk]
cortar (flores)	sny	[snaj]
colher (uma flor)	pluk	[pluk]

232. Cereais, grãos

grão (m)	graan	[xrãn]
cereais (plantas)	graangewasse	[xrãn·xəwassə]
espiga (f)	aar	[ãr]

trigo (m)	koring	[koriŋ]
centeio (m)	rog	[rox]
aveia (f)	hawer	[havər]
painço (m)	gierst	[xirst]
cevada (f)	gars	[xars]
milho (m)	mielie	[mili]
arroz (m)	rys	[rajs]
trigo-sarraceno (m)	bokwiet	[bokwit]

ervilha (f)	ertjie	[ɛrki]
feijão (m) roxo	nierboon	[nir·boən]
soja (f)	soja	[soja]
lentilha (f)	lensie	[lɛŋsi]
feijão (m)	boontjies	[boənkis]

233. Vegetais. Verduras

vegetais (m pl)	groente	[χruntə]
verdura (f)	groente	[χruntə]
tomate (m)	tamatie	[tamati]
pepino (m)	komkommer	[komkommər]
cenoura (f)	wortel	[vortəl]
batata (f)	aartappel	[ārtappəl]
cebola (f)	ui	[œi]
alho (m)	knoffel	[knoffəl]
couve (f)	kool	[koəl]
couve-flor (f)	blomkool	[blom·koəl]
couve-de-bruxelas (f)	Brusselspruite	[brussɛl·sprœitə]
brócolis (m pl)	broccoli	[brokoli]
beterraba (f)	beet	[beət]
berinjela (f)	eiervrug	[æjerfruχ]
abobrinha (f)	vingerskorsie	[fiŋər·skorsi]
abóbora (f)	pampoen	[pampun]
nabo (m)	raap	[rāp]
salsa (f)	pietersielie	[pitərsili]
endro, aneto (m)	dille	[dillə]
alface (f)	blaarslaai	[blārslāi]
aipo (m)	seldery	[selderaj]
aspargo (m)	aspersie	[aspersi]
espinafre (m)	spinasie	[spinasi]
ervilha (f)	ertjie	[ɛrki]
feijão (~ soja, etc.)	boontjies	[boənkis]
milho (m)	mielie	[mili]
feijão (m) roxo	nierboon	[nir·boən]
pimentão (m)	peper	[pepər]
rabanete (m)	radys	[radajs]
alcachofra (f)	artisjok	[artiʃok]

GEOGRAFIA REGIONAL

Países. Nacionalidades

234. Europa Ocidental

Europa (f)	Europa	[øəropa]
União (f) Europeia	Europese Unie	[øəropesə uni]
europeu (m)	Europaan	[øəropeãn]
europeu (adj)	Europees	[øəropeəs]
Áustria (f)	Oostenryk	[oəstenrajk]
austríaco (m)	Oostenryker	[oəstenrajkər]
austríaca (f)	Oostenryker	[oəstenrajkər]
austríaco (adj)	Oostenryks	[oəstenrajks]
Grã-Bretanha (f)	Groot-Brittanje	[χroət-brittanje]
Inglaterra (f)	Engeland	[ɛŋəlant]
inglês (m)	Engelsman	[ɛŋəlsman]
inglesa (f)	Engelse dame	[ɛŋəlsə damə]
inglês (adj)	Engels	[ɛŋəls]
Bélgica (f)	België	[belχiɛ]
belga (m)	Belg	[belχ]
belga (f)	Belg	[belχ]
belga (adj)	Belgies	[belχis]
Alemanha (f)	Duitsland	[dœitslant]
alemão (m)	Duitser	[dœitsər]
alemã (f)	Duitser	[dœitsər]
alemão (adj)	Duits	[dœits]
Países Baixos (m pl)	Nederland	[nedərlant]
Holanda (f)	Holland	[hollant]
holandês (m)	Nederlander	[nedərlandər]
holandesa (f)	Nederlander	[nedərlandər]
holandês (adj)	Nederlands	[nedərlands]
Grécia (f)	Griekeland	[χrikəlant]
grego (m)	Griek	[χrik]
grega (f)	Griek	[χrik]
grego (adj)	Grieks	[χriks]
Dinamarca (f)	Denemarke	[denemarkə]
dinamarquês (m)	Deen	[deən]
dinamarquesa (f)	Deen	[deən]
dinamarquês (adj)	Deens	[deɛŋs]
Irlanda (f)	Ierland	[irlant]
irlandês (m)	Ier	[ir]

irlandesa (f)	**ler**	[ir]
irlandês (adj)	**lers**	[irs]
Islândia (f)	**Ysland**	[ajslant]
islandês (m)	**Yslander**	[ajslandər]
islandesa (f)	**Yslander**	[ajslandər]
islandês (adj)	**Yslandse**	[ajslandsə]
Espanha (f)	**Spanje**	[spanje]
espanhol (m)	**Spanjaard**	[spanjãrt]
espanhola (f)	**Spaanjaard**	[spãnjãrt]
espanhol (adj)	**Spaans**	[spãŋs]
Itália (f)	**Italië**	[italiɛ]
italiano (m)	**Italianer**	[italianər]
italiana (f)	**Italianer**	[italianər]
italiano (adj)	**Italiaans**	[italiãŋs]
Chipre (m)	**Ciprus**	[siprus]
cipriota (m)	**Ciprioot**	[siprioət]
cipriota (f)	**Ciprioot**	[siprioət]
cipriota (adj)	**Cipries**	[sipris]
Malta (f)	**Malta**	[malta]
maltês (m)	**Maltees**	[malteəs]
maltesa (f)	**Maltees**	[malteəs]
maltês (adj)	**Maltees**	[malteəs]
Noruega (f)	**Noorweë**	[noərweɛ]
norueguês (m)	**Noor**	[noər]
norueguesa (f)	**Noor**	[noər]
norueguês (adj)	**Noors**	[noərs]
Portugal (m)	**Portugal**	[portuχal]
português (m)	**Portugees**	[portuχeəs]
portuguesa (f)	**Portugees**	[portuχeəs]
português (adj)	**Portugees**	[portuχeəs]
Finlândia (f)	**Finland**	[finlant]
finlandês (m)	**Fin**	[fin]
finlandesa (f)	**Fin**	[fin]
finlandês (adj)	**Fins**	[fins]
França (f)	**Frankryk**	[frankrajk]
francês (m)	**Fransman**	[fraŋsman]
francesa (f)	**Franse dame**	[fraŋsə damə]
francês (adj)	**Frans**	[fraŋs]
Suécia (f)	**Swede**	[swedə]
sueco (m)	**Sweed**	[sweət]
sueca (f)	**Sweed**	[sweət]
sueco (adj)	**Sweeds**	[sweəds]
Suíça (f)	**Switserland**	[switsərlant]
suíço (m)	**Switser**	[switsər]
suíça (f)	**Switser**	[switsər]

suíço (adj)	Switser	[switsər]
Escócia (f)	Skotland	[skotlant]
escocês (m)	Skot	[skot]
escocesa (f)	Skot	[skot]
escocês (adj)	Skots	[skots]

Vaticano (m)	Vatikaan	[fatikãn]
Liechtenstein (m)	Lichtenstein	[liχtɛŋstejn]
Luxemburgo (m)	Luksemburg	[luksemburχ]
Mônaco (m)	Monako	[monako]

235. Europa Central e de Leste

Albânia (f)	Albanië	[albaniɛ]
albanês (m)	Albaniër	[albaniɛr]
albanesa (f)	Albaniër	[albaniɛr]
albanês (adj)	Albanies	[albanis]

Bulgária (f)	Bulgarye	[bulχaraje]
búlgaro (m)	Bulgaar	[bulχãr]
búlgara (f)	Bulgaar	[bulχãr]
búlgaro (adj)	Bulgaars	[bulχãrs]

Hungria (f)	Hongarye	[honχaraje]
húngaro (m)	Hongaar	[honχãr]
húngara (f)	Hongaar	[honχãr]
húngaro (adj)	Hongaars	[honχãrs]

Letônia (f)	Letland	[letlant]
letão (m)	Let	[let]
letã (f)	Let	[let]
letão (adj)	Lets	[lets]

Lituânia (f)	Litoue	[litæʊə]
lituano (m)	Litouer	[litæʊər]
lituana (f)	Litouer	[litæʊər]
lituano (adj)	Litous	[litæʊs]

Polônia (f)	Pole	[polə]
polonês (m)	Pool	[poəl]
polonesa (f)	Pool	[poəl]
polonês (adj)	Pools	[poəls]

Romênia (f)	Roemenië	[rumeniɛ]
romeno (m)	Roemeen	[rumeən]
romena (f)	Roemeen	[rumeən]
romeno (adj)	Roemeens	[rumeəŋs]

Sérvia (f)	Serwië	[serwiɛ]
sérvio (m)	Serwiër	[serwiɛr]
sérvia (f)	Serwiër	[serwiɛr]
sérvio (adj)	Servies	[serfis]
Eslováquia (f)	Slowakye	[slovakaje]
eslovaco (m)	Slowaak	[slovãk]

eslovaca (f)	Slowaak	[slovãk]
eslovaco (adj)	Slowaaks	[slovãks]

Croácia (f)	Kroasië	[kroasiɛ]
croata (m)	Kroaat	[kroãt]
croata (f)	Kroaat	[kroãt]
croata (adj)	Kroaties	[kroatis]

República (f) Checa	Tjeggië	[ʧeχiɛ]
checo (m)	Tjeg	[ʧeχ]
checa (f)	Tjeg	[ʧeχ]
checo (adj)	Tjegies	[ʧeχis]

Estônia (f)	Estland	[ɛstlant]
estônio (m)	Estlander	[ɛstlandər]
estônia (f)	Estlander	[ɛstlandər]
estônio (adj)	Estlands	[ɛstlands]

Bósnia e Herzegovina (f)	Bosnië & Herzegowina	[bosniɛ en hersegovina]
Macedônia (f)	Masedonië	[masedoniɛ]
Eslovênia (f)	Slovenië	[slofeniɛ]
Montenegro (m)	Montenegro	[montənegro]

236. Países da ex-URSS

Azerbaijão (m)	Azerbeidjan	[azerbæjdjan]
azeri (m)	Azerbeidjanner	[azerbæjdjannər]
azeri (f)	Azerbeidjanner	[azerbæjdjannər]
azeri, azerbaijano (adj)	Azerbeidjans	[azerbæjdjaŋs]

Armênia (f)	Armenië	[armeniɛ]
armênio (m)	Armeniër	[armeniɛr]
armênia (f)	Armeniër	[armeniɛr]
armênio (adj)	Armeens	[armeeŋs]

Belarus	Belarus	[belarus]
bielorrusso (m)	Belarus	[belarus]
bielorrussa (f)	Belarus	[belarus]
bielorrusso (adj)	Belarussies	[belarussis]

Geórgia (f)	Georgië	[χeorχiɛ]
georgiano (m)	Georgiër	[χeorχiɛr]
georgiana (f)	Georgiër	[χeorχiɛr]
georgiano (adj)	Georgies	[χeorχis]

Cazaquistão (m)	Kazakstan	[kasakstan]
cazaque (m)	Kasak	[kasak]
cazaque (f)	Kasak	[kasak]
cazaque (adj)	Kasaks	[kasaks]

Quirguistão (m)	Kirgisië	[kirχisiɛ]
quirguiz (m)	Kirgisiër	[kirχisiɛr]
quirguiz (f)	Kirgisiër	[kirχisiɛr]
quirguiz (adj)	Kirgisies	[kirχisis]

Moldávia (f)	Moldawië	[moldaviɛ]
moldavo (m)	Moldawiër	[moldaviɛr]
moldava (f)	Moldawiër	[moldaviɛr]
moldavo (adj)	Moldawies	[moldavis]

Rússia (f)	Rusland	[ruslant]
russo (m)	Rus	[rus]
russa (f)	Rus	[rus]
russo (adj)	Russies	[russis]

Tajiquistão (m)	Tadjikistan	[tadʒikistan]
tajique (m)	Tadjik	[tadʒik]
tajique (f)	Tadjik	[tadʒik]
tajique (adj)	Tadjiks	[tadʒiks]

Turquemenistão (m)	Turkmenistan	[turkmenistan]
turcomeno (m)	Turkmeen	[turkmeǝn]
turcomena (f)	Turkmeen	[turkmeǝn]
turcomeno (adj)	Turkmeens	[turkmeǝŋs]

Uzbequistão (f)	Oezbekistan	[uzbekistan]
uzbeque (m)	Oezbeek	[uzbeǝk]
uzbeque (f)	Oezbeek	[uzbeǝk]
uzbeque (adj)	Oezbekies	[uzbekis]

Ucrânia (f)	Oekraïne	[ukraïnǝ]
ucraniano (m)	Oekraïner	[ukraïnǝr]
ucraniana (f)	Oekraïner	[ukraïnǝr]
ucraniano (adj)	Oekraïns	[ukraïns]

237. Asia

Ásia (f)	Asië	[asiɛ]
asiático (adj)	Asiaties	[asiatis]

Vietnã (m)	Viëtnam	[viɛtnam]
vietnamita (m)	Viëtnamees	[viɛtnameǝs]
vietnamita (f)	Viëtnamees	[viɛtnameǝs]
vietnamita (adj)	Viëtnamees	[viɛtnameǝs]

Índia (f)	Indië	[indiɛ]
indiano (m)	Indiër	[indiɛr]
indiana (f)	Indiër	[indiɛr]
indiano (adj)	Indies	[indis]

Israel (m)	Israel	[israǝl]
israelense (m)	Israeli	[israeli]
israelita (f)	Israeli	[israeli]
israelense (adj)	Israelies	[israelis]

judeu (m)	Jood	[joǝt]
judia (f)	Jodin	[jodin]
judeu (adj)	Joods	[joǝds]
China (f)	Sjina	[ʃina]

chinês (m)	Sjinees	[ʃineəs]
chinesa (f)	Sjinees	[ʃineəs]
chinês (adj)	Sjinees	[ʃineəs]

coreano (m)	Koreaan	[koreãn]
coreana (f)	Koreaan	[koreãn]
coreano (adj)	Koreaans	[koreãŋs]

Líbano (m)	Libanon	[libanon]
libanês (m)	Libanees	[libaneəs]
libanesa (f)	Libanees	[libaneəs]
libanês (adj)	Libanees	[libaneəs]

Mongólia (f)	Mongolië	[monχoliɛ]
mongol (m)	Mongool	[monχoəl]
mongol (f)	Mongool	[monχoəl]
mongol (adj)	Mongools	[monχoəls]

Malásia (f)	Maleisië	[malæjsiɛ]
malaio (m)	Maleisiër	[malæjsiɛr]
malaia (f)	Maleisiër	[malæjsiɛr]
malaio (adj)	Maleisies	[malæjsis]

Paquistão (m)	Pakistan	[pakistan]
paquistanês (m)	Pakistani	[pakistani]
paquistanesa (f)	Pakistani	[pakistani]
paquistanês (adj)	Pakistans	[pakistaŋs]

Arábia (f) Saudita	Saoedi-Arabië	[saudi-arabiɛ]
árabe (m)	Arabier	[arabir]
árabe (f)	Arabier	[arabir]
árabe (adj)	Arabiese	[arabisə]

Tailândia (f)	Thailand	[tajlant]
tailandês (m)	Thailander	[tajlandər]
tailandesa (f)	Thailander	[tajlandər]
tailandês (adj)	Thais	[tajs]

Taiwan (m)	Taiwan	[tajvan]
taiwanês (m)	Taiwannees	[tajvanneəs]
taiwanesa (f)	Taiwannees	[tajvanneəs]
taiwanês (adj)	Taiwannees	[tajvanneəs]

Turquia (f)	Turkye	[turkaje]
turco (m)	Turk	[turk]
turca (f)	Turk	[turk]
turco (adj)	Turks	[turks]

Japão (m)	Japan	[japan]
japonês (m)	Japannees, Japanner	[japanneəs], [japannər]
japonesa (f)	Japannees, Japanner	[japanneəs], [japannər]
japonês (adj)	Japannees, Japans	[japanneəs], [japaŋs]

Afeganistão (m)	Afghanistan	[afχanistan]
Bangladesh (m)	Bangladesj	[bangladeʃ]
Indonésia (f)	Indonesië	[indonesiɛ]

Jordânia (f)	Jordanië	[jordaniɛ]
Iraque (m)	Irak	[irak]
Irã (m)	Iran	[iran]
Camboja (f)	Kambodja	[kambodja]
Kuwait (m)	Kuwait	[kuvajt]
Laos (m)	Laos	[laos]
Birmânia (f)	Myanmar	[mjanmar]
Nepal (m)	Nepal	[nepal]
Emirados Árabes Unidos	Verenigde Arabiese Emirate	[fereniχdə arabisə emiratə]
Síria (f)	Sirië	[siriɛ]
Palestina (f)	Palestina	[palestina]
Coreia (f) do Sul	Suid-Korea	[sœid-korea]
Coreia (f) do Norte	Noord-Korea	[noərd-korea]

238. América do Norte

Estados Unidos da América	Verenigde State van Amerika	[fereniχdə statə fan amerika]
americano (m)	Amerikaan	[amerikãn]
americana (f)	Amerikaan	[amerikãn]
americano (adj)	Amerikaans	[amerikãŋs]
Canadá (m)	Kanada	[kanada]
canadense (m)	Kanadees	[kanadeəs]
canadense (f)	Kanadees	[kanadeəs]
canadense (adj)	Kanadees	[kanadeəs]
México (m)	Meksiko	[meksiko]
mexicano (m)	Meksikaan	[meksikãn]
mexicana (f)	Meksikaan	[meksikãn]
mexicano (adj)	Meksikaans	[meksikãŋs]

239. América Central do Sul

Argentina (f)	Argentinië	[arχentiniɛ]
argentino (m)	Argentyn	[arχentajn]
argentina (f)	Argentyn	[arχentajn]
argentino (adj)	Argentyns	[arχentajns]
Brasil (m)	Brasilië	[brasiliɛ]
brasileiro (m)	Brasiliaan	[brasiliãn]
brasileira (f)	Brasiliaan	[brasiliãn]
brasileiro (adj)	Brasiliaans	[brasiliãŋs]
Colômbia (f)	Colombia, Kolombië	[kolombia], [kolombiɛ]
colombiano (m)	Colombiaan	[kolombiãn]
colombiana (f)	Colombiaan	[kolombiãn]
colombiano (adj)	Colombiaans	[kolombiãŋs]
Cuba (f)	Kuba	[kuba]

cubano (m)	**Kubaan**	[kubãn]
cubana (f)	**Kubaan**	[kubãn]
cubano (adj)	**Kubaans**	[kubãŋs]

Chile (m)	**Chili**	[tʃili]
chileno (m)	**Chileen**	[tʃileən]
chilena (f)	**Chileen**	[tʃileən]
chileno (adj)	**Chileens**	[tʃileɛŋs]

Bolívia (f)	**Bolivië**	[boliviɛ]
Venezuela (f)	**Venezuela**	[fenesuela]
Paraguai (m)	**Paraguay**	[paragwaj]
Peru (m)	**Peru**	[peru]
Suriname (m)	**Suriname**	[surinamə]
Uruguai (m)	**Uruguay**	[urugwaj]
Equador (m)	**Ecuador**	[ɛkuador]

Bahamas (f pl)	**die Bahamas**	[di bahamas]
Haiti (m)	**Haïti**	[haïti]
República Dominicana	**Dominikaanse Republiek**	[dominikãŋsə republik]
Panamá (m)	**Panama**	[panama]
Jamaica (f)	**Jamaika**	[jamajka]

240. Africa

Egito (m)	**Egipte**	[ɛχiptə]
egípcio (m)	**Egiptenaar**	[ɛχiptenãr]
egípcia (f)	**Egiptenaar**	[ɛχiptenãr]
egípcio (adj)	**Egipties**	[ɛχiptis]

Marrocos	**Marokko**	[marokko]
marroquino (m)	**Marokkaan**	[marokkãn]
marroquina (f)	**Marokkaan**	[marokkãn]
marroquino (adj)	**Marokkaans**	[marokkãŋs]

Tunísia (f)	**Tunisië**	[tunisiɛ]
tunisiano (m)	**Tunisiër**	[tunisiɛr]
tunisiana (f)	**Tunisiër**	[tunisiɛr]
tunisiano (adj)	**Tunisies**	[tunisis]

Gana (f)	**Ghana**	[χana]
Zanzibar (m)	**Zanzibar**	[zanzibar]
Quênia (f)	**Kenia**	[kenia]
Líbia (f)	**Libië**	[libiɛ]
Madagascar (m)	**Madagaskar**	[madaχaskar]

Namíbia (f)	**Namibië**	[namibiɛ]
Senegal (m)	**Senegal**	[seneχal]
Tanzânia (f)	**Tanzanië**	[tansaniɛ]
África (f) do Sul	**Suid-Afrika**	[sœid-afrika]

africano (m)	**Afrikaan**	[afrikãn]
africana (f)	**Afrikaan**	[afrikãn]
africano (adj)	**Afrika-**	[afrika-]

241. Austrália. Oceania

Austrália (f)	Australië	[ɔustraliɛ]
australiano (m)	Australiër	[ɔustraliɛr]
australiana (f)	Australiër	[ɔustraliɛr]
australiano (adj)	Australies	[ɔustralis]
Nova Zelândia (f)	Nieu-Seeland	[niu-seəlant]
neozelandês (m)	Nieu-Seelander	[niu-seəlandər]
neozelandesa (f)	Nieu-Seelander	[niu-seəlandər]
neozelandês (adj)	Nieu-Seelands	[niu-seəlants]
Tasmânia (f)	Tasmanië	[tasmaniɛ]
Polinésia (f) Francesa	Frans-Polinesië	[fraŋs-polinesiɛ]

242. Cidades

Amesterdã, Amsterdã	Amsterdam	[amsterdam]
Ancara	Ankara	[ankara]
Atenas	Athene	[atenə]
Bagdade	Bagdad	[baχdat]
Bancoque	Bangkok	[baŋkok]
Barcelona	Barcelona	[barselona]
Beirute	Beiroet	[bæjrut]
Berlim	Berlyn	[berlæjn]
Bonn	Bonn	[bonn]
Bordéus	Bordeaux	[bordo:]
Bratislava	Bratislava	[bratislava]
Bruxelas	Brussel	[brussəl]
Bucareste	Boekarest	[bukarest]
Budapeste	Boedapest	[budapest]
Cairo	Cairo	[kajro]
Calcutá	Kalkutta	[kalkutta]
Chicago	Chicago	[ʃikago]
Cidade do México	Meksiko Stad	[meksiko stat]
Copenhague	Kopenhagen	[kopənχagen]
Dar es Salaam	Dar-es-Salaam	[dar-es-salãm]
Deli	Delhi	[deli]
Dubai	Dubai	[dubaj]
Dublim	Dublin	[dablin]
Düsseldorf	Dusseldorf	[dussɛldorf]
Estocolmo	Stockholm	[stokχolm]
Florença	Florence	[florɛŋs]
Frankfurt	Frankfurt	[frankfurt]
Genebra	Genève	[dʒənɛ:v]
Haia	Den Haag	[den hãχ]
Hamburgo	Hamburg	[hamburχ]
Hanói	Hanoi	[hanoj]

Havana	**Havana**	[havana]
Helsinque	**Helsinki**	[hɛlsinki]
Hiroshima	**Hiroshima**	[hiroʃima]
Hong Kong	**Hongkong**	[hoŋkoŋ]
Istambul	**Istanbul**	[istanbul]
Jerusalém	**Jerusalem**	[jerusalem]
Kiev, Quieve	**Kiëf**	[kiɛf]
Kuala Lumpur	**Kuala Lumpur**	[kuala lumpur]
Lion	**Lyon**	[lioŋ]
Lisboa	**Lissabon**	[lissabon]
Londres	**Londen**	[londen]
Los Angeles	**Los Angeles**	[los andʒəles]
Madrid	**Madrid**	[madrit]
Marselha	**Marseille**	[marsæj]
Miami	**Miami**	[majami]
Montreal	**Montreal**	[montreal]
Moscou	**Moskou**	[moskæʊ]
Mumbai	**Moembai**	[mumbaj]
Munique	**München**	[mønchen]
Nairóbi	**Nairobi**	[najrobi]
Nápoles	**Napels**	[napɛls]
Nice	**Nice**	[nis]
Nova York	**New York**	[nju jork]
Oslo	**Oslo**	[oslo]
Ottawa	**Ottawa**	[ottava]
Paris	**Parys**	[parajs]
Pequim	**Beijing**	[bæjdʒiŋ]
Praga	**Praag**	[prãχ]
Rio de Janeiro	**Rio de Janeiro**	[rio də janæjro]
Roma	**Rome**	[romə]
São Petersburgo	**Sint-Petersburg**	[sint-petersburg]
Seul	**Seoel**	[seul]
Singapura	**Singapore**	[singaporə]
Sydney	**Sydney**	[sidni]
Taipé	**Taipei**	[tæjpæj]
Tóquio	**Tokio**	[tokio]
Toronto	**Toronto**	[toronto]
Varsóvia	**Warskou**	[varskæʊ]
Veneza	**Venesië**	[fenesiɛ]
Viena	**Wene**	[venə]
Washington	**Washington**	[vaʃington]
Xangai	**Shanghai**	[ʃangaj]

243. Política. Governo. Parte 1

política (f)	**politiek**	[politik]
político (adj)	**politieke**	[politikə]

político (m)	politikus	[politikus]
estado (m)	staat	[stãt]
cidadão (m)	burger	[burgər]
cidadania (f)	burgerskap	[burgərskap]

| brasão (m) de armas | nasionale wapen | [naʃionalə vapen] |
| hino (m) nacional | volkslied | [folkslit] |

governo (m)	regering	[reχeriŋ]
Chefe (m) de Estado	staatshoof	[stãts·hoəf]
parlamento (m)	parlement	[parlement]
partido (m)	partij	[partij]

| capitalismo (m) | kapitalisme | [kapitalismə] |
| capitalista (adj) | kapitalis | [kapitalis] |

| socialismo (m) | sosialisme | [soʃialisme] |
| socialista (adj) | sosialis | [soʃialis] |

comunismo (m)	kommunisme	[kommunismə]
comunista (adj)	kommunis	[kommunis]
comunista (m)	kommunis	[kommunis]

democracia (f)	demokrasie	[demokrasi]
democrata (m)	demokraat	[demokrãt]
democrático (adj)	demokraties	[demokratis]
Partido (m) Democrático	Demokratiese party	[demokratisə partaj]

| liberal (m) | liberaal | [liberãl] |
| liberal (adj) | liberaal | [liberãl] |

| conservador (m) | konservatief | [kɔŋserfatif] |
| conservador (adj) | konservatief | [kɔŋserfatif] |

república (f)	republiek	[republik]
republicano (m)	republikein	[republikæjn]
Partido (m) Republicano	Republikeinse Party	[republikæjnsə partaj]

eleições (f pl)	verkiesings	[ferkisiŋs]
eleger (vt)	verkies	[ferkis]
eleitor (m)	kieser	[kisər]
campanha (f) eleitoral	verkiesingskampanje	[ferkisiŋs·kampanje]

votação (f)	stemming	[stɛmmiŋ]
votar (vi)	stem	[stem]
sufrágio (m)	stemreg	[stem·reχ]

| candidato (m) | kandidaat | [kandidãt] |
| campanha (f) | kampanje | [kampanje] |

| da oposição | opposisie | [opposisi] |
| oposição (f) | opposisie | [opposisi] |

visita (f)	besoek	[besuk]
visita (f) oficial	amptelike besoek	[amptelikə besuk]
internacional (adj)	internasionaal	[internaʃionãl]

217

| negociações (f pl) | onderhandelinge | [ondərhandeliŋə] |
| negociar (vi) | onderhandel | [ondərhandəl] |

244. Política. Governo. Parte 2

sociedade (f)	samelewing	[sameleviŋ]
constituição (f)	grondwet	[χront·wet]
poder (ir para o ~)	mag	[maχ]
corrupção (f)	korrupsie	[korrupsi]

| lei (f) | wet | [vet] |
| legal (adj) | wetlik | [vetlik] |

| justeza (f) | geregtigheid | [χereχtiχæjt] |
| justo (adj) | regverdig | [reχferdəχ] |

comitê (m)	komitee	[komiteə]
projeto-lei (m)	wetsontwerp	[vetsontwerp]
orçamento (m)	begroting	[beχrotiŋ]
política (f)	beleid	[belæjt]
reforma (f)	hervorming	[herformiŋ]
radical (adj)	radikaal	[radikãl]

força (f)	mag	[maχ]
poderoso (adj)	magtig	[maχtəχ]
partidário (m)	ondersteuner	[ondərstøənər]
influência (f)	invloed	[influt]

regime (m)	bewind	[bevint]
conflito (m)	konflik	[konflik]
conspiração (f)	sameswering	[samesweriŋ]
provocação (f)	uitdaging	[œitdaχiŋ]

derrubar (vt)	omvergooi	[omferχoj]
derrube (m), queda (f)	omvergooi	[omferχoj]
revolução (f)	revolusie	[refolusi]

| golpe (m) de Estado | staatsgreep | [stãts·χreəp] |
| golpe (m) militar | militêre staatsgreep | [militærə stãtsχreəp] |

crise (f)	krisis	[krisis]
recessão (f) econômica	ekonomiese agteruitgang	[ɛkonomisə aχtər·œitχaŋ]
manifestante (m)	betoër	[betoɛr]
manifestação (f)	demonstrasie	[demɔŋstrasi]
lei (f) marcial	krygswet	[krajχs·wet]
base (f) militar	militêre basis	[militærə basis]

| estabilidade (f) | stabiliteit | [stabilitæjt] |
| estável (adj) | stabiel | [stabil] |

exploração (f)	uitbuiting	[œitbœitiŋ]
explorar (vt)	uitbuit	[œitbœit]
racismo (m)	rassisme	[rassismə]
racista (m)	rassis	[rassis]

fascismo (m)	fascisme	[faʃismə]
fascista (m)	fascis	[faʃis]

245. Países. Diversos

estrangeiro (m)	vreemdeling	[freəmdeliŋ]
estrangeiro (adj)	vreemd	[freəmt]
no estrangeiro	in die buiteland	[in di bœitəlant]

emigrante (m)	emigrant	[ɛmiχrant]
emigração (f)	emigrasie	[ɛmiχrasi]
emigrar (vi)	emigreer	[ɛmiχreər]

Ocidente (m)	die Weste	[di vestə]
Oriente (m)	die Ooste	[di oəstə]
Extremo Oriente (m)	die Verre Ooste	[di ferrə oəstə]

civilização (f)	beskawing	[beskaviŋ]
humanidade (f)	mensdom	[mɛŋsdom]
mundo (m)	die wêreld	[di værəlt]
paz (f)	vrede	[fredə]
mundial (adj)	wêreldwyd	[værəlt·wajt]

pátria (f)	vaderland	[fadər·lant]
povo (população)	volk	[folk]
população (f)	bevolking	[befolkiŋ]
gente (f)	mense	[mɛŋsə]
nação (f)	nasie	[nasi]
geração (f)	generasie	[χenerasi]
território (m)	gebied	[χebit]
região (f)	streek	[streək]
estado (m)	staat	[stãt]

tradição (f)	tradisie	[tradisi]
costume (m)	gebruik	[χebrœik]
ecologia (f)	ekologie	[ɛkoloχi]

índio (m)	Indiaan	[indiãn]
cigano (m)	Sigeuner	[siχøənər]
cigana (f)	Sigeunerin	[siχøənərin]
cigano (adj)	sigeuner-	[siχøənər-]

império (m)	rijk	[rijk]
colônia (f)	kolonie	[koloni]
escravidão (f)	slawerny	[slavərnaj]
invasão (f)	invasie	[infasi]
fome (f)	hongersnood	[hoŋərsnoət]

246. Grupos religiosos mais importantes. Confissões

religião (f)	godsdiens	[χodsdiŋs]
religioso (adj)	godsdienstig	[χodsdiŋstəχ]

crença (f)	geloof	[χeloəf]
crer (vt)	glo	[χlo]
crente (m)	gelowige	[χeloviχə]
ateísmo (m)	ateïsme	[ateïsmə]
ateu (m)	ateïs	[ateïs]
cristianismo (m)	Christendom	[χristəndom]
cristão (m)	Christen	[χristən]
cristão (adj)	Christelik	[χristəlik]
catolicismo (m)	Katolisisme	[katolisismə]
católico (m)	Katoliek	[katolik]
católico (adj)	katoliek	[katolik]
protestantismo (m)	Protestantisme	[protestantismə]
Igreja (f) Protestante	Protestantse Kerk	[protestantsə kerk]
protestante (m)	Protestant	[protestant]
ortodoxia (f)	Ortodoksie	[ortodoksi]
Igreja (f) Ortodoxa	Ortodokse Kerk	[ortodoksə kerk]
ortodoxo (m)	Ortodoks	[ortodoks]
presbiterianismo (m)	Presbiterianisme	[presbiterianismə]
Igreja (f) Presbiteriana	Presbiteriaanse Kerk	[presbiteriãŋsə kerk]
presbiteriano (m)	Presbiteriaan	[presbiteriãn]
luteranismo (m)	Lutheranisme	[luteranismə]
luterano (m)	Lutheraan	[lutərãn]
Igreja (f) Batista	Baptistiese Kerk	[baptistisə kerk]
batista (m)	Baptis	[baptis]
Igreja (f) Anglicana	Anglikaanse Kerk	[anχlikãŋsə kerk]
anglicano (m)	Anglikaan	[anχlikãn]
mormonismo (m)	Mormonisme	[mormonismə]
mórmon (m)	Mormoon	[mormoən]
Judaísmo (m)	Jodendom	[jodɛndom]
judeu (m)	Jood	[joət]
budismo (m)	Boeddhisme	[buddismə]
budista (m)	Boeddhis	[buddis]
hinduísmo (m)	Hindoeïsme	[hinduïsmə]
hindu (m)	Hindoe	[hindu]
Islã (m)	Islam	[islam]
muçulmano (m)	Islamiet	[islamit]
muçulmano (adj)	Islamities	[islamitis]
xiismo (m)	Sjia Islam	[ʃia islam]
xiita (m)	Sjiït	[ʃiït]
sunismo (m)	Sunni Islam	[sunni islam]
sunita (m)	Sunniet	[sunnit]

247. Religiões. Padres

padre (m)	priester	[pristər]
Papa (m)	die Pous	[di pæʊs]
monge (m)	monnik	[monnik]
freira (f)	non	[non]
pastor (m)	pastoor	[pastoər]
abade (m)	ab	[ap]
vigário (m)	priester	[pristər]
bispo (m)	biskop	[biskop]
cardeal (m)	kardinaal	[kardinãl]
pregador (m)	predikant	[predikant]
sermão (m)	preek	[preək]
paroquianos (pl)	kerkgangers	[kerk·χaŋərs]
crente (m)	gelowige	[χeloviχə]
ateu (m)	ateïs	[ateïs]

248. Fé. Cristianismo. Islão

Adão	Adam	[adam]
Eva	Eva	[efa]
Deus (m)	God	[χot]
Senhor (m)	die Here	[di herə]
Todo Poderoso (m)	die Almagtige	[di almaχtiχə]
pecado (m)	sonde	[sondə]
pecar (vi)	sondig	[sondəχ]
pecador (m)	sondaar	[sondãr]
pecadora (f)	sondares	[sondares]
inferno (m)	hel	[həl]
paraíso (m)	paradys	[paradajs]
Jesus	Jesus	[jesus]
Jesus Cristo	Jesus Christus	[jesus χristus]
Espírito (m) Santo	die Heilige Gees	[di hæjliχə χeəs]
Salvador (m)	die Verlosser	[di ferlossər]
Virgem Maria (f)	die Maagd Maria	[di mãχt maria]
Diabo (m)	die duiwel	[di dœivəl]
diabólico (adj)	duiwels	[dœivɛls]
Satanás (m)	Satan	[satan]
satânico (adj)	satanies	[satanis]
anjo (m)	engel	[ɛŋəl]
anjo (m) da guarda	beskermengel	[beskerm·eŋəl]
angelical	engelagtig	[ɛŋəlaχtəχ]

apóstolo (m)	apostel	[apostəl]
arcanjo (m)	aartsengel	[ārtseŋəl]
anticristo (m)	die antichris	[di antiχris]

Igreja (f)	Kerk	[kerk]
Bíblia (f)	Bybel	[bajbəl]
bíblico (adj)	bybels	[bajbəls]

Velho Testamento (m)	Ou Testament	[æʊ testament]
Novo Testamento (m)	Nuwe Testament	[nuvə testament]
Evangelho (m)	evangelie	[ɛfanχəli]
Sagradas Escrituras (f pl)	Heilige Skrif	[hæjliχə skrif]
Céu (sete céus)	hemel	[hemǝl]

mandamento (m)	gebod	[χebot]
profeta (m)	profeet	[profeət]
profecia (f)	profesie	[profesi]

Alá (m)	Allah	[allah]
Maomé (m)	Mohammed	[mohammet]
Alcorão (m)	die Koran	[di koran]

mesquita (f)	moskee	[moskeə]
mulá (m)	moella	[mulla]
oração (f)	gebed	[χebet]
rezar, orar (vi)	bid	[bit]

peregrinação (f)	pelgrimstog	[pɛlχrimstoχ]
peregrino (m)	pelgrim	[pɛlχrim]
Meca (f)	Mecca	[mɛkka]

igreja (f)	kerk	[kerk]
templo (m)	tempel	[tempǝl]
catedral (f)	katedraal	[katedrāl]
gótico (adj)	Goties	[χotis]
sinagoga (f)	sinagoge	[sinaχoχə]
mesquita (f)	moskee	[moskeə]

capela (f)	kapel	[kapǝl]
abadia (f)	abdy	[abdaj]
convento (m)	klooster	[kloəstǝr]
monastério (m)	klooster	[kloəstǝr]

sino (m)	klok	[klok]
campanário (m)	kloktoring	[klok·toriŋ]
repicar (vi)	lui	[lœi]

cruz (f)	kruis	[krœis]
cúpula (f)	koepel	[kupǝl]
ícone (m)	ikoon	[ikoən]

alma (f)	siel	[sil]
destino (m)	noodlot	[noədlot]
mal (m)	die bose	[di bosə]
bem (m)	goed	[χut]
vampiro (m)	vampier	[fampir]

bruxa (f)	heks	[heks]
demônio (m)	demoon	[demoən]
espírito (m)	gees	[χeəs]
redenção (f)	versoening	[fersuniŋ]
redimir (vt)	verlos	[ferlos]
missa (f)	kerkdies	[kerkdis]
celebrar a missa	die mis opdra	[di mis opdra]
confissão (f)	bieg	[biχ]
confessar-se (vr)	bieg	[biχ]
santo (m)	heilige	[hæjliχə]
sagrado (adj)	heilig	[hæjləχ]
água (f) benta	wywater	[vaj·vatər]
ritual (m)	ritueel	[ritueəl]
ritual (adj)	ritueel	[ritueəl]
sacrifício (m)	offerande	[offerandə]
superstição (f)	bygeloof	[bajχəloəf]
supersticioso (adj)	bygelowig	[bajχəlovəχ]
vida (f) após a morte	hiernamaals	[hirna·mãls]
vida (f) eterna	ewige lewe	[εviχə levə]

TEMAS DIVERSOS

249. Várias palavras úteis

ajuda (f)	hulp	[hulp]
barreira (f)	hindernis	[hindərnis]
base (f)	basis	[basis]
categoria (f)	kategorie	[kateχori]
causa (f)	rede	[redə]
coincidência (f)	toeval	[tufal]
coisa (f)	ding	[diŋ]
começo, início (m)	begin	[beχin]
cômodo (ex. poltrona ~a)	gemaklik	[χemaklik]
comparação (f)	vergelyking	[ferχelajkiŋ]
compensação (f)	kompensasie	[kompɛnsasi]
crescimento (m)	groei	[χrui]
desenvolvimento (m)	ontwikkeling	[ontwikkeliŋ]
diferença (f)	verskil	[ferskil]
efeito (m)	effek	[ɛffek]
elemento (m)	element	[ɛlement]
equilíbrio (m)	balans	[balaŋs]
erro (m)	fout	[fæut]
esforço (m)	inspanning	[inspanniŋ]
estilo (m)	styl	[stajl]
exemplo (m)	voorbeeld	[foərbeəlt]
fato (m)	feit	[fæjt]
fim (m)	einde	[æjndə]
forma (f)	vorm	[form]
frequente (adj)	gereeld	[χereəlt]
fundo (ex. ~ verde)	agtergrond	[aχtərχront]
gênero (tipo)	soort	[soərt]
grau (m)	graad	[χrāt]
ideal (m)	ideaal	[ideāl]
labirinto (m)	labirint	[labirint]
modo (m)	manier	[manir]
momento (m)	moment	[moment]
objeto (m)	objek	[objek]
obstáculo (m)	hinderpaal	[hindərpāl]
original (m)	origineel	[oriχineəl]
padrão (adj)	standaard	[standārt]
padrão (m)	standaard	[standārt]
paragem (pausa)	pouse	[pæusə]
parte (f)	deel	[deəl]

partícula (f)	deeltjie	[deəlki]
pausa (f)	pouse	[pæusə]
posição (f)	posisie	[posisi]
princípio (m)	beginsel	[beχinsəl]

problema (m)	probleem	[probleəm]
processo (m)	proses	[proses]
progresso (m)	vooruitgang	[foərœitχaŋ]
propriedade (qualidade)	eienskap	[æjeŋskap]

reação (f)	reaksie	[reaksi]
risco (m)	risiko	[risiko]
ritmo (m)	tempo	[tempo]
segredo (m)	geheim	[χəhæjm]
série (f)	reeks	[reəks]

sistema (m)	sisteem	[sisteəm]
situação (f)	toestand	[tustant]
solução (f)	oplossing	[oplossiŋ]
tabela (f)	tabel	[tabəl]
termo (ex. ~ técnico)	term	[term]

tipo (m)	tipe	[tipə]
urgente (adj)	dringend	[driŋən]
urgentemente	dringend	[driŋən]
utilidade (f)	nut	[nut]

variante (f)	variant	[fariant]
variedade (f)	keuse	[køəsə]
verdade (f)	waarheid	[vārhæjt]
vez (f)	beurt	[bøərt]
zona (f)	sone	[sonə]

250. Modificadores. Adjetivos. Parte 1

aberto (adj)	oop	[oəp]
afetuoso (adj)	teer	[teər]
afiado (adj)	skerp	[skerp]
agradável (adj)	mooi	[moj]
agradecido (adj)	dankbaar	[dankbār]

alegre (adj)	opgewek	[opχevek]
alto (ex. voz ~a)	hard	[hart]
amargo (adj)	bitter	[bittər]
amplo (adj)	ruim	[rœim]
antigo (adj)	antiek	[antik]

apertado (sapatos ~s)	strak	[strak]
apropriado (adj)	geskik	[χeskik]
arriscado (adj)	riskant	[riskant]
artificial (adj)	kunsmatig	[kunsmatəχ]

| azedo (adj) | suur | [sɪr] |
| baixo (voz ~a) | sag | [saχ] |

225

barato (adj)	goedkoop	[χudkoəp]
belo (adj)	pragtig	[praχtəχ]
bom (adj)	goed	[χut]
bondoso (adj)	vriendelik	[frindəlik]
bonito (adj)	pragtig	[praχtəχ]
bronzeado (adj)	bruingebrand	[brœiŋəbrant]
burro, estúpido (adj)	dom	[dom]
calmo (adj)	kalm	[kalm]
cansado (adj)	moeg	[muχ]
cansativo (adj)	vermoeiend	[fermujent]
carinhoso (adj)	sorgsaam	[sorχsãm]
caro (adj)	duur	[dɪr]
cego (adj)	blind	[blint]
central (adj)	sentraal	[sentrãl]
cerrado (ex. nevoeiro ~)	dig	[diχ]
cheio (xícara ~a)	vol	[fol]
civil (adj)	burgerlik	[burgerlik]
clandestino (adj)	agterbaks	[aχtərbaks]
claro (explicação ~a)	duidelik	[dœidelik]
claro (pálido)	lig-	[liχ-]
compatível (adj)	verenigbaar	[fereniχbãr]
comum, normal (adj)	gewoon	[χevoən]
congelado (adj)	gevries	[χefris]
conjunto (adj)	gesamentlik	[χesamentlik]
considerável (adj)	beduidend	[bedœident]
contente (adj)	tevrede	[tefredə]
contínuo (adj)	langdurig	[laŋdurəχ]
contrário (ex. o efeito ~)	teenoorgestel	[teənoərχestəl]
correto (resposta ~a)	reg	[reχ]
cru (não cozinhado)	rou	[ræʊ]
curto (adj)	kort	[kort]
de curta duração	kort	[kort]
de sol, ensolarado	sonnig	[sonnəχ]
de trás	agter-	[aχtər-]
denso (fumaça ~a)	dig	[diχ]
desanuviado (adj)	wolkloos	[volkloəs]
descuidado (adj)	nalatig	[nalatəχ]
diferente (adj)	verskillend	[ferskillent]
difícil (decisão)	moeilik	[muilik]
difícil, complexo (adj)	moeilik	[muilik]
direito (lado ~)	regter	[reχtər]
distante (adj)	ver	[fer]
diverso (adj)	verskillend	[ferskillent]
doce (açucarado)	soet	[sut]
doce (água)	vars	[fars]
doente (adj)	siek	[sik]
duro (material ~)	hard	[hart]

educado (adj)	beleefd	[beleəft]
encantador (agradável)	vriendelik	[frindəlik]

enigmático (adj)	raaiselagtig	[rājselaχtəχ]
enorme (adj)	kolossaal	[kolossāl]
escuro (quarto ~)	donker	[donkər]
especial (adj)	spesiaal	[spesiāl]
esquerdo (lado ~)	linker-	[linkər-]

estrangeiro (adj)	buitelands	[bœitəlands]
estreito (adj)	smal	[smal]
exato (montante ~)	juis	[jœis]
excelente (adj)	uitstekend	[œitstekent]
excessivo (adj)	oormatig	[oərmatəχ]

externo (adj)	buite-	[bœite-]
fácil (adj)	maklik	[maklik]
faminto (adj)	honger	[hoŋər]
fechado (adj)	gesluit	[χeslœit]
feliz (adj)	gelukkig	[χelukkəχ]

fértil (terreno ~)	vrugbaar	[fruχbār]
forte (pessoa ~)	sterk	[sterk]
fraco (luz ~a)	dof	[dof]
frágil (adj)	breekbaar	[breəkbār]
fresco (pão ~)	vars	[fars]

fresco (tempo ~)	koel	[kul]
frio (adj)	koud	[kæʊt]
gordo (alimentos ~s)	vettig	[fɛttəχ]
gostoso, saboroso (adj)	smaaklik	[smāklik]

grande (adj)	groot	[χroət]
gratuito, grátis (adj)	gratis	[χratis]
grosso (camada ~a)	dik	[dik]
hostil (adj)	vyandig	[fajandəχ]

251. Modificadores. Adjetivos. Parte 2

igual (adj)	dieselfde	[disɛlfdə]
imóvel (adj)	doodstil	[doədstil]
importante (adj)	belangrik	[belaŋrik]
impossível (adj)	onmoontlik	[onmoentlik]
incompreensível (adj)	onverstaanbaar	[onferstānbār]

indigente (muito pobre)	brandarm	[brandarm]
indispensável (adj)	onontbeerlik	[onontbeərlik]
inexperiente (adj)	onervare	[onerfarə]
infantil (adj)	kinder-	[kindər-]

ininterrupto (adj)	onophoudelik	[onophæʊdelik]
insignificante (adj)	onbelangrik	[onbelaŋrik]
inteiro (completo)	heel	[heəl]
inteligente (adj)	slim	[slim]

227

interno (adj)	binne-	[binne-]
jovem (adj)	jong	[joŋ]
largo (caminho ~)	breed	[breət]
legal (adj)	wetlik	[vetlik]
leve (adj)	lig	[liχ]

limitado (adj)	beperk	[beperk]
limpo (adj)	skoon	[skoən]
líquido (adj)	vloeibaar	[fluibãr]
liso (adj)	glad	[χlat]
liso (superfície ~a)	gelyk	[χelajk]

livre (adj)	gratis	[χratis]
longo (ex. cabelo ~)	lang	[laŋ]
maduro (ex. fruto ~)	ryp	[rajp]
magro (adj)	maer	[maər]
mais próximo (adj)	naaste	[nãstə]

mais recente (adj)	laas-	[lãs-]
mate (adj)	mat	[mat]
mau (adj)	sleg	[sleχ]
meticuloso (adj)	akkuraat	[akkurãt]
míope (adj)	bysiende	[bajsində]

mole (adj)	sag	[saχ]
molhado (adj)	nat	[nat]
moreno (adj)	blas	[blas]
morto (adj)	dood	[doət]
muito magro (adj)	brandmaer	[brandmaər]

não difícil (adj)	nie moeilik nie	[ni muilik ni]
não é clara (adj)	onduidelik	[ondœidelik]
não muito grande (adj)	nie groot nie	[ni χroət ni]
natal (país ~)	geboorte-	[χeboərtə-]
necessário (adj)	nodig	[nodəχ]

negativo (resposta ~a)	negatief	[neχatif]
nervoso (adj)	senuweeagtig	[senuvee·aχtəχ]
normal (adj)	normaal	[normãl]
novo (adj)	nuut	[nɪt]
o mais importante (adj)	belangrikste	[belaŋrikstə]

obrigatório (adj)	verplig	[ferpleχ]
original (incomum)	oorspronklik	[oərspronklik]
passado (adj)	laas-	[lãs-]
pequeno (adj)	klein	[klæjn]
perigoso (adj)	gevaarlik	[χefãrlik]

permanente (adj)	permanent	[permanent]
perto (adj)	naby	[nabaj]
pesado (adj)	swaar	[swãr]
pessoal (adj)	persoonlik	[persoənlik]
plano (ex. ecrã ~ a)	plat	[plat]

| pobre (adj) | arm | [arm] |
| pontual (adj) | stip | [stip] |

possível (adj)	**moontlik**	[moentlik]
pouco fundo (adj)	**vlak**	[flak]
presente (ex. momento ~)	**huidig**	[hœidəx]
prévio (adj)	**vorig**	[forəx]
primeiro (principal)	**vernaamste**	[fernãmstə]
principal (adj)	**hoof-**	[hoəf-]
privado (adj)	**privaat**	[prifãt]
provável (adj)	**waarskynlik**	[vãrskajnlik]
próximo (adj)	**digby**	[diχbaj]
público (adj)	**openbaar**	[openbãr]
quente (cálido)	**warm**	[varm]
quente (morno)	**louwarm**	[læʊvarm]
rápido (adj)	**vinnig**	[finnəx]
raro (adj)	**seldsaam**	[sɛldsãm]
remoto, longínquo (adj)	**ver**	[fer]
reto (linha ~a)	**reg**	[reχ]
salgado (adj)	**sout**	[sæʊt]
satisfeito (adj)	**tevrede**	[tefredə]
seco (roupa ~a)	**droog**	[droəx]
seguinte (adj)	**volgend**	[folχent]
seguro (não perigoso)	**veilig**	[fæjləx]
similar (adj)	**eenders**	[eənders]
simples (fácil)	**eenvoudig**	[eənfæʊdəx]
soberbo, perfeito (adj)	**uitstekend**	[œitstekent]
sólido (parede ~a)	**stewig**	[stevəx]
sombrio (adj)	**somber**	[sombər]
sujo (adj)	**vuil**	[fœil]
superior (adj)	**hoogste**	[hoəχstə]
suplementar (adj)	**addisioneel**	[addiʃioneəl]
tranquilo (adj)	**rustig**	[rustəx]
transparente (adj)	**deursigtig**	[døərsiχtəx]
triste (pessoa)	**droewig**	[druvəx]
triste (um ar ~)	**droewig**	[druvəx]
último (adj)	**laaste**	[lãstə]
úmido (adj)	**bedompig**	[bedompəx]
único (adj)	**uniek**	[unik]
usado (adj)	**gebruik**	[χebrœik]
vazio (meio ~)	**leeg**	[leəx]
velho (adj)	**ou**	[æʊ]
vizinho (adj)	**naburig**	[naburəx]

500 VERBOS PRINCIPAIS

252. Verbos A-B

abraçar (vt)	omhels	[omhɛls]
abrir (vt)	oopmaak	[oəpmãk]
acalmar (vt)	kalmeer	[kalmeər]
acariciar (vt)	streel	[streəl]
acenar (com a mão)	wuif	[vœif]
acender (~ uma fogueira)	aansteek	[ãŋsteək]
achar (vt)	glo	[χlo]
acompanhar (vt)	begelei	[beχelæj]
aconselhar (vt)	aanraai	[ãnrãi]
acordar, despertar (vt)	wakker maak	[vakkər mãk]
acrescentar (vt)	byvoeg	[bajfuχ]
acusar (vt)	beskuldig	[beskuldəχ]
adestrar (vt)	afrig	[afrəχ]
adivinhar (vt)	raai	[rãi]
admirar (vt)	bewonder	[bevondər]
adorar (~ fazer)	hou van	[hæʊ fan]
advertir (vt)	waarsku	[vãrsku]
afirmar (vt)	beweer	[beveər]
afogar-se (vr)	verdrink	[ferdrink]
afugentar (vt)	wegry	[veχraj]
agir (vi)	optree	[optreə]
agitar, sacudir (vt)	skommel	[skomməl]
agradecer (vt)	dank	[dank]
ajudar (vt)	help	[hɛlp]
alcançar (objetivos)	bereik	[beræjk]
alimentar (dar comida)	voer	[fur]
almoçar (vi)	gaan eet	[χãn eət]
alugar (~ o barco, etc.)	huur	[hɪr]
alugar (~ um apartamento)	huur	[hɪr]
amar (pessoa)	liefhê	[lifhɛ:]
amarrar (vt)	vasbind	[fasbint]
ameaçar (vt)	dreig	[dræjχ]
amputar (vt)	amputeer	[amputeər]
anotar (escrever)	noteer	[noteər]
anotar (escrever)	opskryf	[opskrajf]
anular, cancelar (vt)	kanselleer	[kaŋsɛlleər]
apagar (com apagador, etc.)	uitvee	[œitfeə]
apagar (um incêndio)	blus	[blus]

apaixonar-se ...	verlief raak	[ferlif rāk]
aparecer (vi)	verskyn	[ferskajn]
aplaudir (vi)	apploudisseer	[applæʊdisseər]
apoiar (vt)	steun	[støən]
apontar para ...	mik op	[mik op]
apresentar	voorstel	[foərstəl]
(alguém a alguém)		
apresentar (Gostaria de ~)	voorstel	[foərstəl]
apressar (vt)	aanjaag	[ānjāχ]
apressar-se (vr)	opskud	[opskut]
aproximar-se (vr)	nader	[nadər]
aquecer (vt)	verwarm	[ferwarm]
arrancar (vt)	afskeur	[afskøər]
arranhar (vt)	krap	[krap]
arrepender-se (vr)	jammer wees	[jammər veəs]
arriscar (vt)	waag	[vāχ]
arrumar, limpar (vt)	skoonmaak	[skoənmāk]
aspirar a ...	streef	[streəf]
assinar (vt)	teken	[tekən]
assistir (vt)	assisteer	[assisteər]
atacar (vt)	aanval	[ānfal]
atar (vt)	vasbind aan ...	[fasbint ān ...]
atracar (vi)	vasmeer	[fasmeər]
aumentar (vi)	toeneem	[tuneəm]
aumentar (vt)	verhoog	[ferhoəχ]
avançar (vi)	vorder	[fordər]
avistar (vt)	skrams raaksien	[skrams rāksin]
baixar (guindaste, etc.)	laat sak	[lāt sak]
barbear-se (vr)	skeer	[skeər]
basear-se (vr)	gebaseer wees op	[χebaseər veəs op]
bastar (vi)	genoeg wees	[χenuχ veəs]
bater (à porta)	klop	[klop]
bater (espancar)	slaan	[slān]
bater-se (vr)	veg	[feχ]
beber, tomar (vt)	drink	[drink]
brilhar (vi)	blink	[blink]
brincar, jogar (vi, vt)	speel	[speəl]
buscar (vt)	soek ...	[suk ...]

253. Verbos C-D

caçar (vi)	jag	[jaχ]
calar-se (parar de falar)	ophou praat	[ophæʊ prāt]
calcular (vt)	tel	[təl]
carregar (o caminhão, etc.)	laai	[lāi]
carregar (uma arma)	laai	[lāi]

casar-se (vr)	trou	[træʊ]
causar (vt)	veroorsaak ...	[feroərsāk ...]
cavar (vt)	grawe	[χravə]
ceder (não resistir)	toegee	[tuχeə]
cegar, ofuscar (vt)	verblind	[ferblint]
censurar (vt)	verwyt	[ferwajt]
chamar (~ por socorro)	roep	[rup]
chamar (alguém para ...)	roep	[rup]
chegar (a algum lugar)	bereik	[beræjk]
chegar (vi)	aankom	[ānkom]
cheirar (~ uma flor)	ruik	[rœik]
cheirar (tem o cheiro)	ruik	[rœik]
chorar (vi)	huil	[hœil]
citar (vt)	aanhaal	[ānhāl]
colher (flores)	pluk	[pluk]
colocar (vt)	plaas	[plās]
combater (vi, vt)	stry	[straj]
começar (vt)	begin	[beχin]
comer (vt)	eet	[eət]
comparar (vt)	vergelyk	[ferχəlajk]
compensar (vt)	vergoed	[ferχut]
competir (vi)	kompeteer	[kompeteər]
complicar (vt)	bemoeilik	[bemuilik]
compor (~ música)	komponeer	[komponeər]
comportar-se (vr)	jou gedra	[jæʊ χedra]
comprar (vt)	koop	[koəp]
comprometer (vt)	kompromitteer	[kompromitteər]
concentrar-se (vr)	konsentreer	[koŋsentreər]
concordar (dizer "sim")	saamstem	[sāmstem]
condecorar (dar medalha)	toeken	[tuken]
confessar-se (vr)	beken	[beken]
confiar (vt)	vertrou	[fertræʊ]
confundir (equivocar-se)	verwar	[ferwar]
conhecer (vt)	ken	[ken]
conhecer-se (vr)	kennismaak	[kɛnnismāk]
consertar (vt)	aan kant maak	[ān kant māk]
consultar ...	konsulteer	[koŋsulteər]
contagiar-se com ...	besmet word met ...	[besmet vort met ...]
contar (vt)	vertel	[fertəl]
contar com ...	reken op ...	[reken op ...]
continuar (vt)	vervolg	[ferfolχ]
contratar (vt)	huur	[hɪr]
controlar (vt)	kontroleer	[kontroleər]
convencer (vt)	oortuig	[oərtœəχ]
convidar (vt)	uitnooi	[œitnoj]
cooperar (vi)	saamwerk	[sāmwerk]

coordenar (vt)	koördineer	[koordineər]
corar (vi)	bloos	[bloəs]
correr (vi)	hardloop	[hardloəp]
corrigir (~ um erro)	korrigeer	[korriχeər]
cortar (com um machado)	afkap	[afkap]
cortar (com uma faca)	afsny	[afsnaj]
cozinhar (vt)	maak	[māk]
crer (pensar)	glo	[χlo]
criar (vt)	skep	[skep]
cultivar (~ plantas)	kweek	[kweək]
cuspir (vi)	spoeg	[spuχ]
custar (vt)	kos	[kos]
dar (vt)	gee	[χeə]
dar banho, lavar (vt)	bad	[bat]
datar (vi)	dateer van ...	[dateər fan ...]
decidir (vt)	beslis	[beslis]
decorar (enfeitar)	versier	[fersir]
dedicar (vt)	opdra	[opdra]
defender (vt)	verdedig	[ferdedəχ]
defender-se (vr)	jouself verdedig	[jæusɛlf ferdedəχ]
deixar (~ a mulher)	verlaat	[ferlāt]
deixar (esquecer)	vergeet	[ferχeət]
deixar (permitir)	toelaat	[tulāt]
deixar cair (vt)	laat val	[lāt fal]
denominar (vt)	noem	[num]
denunciar (vt)	aankla	[ānkla]
depender de ...	afhang van ...	[afhaŋ fan ...]
derramar (~ líquido)	mors	[mors]
derramar-se (vr)	laat val	[lāt fal]
desaparecer (vi)	verdwyn	[ferdwajn]
desatar (vt)	losmaak	[losmāk]
desatracar (vi)	vertrek	[fertrek]
descansar (um pouco)	rus	[rus]
descer (para baixo)	afkom	[afkom]
descobrir (novas terras)	ontdek	[ontdek]
descolar (avião)	opstyg	[opstajχ]
desculpar (vt)	verskoon	[ferskoən]
desculpar-se (vr)	verskoning vra	[ferskoniŋ fra]
desejar (vt)	wens	[vɛŋs]
desempenhar (papel)	speel	[speəl]
desligar (vt)	afskakel	[afskakəl]
desprezar (vt)	minag	[minaχ]
destruir (documentos, etc.)	vernietig	[fernitəχ]
dever (vi)	moet	[mut]
devolver (vt)	terugstuur	[teruχstɪr]
direcionar (vt)	die pad wys	[di pat vajs]

dirigir (~ uma empresa)	beheer	[beheər]
dirigir-se	toespreek	[tuspreək]
(a um auditório, etc.)		
discutir (notícias, etc.)	bespreek	[bespreək]

disparar, atirar (vi)	skiet	[skit]
distribuir (folhetos, etc.)	versprei	[ferspræj]
distribuir (vt)	uitdeel	[œitdeəl]
divertir (vt)	amuseer	[amuseər]

divertir-se (vr)	jouself geniet	[jæusɛlf χenit]
dividir (mat.)	deel	[deəl]
dizer (vt)	sê	[sɛ:]
dobrar (vt)	verdubbel	[ferdubbəl]
duvidar (vt)	twyfel	[twajfəl]

254. Verbos E-J

elaborar (uma lista)	saamstel	[sãmstəl]
elevar-se acima de ...	uitstyg bo	[œitstajχ boə]
eliminar (um obstáculo)	verwyder	[ferwajdər]
embrulhar (com papel)	inpak	[inpak]

emergir (submarino)	opduik	[opdœik]
emitir (~ cheiro)	versprei	[ferspræj]
empreender (vt)	onderneem	[ondərneəm]
empurrar (vt)	stoot	[stoət]

encabeçar (vt)	lei	[læj]
encher (~ a garrafa, etc.)	vul	[ful]
encontrar (achar)	vind	[fint]
enganar (vt)	bedrieg	[bedrəχ]

ensinar (vt)	leer	[leər]
entediar-se (vr)	verveeld wees	[ferveəlt veəs]
entender (vt)	verstaan	[ferstãn]
entrar (na sala, etc.)	binnegaan	[binnəχãn]

enviar (uma carta)	stuur	[stɪr]
equipar (vt)	toerus	[turus]
escolher (vt)	kies	[kis]

esconder (vt)	wegsteek	[veχsteək]
escrever (vt)	skryf	[skrajf]
escutar (vt)	luister	[lœistər]
escutar atrás da porta	afluister	[aflœistər]
esmagar (um inseto, etc.)	verpletter	[ferplɛttər]

esperar (aguardar)	wag	[vaχ]
esperar (contar com)	verwag	[ferwaχ]
esperar (ter esperança)	hoop	[hoəp]
espreitar (vi)	loer	[lur]
esquecer (vt)	vergeet	[ferχeət]
estar	lê	[lɛ:]

estar (vi)	wees	[veəs]
estar convencido	oortuig wees	[oərtœiχ veəs]

estar deitado	lê	[lɛ:]
estar perplexo	verbouereerd wees	[ferbæυereərt veəs]
estar preocupado	bekommerd wees	[bekommərt veəs]
estar sentado	sit	[sit]

estremecer (vi)	huiwer	[hœivər]
estudar (vt)	studeer	[studeər]
evitar (~ o perigo)	vermy	[fermaj]
examinar (~ uma proposta)	ondersoek	[ondərsuk]

exigir (vt)	eis	[æjs]
existir (vi)	bestaan	[bestãn]
explicar (vt)	verklaar	[ferklãr]
expressar (vt)	uitdruk	[œitdruk]

expulsar (~ da escola, etc.)	uitsit	[œitsit]
facilitar (vt)	makliker maak	[maklikər mãk]
falar com ...	praat met ...	[prãt met ...]
faltar (a la escuela, etc.)	bank	[bank]

fascinar (vt)	sjarmeer	[ʃarmeər]
fatigar (vt)	vermoei	[fermui]
fazer (vt)	doen	[dun]
fazer lembrar	laat onthou ...	[lãt onthæυ ...]
fazer piadas	grappies maak	[χrappis mãk]

fazer publicidade	adverteer	[adferteər]
fazer uma tentativa	probeer	[probeər]
fechar (vt)	sluit	[slœit]
felicitar (vt)	gelukwens	[χelukwɛŋs]

ficar cansado	moeg word	[muχ vort]
ficar em silêncio	stilbly	[stilblaj]
ficar pensativo	peins	[pæjns]
forçar (vt)	verplig	[ferpləχ]
formar (vt)	vorm	[form]

gabar-se (vr)	spog	[spoχ]
garantir (vt)	waarborg	[vãrborχ]
gostar (apreciar)	hou van	[hæυ fan]
gritar (vi)	skreeu	[skriυ]

guardar (fotos, etc.)	bewaar	[bevãr]
guardar (no armário, etc.)	bêre	[bærə]
guerrear (vt)	oorlog voer	[oərloχ fur]
herdar (vt)	erf	[ɛrf]
iluminar (vt)	verlig	[ferləχ]

imaginar (vt)	verbeel	[ferbeəl]
imitar (vt)	naboots	[naboəts]
implorar (vt)	smeek	[smeek]
importar (vt)	invoer	[infur]
indicar (~ o caminho)	wys	[vajs]

indignar-se (vr)	verontwaardig wees	[ferontwãrdəχ veəs]
infetar, contagiar (vt)	besmet	[besmet]
influenciar (vt)	beïnvloed	[beïnflut]
informar (~ a policia)	in kennis stel	[in kɛnnis stəl]
informar (vt)	in kennis stel	[in kɛnnis stəl]
informar-se (~ sobre)	navraag doen	[nafrãχ dun]
inscrever (na lista)	byvoeg	[bajfuχ]
inserir (vt)	insteek	[insteək]
insinuar (vt)	sinspeel	[sinspeəl]
insistir (vi)	aandring	[ãndriŋ]
inspirar (vt)	inspireer	[inspireər]
instruir (ensinar)	leer	[leər]
insultar (vt)	beledig	[beledəχ]
interessar (vt)	interesseer	[interesseər]
interessar-se (vr)	belangstel in ...	[belaŋstəl in ...]
intervir (vi)	tussenbeide tree	[tussənbæjdə treə]
invejar (vt)	jaloers wees	[jalurs veəs]
inventar (vt)	uitvind	[œitfint]
ir (a pé)	gaan	[χãn]
ir (de carro, etc.)	gaan	[χãn]
ir nadar	gaan swem	[χãn swem]
ir para a cama	gaan slaap	[χãn slãp]
irritar (vt)	irriteer	[irriteər]
irritar-se (vr)	geïrriteerd raak	[χeïrriteərt rãk]
isolar (vt)	isoleer	[isoleər]
jantar (vi)	aandete gebruik	[ãndetə χebrœik]
jogar, atirar (vt)	gooi	[χoj]
juntar, unir (vt)	verenig	[ferenəχ]
juntar-se a ...	aansluit	[ãnslœit]

255. Verbos L-P

lançar (novo projeto, etc.)	van stapel stuur	[fan stapəl stɪr]
lavar (vt)	was	[vas]
lavar a roupa	die wasgoed was	[di vasχut vas]
lavar-se (vr)	bad	[bat]
lembrar (vt)	herinner	[herinnər]
ler (vt)	lees	[leəs]
levantar-se (vr)	opstaan	[opstãn]
levar (ex. leva isso daqui)	wegvat	[veχfat]
libertar (cidade, etc.)	bevry	[befraj]
ligar (~ o radio, etc.)	aanskakel	[ãŋskakəl]
limitar (vt)	beperk	[beperk]
limpar (eliminar sujeira)	skoonmaak	[skoənmãk]
limpar (tirar o calcário, etc.)	skoonmaak	[skoənmãk]
lisonjear (vt)	vlei	[flæj]

livrar-se de ...	ontslae raak van ...	[ontslae rãk fan ...]
lutar (combater)	veg	[feχ]
lutar (esporte)	worstel	[vorstəl]

marcar (com lápis, etc.)	merk	[merk]
matar (vt)	doodmaak	[doədmãk]
memorizar (vt)	van buite leer	[fan bœitə leər]
mencionar (vt)	verwys na	[ferwajs na]

mentir (vi)	lieg	[liχ]
merecer (vt)	verdien	[ferdin]
mergulhar (vi)	duik	[dœik]
misturar (vt)	meng	[meŋ]

morar (vt)	woon	[voən]
mostrar (vt)	wys	[vajs]
mover (vt)	skuif	[skœif]
mudar (modificar)	verander	[ferandər]

multiplicar (mat.)	vermenigvuldig	[fermeniχ·fuldəχ]
nadar (vi)	swem	[swem]
negar (vt)	ontken	[ontken]
negociar (vi)	onderhandel	[ondərhandəl]

nomear (função)	aanstel	[ãŋstəl]
obedecer (vt)	gehoorsaam	[χehoərsãm]
objetar (vt)	beswaar maak	[beswãr mãk]
observar (vt)	waarneem	[vãrneəm]

ofender (vt)	beledig	[beledəχ]
olhar (vt)	kyk	[kajk]
omitir (vt)	weglaat	[veχlãt]
ordenar (mil.)	beveel	[befeəl]

organizar (evento, etc.)	organiseer	[orχaniseər]
ousar (vt)	durf	[durf]
ouvir (vt)	hoor	[hoər]
pagar (vt)	betaal	[betãl]

parar (para descansar)	stilhou	[stilhæʊ]
parar, cessar (vt)	ophou	[ophæʊ]
parecer-se (vr)	lyk	[lajk]
participar (vi)	deelneem	[deəlneəm]
partir (~ para o estrangeiro)	vertrek	[fertrek]

passar (vt)	ry deur	[raj døər]
passar a ferro	stryk	[strajk]
pecar (vi)	sondig	[sondəχ]
pedir (comida)	bestel	[bestəl]

pedir (um favor, etc.)	vra	[fra]
pegar (tomar com a mão)	vang	[faŋ]
pegar (tomar)	vat	[fat]
pendurar (cortinas, etc.)	ophang	[ophaŋ]
penetrar (vt)	deurdring	[døərdriŋ]
pensar (vi, vt)	dink	[dink]

pentear-se (vr)	hare kam	[harə kam]
perceber (ver)	raaksien	[rãksin]
perder (o guarda-chuva, etc.)	verloor	[ferloər]
perdoar (vt)	vergewe	[ferχevə]
permitir (vt)	toelaat	[tulãt]
pertencer a ...	behoort aan ...	[behoərt ãn ...]
perturbar (vt)	steur	[støər]
pesar (ter o peso)	weeg	[veəχ]
pescar (vt)	visvang	[fisfaŋ]
planejar (vt)	beplan	[beplan]
poder (~ fazer algo)	kan	[kan]
pôr (posicionar)	sit	[sit]
possuir (uma casa, etc.)	besit	[besit]
predominar (vi, vt)	oorheers	[oərheərs]
preferir (vt)	verkies	[ferkis]
preocupar (vt)	bekommerd maak	[bekommərt mãk]
preocupar-se (vr)	bekommer	[bekommər]
preparar (vt)	voorberei	[foərberæj]
preservar (ex. ~ a paz)	bewaar	[bevãr]
prever (vt)	voorsien	[foərsin]
privar (vt)	ontneem	[ontneəm]
proibir (vt)	verbied	[ferbit]
projetar, criar (vt)	ontwerp	[ontwerp]
prometer (vt)	beloof	[beloəf]
pronunciar (vt)	uitspreek	[œitspreək]
propor (vt)	voorstel	[foərstəl]
proteger (a natureza)	beskerm	[beskerm]
protestar (vi)	protesteer	[protesteər]
provar (~ a teoria, etc.)	bewys	[bevajs]
provocar (vt)	uittart	[œittart]
punir, castigar (vt)	straf	[straf]
puxar (vt)	trek	[trek]

256. Verbos Q-Z

quebrar (vt)	breek	[breək]
queimar (vt)	verbrand	[ferbrant]
queixar-se (vr)	kla	[kla]
querer (desejar)	wil	[vil]
rachar-se (vr)	kraak	[krãk]
ralhar, repreender (vt)	uitvaar teen	[œitfãr teən]
realizar (vt)	verwesenlik	[ferwesenlik]
recomendar (vt)	aanbeveel	[ãnbefeəl]
reconhecer (identificar)	herken	[herken]
reconhecer (o erro)	erken	[ɛrken]

recordar, lembrar (vt)	onthou	[onthæʊ]
recuperar-se (vr)	herstel	[herstəl]
recusar (~ alguém)	weier	[væjer]

reduzir (vt)	verminder	[fermindər]
refazer (vt)	oordoen	[oərdun]
reforçar (vt)	versterk	[fersterk]
refrear (vt)	in bedwang hou	[in bedwaŋ hæʊ]

regar (plantas)	nat gooi	[nat χoj]
remover (~ uma mancha)	verwyder	[ferwajdər]
reparar (vt)	herstel	[herstəl]
repetir (dizer outra vez)	herhaal	[herhāl]

reportar (vt)	rapporteer	[rapporteər]
reservar (~ um quarto)	bespreek	[bespreək]
resolver (o conflito)	besleg	[besleχ]
resolver (um problema)	oplos	[oplos]

respirar (vi)	asemhaal	[asemhāl]
responder (vt)	antwoord	[antwoərt]
rezar, orar (vi)	bid	[bit]
rir (vi)	lag	[laχ]
romper-se (corda, etc.)	breek	[breək]

roubar (vt)	steel	[steəl]
saber (vt)	weet	[veət]
sair (~ de casa)	uitgaan	[œitχān]
sair (ser publicado)	verskyn	[ferskajn]

salvar (resgatar)	red	[ret]
satisfazer (vt)	bevredig	[befredəχ]
saudar (vt)	groet	[χrut]
secar (vt)	droog	[droəχ]
seguir (~ alguém)	volg ...	[folχ ...]

selecionar (vt)	selekteer	[selekteər]
semear (vt)	saai	[sāi]
sentar-se (vr)	gaan sit	[χān sit]
sentenciar (vt)	veroordeel	[feroərdeəl]
sentir (vt)	aanvoel	[ānful]

ser (vi)	wees	[veəs]
ser diferente	verskil	[ferskil]
ser indispensável	nodig wees	[nodəχ veəs]
ser necessário	nodig wees	[nodəχ veəs]

ser preservado	bewaar wees	[bevār veəs]
servir (restaurant, etc.)	bedien	[bedin]
servir (roupa, caber)	pas	[pas]

significar (palavra, etc.)	beteken	[betekən]
significar (vt)	beteken	[betekən]
simplificar (vt)	vereenvoudig	[fereənfæʊdəχ]
sofrer (vt)	ly	[laj]
sonhar (~ com)	droom	[droəm]

sonhar (ver sonhos)	**droom**	[droəm]
soprar (vi)	**waai**	[vãi]
sorrir (vi)	**glimlag**	[χlimlaχ]
subestimar (vt)	**onderskat**	[ondərskat]
sublinhar (vt)	**onderstreep**	[ondərstreəp]
sujar-se (vr)	**vuil word**	[fœil vort]
superestimar (vt)	**oorskat**	[oərskat]
supor (vt)	**veronderstel**	[feronderstəl]
suportar (as dores)	**verdra**	[ferdra]
surpreender (vt)	**verras**	[ferras]
surpreender-se (vr)	**verbaas wees**	[ferbãs veəs]
suspeitar (vt)	**verdink**	[ferdink]
suspirar (vi)	**sug**	[suχ]
tentar (~ fazer)	**probeer**	[probeər]
ter (vt)	**hê**	[hɛ:]
ter medo	**bang wees**	[baŋ veəs]
terminar (vt)	**klaarmaak**	[klãrmãk]
tirar (vt)	**afneem**	[afneəm]
tirar cópias	**aantal kopieë maak**	[ãntal kopiɛ mãk]
tirar fotos, fotografar	**fotografeer**	[fotoχrafeər]
tocar (com as mãos)	**aanraak**	[ãnrãk]
tomar café da manhã	**ontbyt**	[ontbajt]
tomar emprestado	**leen**	[leən]
tornar-se (ex. ~ conhecido)	**word**	[vort]
trabalhar (vi)	**werk**	[verk]
traduzir (vt)	**vertaal**	[fertãl]
transformar (vt)	**transformeer**	[traŋsformeər]
tratar (a doença)	**behandel**	[behandəl]
trazer (vt)	**bring**	[briŋ]
treinar (vt)	**afrig**	[afrəχ]
treinar-se (vr)	**oefen**	[ufen]
tremer (de frio)	**ril**	[ril]
trocar (vt)	**uitruil**	[œitrajl]
trocar, mudar (vt)	**wissel**	[vissəl]
usar (uma palavra, etc.)	**gebruik**	[χebrœik]
utilizar (vt)	**gebruik ...**	[χebrœik ...]
vacinar (vt)	**inent**	[inɛnt]
vender (vt)	**verkoop**	[ferkoəp]
verter (encher)	**skink**	[skink]
vingar (vt)	**wreek**	[vreek]
virar (~ para a direita)	**draai**	[drãi]
virar (pedra, etc.)	**omkeer**	[omkeər]
virar as costas	**wegdraai**	[veχdrãi]
viver (vi)	**leef**	[leəf]
voar (vi)	**vlieg**	[fliχ]
voltar (vi)	**terugkeer**	[teruχkeər]

votar (vi)	stem	[stem]
zangar (vt)	kwaad maak	[kwāt māk]
zangar-se com ...	kwaad wees ...	[kwāt vees ...]
zombar (vt)	terg	[terχ]

www.ingramcontent.com/pod-product-compliance
Lightning Source LLC
Chambersburg PA
CBHW062054080426
42734CB00012B/2642